高等院校“十三五”规划教材

大学生创业基础

主　编　伊连云　霍洪田　吴玉泾
副主编　董　玲　陈志国　王培培
史亚辉　马广超　刘树武
张　丽

西北工业大学出版社
西　安

【内容简介】 本书共6章，主要内容包括创业、创业精神与人生发展，创业者与创业团队，创业机会与创业风险，创业资源，创业计划和新企业的开办等。本书涵盖大学生创业过程中所需要的各种知识和方法，既有系统性的理论阐述，又有精彩的案例分析和实践能力训练。

本书可作为高等学校学生的公共课教材，也可供对创业感兴趣的社会人员阅读使用。

图书在版编目（CIP）数据

大学生创业基础 / 伊连云，霍洪田，吴玉泾主编. — 西安 ：西北工业大学出版社，2019.8（2023年修订）
ISBN 978-7-5612-6554-3

Ⅰ. ①大… Ⅱ. ①伊… ②霍… ③吴… Ⅲ. ①大学生—创业 Ⅳ. ①G647.38

中国版本图书馆CIP数据核字（2019）第173361号

策划编辑：季 强
责任编辑：王 静

出版发行：西北工业大学出版社
通信地址：西安市友谊西路127号 **邮编：**710072
电　　话：（029）88493844 88491757
网　　址：www.nwpup.com
印 刷 者：定州晨铭印刷有限公司
开　　本：787 mm×1 092 mm 1/16
印　　张：15
字　　数：365千字
版　　次：2023年1月第1版 2023年1月第1次印刷
定　　价：45.00元

前　言

就业是民生之本，创业是就业之源。面对严峻的就业形势，加强在校大学生就业和创业指导，是做好毕业生就业创业工作的基础和关键。就业创业指导与教育是一项高质量、高水平的就业服务，是做好整个毕业生就业工作的核心按钮。教育部《关于做好 2015 年全国普通高等学校毕业生就业创业工作的通知》（教学〔2014〕15 号）要求，各高校要将就业指导课作为公共必修课，加强对就业创业教育规律的研究，改进教学方法，有针对性地进行指导，建设一批精品课程、示范课程，进一步提升大学生职业发展与就业指导课程建设水平。

《大学生创业基础》正是一本面向大学生的创业实践入门指导书，通过浅显易懂的语言把有关创业的必备知识以及相应的学习分析方法一一进行介绍。全书旨在保持客观的情况下，引导大学生的创业方向，掌握比较实用的创业技能和知识框架。相信这本书能够为具有创业梦想的青年人提供一定的创业指导。

本书共 6 章，各章内容如下：第一章创业、创业精神与人生发展，介绍了创业与创业精神、知识经济发展与创业、创业与职业生涯发展等知识；第二章创业者与创业团队，阐述了何为创业者、何为创业团队；第三章创业机会与创业风险，讲述了创业机会识别、创业机会评价、创业风险识别、商业模式开发等；第四章创业资源，介绍了创业资源、创业融资、创业资源管理等；第五章创业计划，概括了创业计划的主要内容，讲述了撰写与展示创业计划的方法；第六章新企业的开办，讲述了如何成立新企业，如何管理新企业。

本书的编写得到了笔者的所在学院领导的大力支持。在此，对支持与帮助本书成稿、审定的相关人员，以及出版单位致以衷心的感谢。

由于水平有限，如有遗漏或不妥之处，敬请各位专家和广大读者给予指正。

编　者

前言

目　　录

第一章

创业、创业精神与人生发展

【本章学习目标】

1. 了解创业的概念、关键要素、类型。
2. 认识创业过程与阶段特征。
3. 了解创业热潮形成的深层次原因。
4. 创业与职业生涯发展的关系。
5. 理解创业精神需要培育并可培育。
6. 掌握创业与创业精神的辩证关系。

【创业语录】

创业门槛不高，就怕你不创新。

——尹明善

企业发展就是要发展一批狼。狼有三大特性：一是敏锐的嗅觉；二是不屈不挠、奋不顾身的进攻精神；三是群体奋斗的意识。

——任正非

第一节　创业与创业精神

【案例导入】

案例一　杂货铺里的亿万富翁，张轩松逆袭人生

19 岁男孩开杂货铺，开店 580 家年赚 367 亿元。他是谁？他就是永辉超市老板张轩松，网友称其背景身价太牛。但很少有人知道，他高中没毕业便辍学，做过农民工，扛过包，搬过砖。

今天的故事主角是个成功逆袭，走向人生巅峰的福建民工。19 岁高中辍学、搬砖，20 岁从一家杂货铺干起，到如今开出 580 家分店，年赚 367 亿元，净资产 39.7 亿元。买私人飞机豪客 850，价值 1.23 亿元。买豪宅，澳大利亚海景别墅，价值 1.62 亿元。最后连刘强东都抢着要和他做生意，一口气，投了 43.1 亿元。他就是中国最火商超——永辉的老板，张轩松。

高中辍学，只因搬砖、挣钱

张轩松1970年出生在福建农民家庭，家里人最大的希望就是让他好好读书，将来找份体面的工作。

10岁那年，改革开放，下海经商最火热的福建，各村各户都涌现了大批土豪。张轩松也受到了影响，心想反正是要出去挣钱的为什么要等到大学毕业呢？为了早点融入社会，19岁他就自动辍学，出去闯荡了。

他做过农民工，扛过包，搬过砖，后来在亲戚的介绍下开始在榕城做啤酒代理批发。

靠勤劳，攒到人生第一个100万元

刚起步，张轩松没人没渠道，没钱没广告，一穷二白，毫无竞争力。怎么办？

张轩松找到了一条好路子，他发现当时人们的消费能力不行，零售业销量很低，小卖店主进货都是开着摩托车，或者蹬三轮去集市小批量买些回来囤积。为了抢到更多的小卖店主，他打出“送货上门、服务到家”的旗号，零售店家一个电话，无论白天还是晚上，也不论刮风下雨，1个小时内就能赶到。好在他出生农家，从小起早贪黑地做家务干农活，不怕苦，送货上门的服务也就坚持了下来，经营了5年，终于挣到了人生的第一个100万元。

1990年，有了点钱的张轩松想投资开杂货店，主要卖日常用品，那时零售业还是各自为战，小打小闹，赚点钱养家糊口。但张轩松敏锐地感觉到，超市业和杂货店不一样，它肯定能成为将来一流的业态。而当时榕城华榕超市、恒丰超市、日用商超，巨大的人流，也证实了他的想法。

为了快速地打开商超局面，张轩松把超市开在了人口流动密集的火车站、汽车站、市区中心，而且坚持“天天平价”，别人卖3块的毛巾，永辉超市卖2块，看得见的实惠，一下子让永辉在普通市民口中传开。

因决策错误，打拼途中血本无归

虽然超市经营得很好，但这时张轩松不仅仍在坚持做啤酒代理，而且还要生产啤酒，既是厂商又是分销商，但当时的榕城啤酒已经开始走下坡路了，尤其是在福建两大啤酒厂家惠泉和雪津的夹击下，市场的份额日益萎缩。

后来，张轩松回忆说：“本来想由销到产通吃，但由于很多东西没有考虑周全，结果投入的资金一下子就被套住，损失了好几百万元，几乎是血本无归，要不是海外亲戚鼎力相助，那时已初具规模的永辉超市也要拱手让人。”

快速试错，快速调整。每走一步及时总结，分析利弊，这是张轩松这些年创业最大的心得。1998年底，张轩松决定退出啤酒行业，开始专心经营永辉超市。这时他的竞争对手是华榕超市。

永辉的生存法则

从2000年开始，商超行业发生了翻天覆地的变化，台湾零售业连锁巨头“好又多”及世界500强企业麦德龙、沃尔玛进入福建市场，中小超市死伤大片，张轩松意识到如果不转型做大做强，永辉只有关门倒闭。在零售巨头面前，只有赢或死，再细小的利润也会被它们吞噬。

2001年3月，永辉开出第一家生鲜食品超市，以家庭主妇、上班族为主要客户群，放弃服装、日用品、家电一切主流业务，卖的是蔬菜、水果、肉禽、活鲜、冰鲜和干货，貌似成了一个新的农贸市场，像超市卖快销品一样卖生鲜，但价格却低于农贸市场的10%。

农鲜产品新鲜干净，价格便宜，永辉迅速打开局面，获得了市场认可，接着张轩松又开始建立生鲜商超壁垒，这成了他的独门杀手锏。

(1) 生鲜自营和直采。张轩松组建了一支300多人的采购团队，常年驻守分布在全国的20余个农产品生产基地；为了采购新鲜的水产品，永辉的采购船可以直接开到海上与捕鱼船对接；在福建的一些永辉店铺，早晨五点半就开门迎客，只为将新鲜的食品第一时间提供给顾客。

(2) 专注聚焦，单品暴利。大多生鲜超市，因为毛利太低，基本为负，但永辉超市毛利可以逆天地达到16%，简直就是业界奇迹！为什么？秘密都在单品控制上。永辉超市对“香蕉”单品的运营很逆天。从源头开始，采购员到农田大规模采摘未成熟的香蕉，价格便宜，保鲜期也长。通过冷库运输到仓库，经过简单的制作工艺催熟香蕉，再统一配送到各门店进行销售，不论是价格还是品质在市场上都占绝对优势，利润也很丰厚。

(3) 全员持股，极致防损。超市一线员工干着最脏、最累的活，却拿着最低微的薪水，每天上班事实上就是“当一天和尚撞一天钟”，没干劲，码放果蔬的时候经常“往那一丢”“往那一砸”，反正卖多少都和他没关系、超市损失多少果蔬更和他没有关系。为了提升员工激情，张轩松画了一个大饼：一线员工全员持股，绩效工资和利润与岗位销售额和利润挂钩。鼓励他们专注细节，防损是在为自己省钱。

2004年，张轩松在解决好永辉核心盈利模式和员工激励计划后，开始在全国范围内扩张，一年的时间，在重庆、成都开出了5家门店，年营收20亿元。

2008年，永辉扩张到安徽省、贵阳市。2009年，天津、南京、郑州店和石家庄店先后开业，全国已经有140多家分店。2010年，张轩松带领永辉成功上市，被誉为“生鲜第一股”，按当时股价计算，张轩松身价百亿元。

到目前为止，张轩松的杂货店已经发展成有580家连锁超市，经营面积超过500万平方米的超级零售巨头，张轩松名正言顺地成为超级富豪，身价百亿元。但他一直都说自己是这个时代幸运的农民，能有今天，8个字可以总结：勤劳、创新、总结、沟通，这就是我成功的全部秘诀。

(资料来源：尚之潮，http：//www.shangc.net/licai/a/201610/1270926.html)

案例二　TCL与孙良：鹰的海外重生

作为一家有着35年历史的老牌制造企业，TCL是中国智能产品制造企业中的佼佼者，产品线涵盖电话、电视、手机、冰箱、洗衣机、空调、小家电、液晶面板等领域，在智能设备方面也有着长时间的积累。TCL集团现有8万多名员工，23个研发机构，21个制造基地，在80多个国家和地区设有销售机构，业务遍及全球160多个国家和地区。

近年来，在互联网创新创业的大潮下，TCL面临着新的冲击，它希望能实现一次自我的重生。

2015年TCL集团成立了豪客互联网有限公司，孙良（见图1-1）出任了TCL集团副总裁、互联网事业本部总裁，豪客互联CEO。为什么叫豪客？就是英文HAWK这个单词，既强调了鹰的重生，也继承了 TCL 鹰的文化。

图 1-1　TCL 集团副总裁孙良

作为中国较早期从事海量信息检索和搜索引擎技术的研究者，孙良在搜索领域拥有十多项国内和国际专利，是国内从事海量搜索引擎技术研究的专家。从 2006 年初开始的 4 年内，他曾从无到有创立 SOSO 团队，让 SOSO 快速发展为国内第二大中文搜索引擎。2015 年，与 TCL 走到一起，孙良也寄托着一个互联网创业者新的期望——打造起移动端工具类应用产品矩阵，布局海外市场，打造全球领先的互联网生态公司。对于为什么要离开腾讯，孙良曾表示，“我是喜欢有挑战的人，在 BAT 公司工作对我来讲挑战不大了，来之前我自己创过业，我希望给自己完全不一样的生涯。”

TCL 在海外拥有很强的硬件渠道和销售能力，孙良敏锐地发现了其中的价值，他希望将渠道优势和互联网产品的优势结合起来，一方面为更多的海外消费者提供更加立体全面的服务，另一方面将 TCL 的硬实力逐渐转化为互联网时代的软实力。目前，豪客已建立起了包括浏览器、杀毒、流量优化、云平台等一整套完善的工具类产品矩阵。孙良希望未来将豪客打造成一个用户资产管理公司（既不是一个简单的软件公司，也不是一个简单的硬件公司），最终帮助 TCL 这个传统的优秀制造企业，真正地实现“智能＋互联网”战略转型，建立起“产品＋服务”的商业模式。

（资料来源：极客网，http：//www. fromgeek. com/alibaba/139232. html）

案例三　街边的流动小吃摊

无论一个城市多么繁荣发达，都无法杜绝路边摊的出现，很多街边的流动小吃摊，营业时间以及位置不固定，它们大多都没有营业执照，不在工商局进行注册，但逐渐成为街道上消费最大的区域，它们给摊主们带来了令人难以想象的“高收入”。

【案例思考】

以上案例中人物的行为属于创业吗？结合案例以及自己的理解，你能给创业下一个定义吗？

【理论阐释】

一、创业的定义与功能

面对生活中纷繁复杂的不同行为，要想判断哪些是创业行为，取决于我们对“创业概念”的界定，创业的范畴不同，对不同行为的判断标准也就不同。

（一）创业的定义

关于创业的定义，不同学者有不同的见解。

创业是不拘泥于当前资源约束条件下的机会追求进而实现价值创造的行为过程。

创业是一种思考、推理和行动的方法，它不仅要受机会的制约，还要求创业者有完整缜密的实施方法和讲求高度平衡技巧的领导艺术。创业不仅为企业主，也为所有的参与者和利益相关者创造、提高和实现价值，或使价值再生。

创业是一个涉及远见、改变和创新的动态过程。它需要投入精力与热情来进行创新并实施新的构想和新的解决办法。创业的必要因素包括能承担一定风险——事件、财产或职业的风险；有能力成立一个高效的风险团队；整合所需资源的创造性技能；制订一份稳固的商业计划的基础技能；具备一种远见，在别人认为是混乱、矛盾和迷惑的地方发现机遇。

创业应是具有创业精神的个体与有价值的商业机会的结合，是开创新视野，其本质在于把握机会，创造性地整合资源、创新和超前行动。

创业是一个发现机会和捕捉机会并由此创造出新颖的产品或服务，实现其潜在价值的过程。

综上所述，“创业就是对机会的追寻、整合资源以利用和开发机会并创造价值的过程。”

（二）创业的功能

大众创业、万众创新成为中国经济增长的新动力，国务院及各部委颁布的关于创新创业的一系列政策措施，先后出台了一系列重要文件，对推进大众创业、万众创新做出全面工作部署。激发更多人才创新创业，政府制定政策“对症下药”，解决了大学生创业经验不够、海外人才创业身份受限、返乡人员创业门槛过高等瓶颈问题，让人民群众敢于创业、乐于创业、便于创业。对科技创新创业特别予以重视，破除了创业面临的体制障碍，让创业者有其股、得其利、创其富。鼓励创业者应用新技术、开发新产品、创造新需求、培育新业态，为经济发展实现“双中高”目标提供新的支撑点。自2010年来，中国初创企业数量每年以将近100%的速度增长，2016年新登记企业达552.8万户。不仅如此，国内有机构针对全球44个国家的近5万名公众所做的创业态度的调查研究也显示，中国的创业环境排在全球前五，且有85%中国人有强烈创业意愿。如今成为大众创业的黄金时代。近年来，社会创业在我国消除贫困、解决就业以及改善社会环境等方面取得了一定成效，并有望在新时代为解决社会主要矛盾贡献更多力量。具体来说，创业的功能有以下几方面。

1. 创造就业机会

创业带动就业成效显现。随着大众创业、万众创新蓬勃发展，市场主体大量涌现，创业成为带动就业增长的重要源泉。落实和完善各项创业优惠政策，加强创业服务和创业培训，推进创业孵化示范基地建设，大力支持大学生、农民工、科研人员等群体创业，大众创业、万众创新的社会氛围日益浓厚，创业带动就业的倍增效应不断显现。2013年以来，我国连续四年实现就业创业人数“双增长”。近年来农民工返乡创业累计超过450万人。我国把高校毕业生就业摆在就业工作首位，以就业促进、创业引领、基层成长为着力点，促进供需对接和精准帮扶，实现了高校毕业生就业水平总体稳定。2016年登记的大学生创业人数达到61.5万人。目前创业已经成为稳定和扩大就业的重要支撑。

（资料来源：中国财经，http：//finance.china.com.cn/news/20170728/4328733.shtml）

2. 促进创新

创新是社会进步的灵魂，创业是推进经济社会发展、改善民生的重要途径。创业过程的核心是创新精神，创新是创业过程中至关重要的组成部分。创新和创业相连一体、共生共存。近年来，大众创业、万众创新蓬勃兴起，催生了数量众多的市场新生力量，促进了观念更新、制度创新和生产经营管理方式的深刻变革，有效地提高了创新效率、缩短了创新路径，创业促进创新，有效地促进新技术、新业态、新模式加快发展和产业结构优化升级。以市场为导向的创业过程就是科技成果产业化、商品化的过程。正如著名企业家尹明善所说，“创业门槛不高，就怕你不创新”。创新是创业的主要驱动力量，创业也是促进科技进步和技术创新的主要动力。

3. 实现人生价值

创业是创业者对自己拥有的资源或通过努力对能够拥有的资源进行优化整合，从而创造出更大经济或社会价值的过程。随着社会进步发展，智力已经成为比土地、资金更有意义的关键性生产要素，知识、技术和管理已成为重要的生产要素并参与增值和分配，拥有专业知识和具备人力资本的大学生更有能力通过创业实现价值创造。对许多梦想着开创自己事业的人而言，创业不但是一种充分实现自我的机会，更是发挥个人潜能的舞台。

二、创业的类型

（一）基于创业初始条件的分类

芝加哥大学教授阿玛尔·毕海德曾在哈佛商学院讲授创业课程，为了整理出清晰的授课计划，于2000年出版了专著《新企业的起源与演变》。在该书中，他从不确定性和投资两个维度构建了一个投资、不确定性与利润的动态模型。毕海德教授强调创业并不单纯指企业家或创业团队创建新的企业，大企业同样有创业行为。在这个模型中，毕海德教授将原创性的创业概括为五种类型：边缘企业、冒险型的创业、与风险投资融合的创业、大公司的内部创业、革命性的创业。

（二）基于价值创造的分类

关于创业的类型，另一种较有代表性的观点是，克里斯汀等人依照创业对市场和个人的影响程度，把创业分为四种基本类型，即复制型创业、模仿型创业、安家型创业和冒险型创业。

1. 复制型创业

这种创业模式是在现有经营模式基础上的简单复制。例如某人原先担任某家电公司部门主管，后来他自行离职，创建了一家与原家电公司相似的新家电公司，且新组建公司的经营风格也基本与离职前的那家公司相同。现实中这种复制型企业的例子特别多，且由于前期生产经营经验的积累而使得新组建公司成功的可能性更高。但这种类型的创业模式中，创新贡献较低，也缺乏创业精神的内涵，并不是创业管理研究的主流。

2. 模仿型创业

模仿型创业虽然也很少给顾客带来新创造的价值，创新的成分并不算太高，但对创业者本身命运的改变还是较大的。如某煤矿公司的经理辞职后，模仿别人新组建一家网络公司。相对来说，这种创业具有较大的不确定性，学习过程较长，经营失败的可能性也比较大。不过，如果是那些具备创新精神的创业者，只要能够得到专门化的系统培训，注意把握市场进入契机，创业成功的可能性也比较大。

3．安家型创业

这种形式的创业，创业者个人命运的改变并不大，所从事的仍旧是原先熟悉的工作，但他的确不断地在为市场创造新的价值，为消费者带来实惠。例如，企业内部的研发小组在开发完成一项新产品后，继续在该公司开发另一种新产品项目。安家型企业所强调的是个人创业精神的最大程度实现，而并不对原有组织结构进行重新设计和调整。

4．冒险型创业

冒险型创业模式，有可能会改变个人的命运，从事一项全新的产品经营，个人前途的不确定性也很大，并且由于是创造新价值的活动，失败的可能性也很大。尽管如此，因为这种创业预期的报酬较高，对那些充满创新精神的人来说仍旧极富有诱惑力。但是，它需要创业者较强的个人能力、适当的创业时机、合理的创业方案、科学的创业管理，具备这几个条件才有可能获得成功。

（三）基于创业效果的分类

戴维森基于创业效果在组织层面和社会层面的产出对创业进行了分类。组织层面和社会层面都是负的创业行为属于失败创业，如破产了的污染企业；组织层面为负而社会层面为正的创业行为属于催化剂式创业，如万燕 VCD 的创业，虽然失败，但催化出了中国一个巨大的新兴产业；组织层面为正而社会层面为负的创业行为属于重新分配式创业，如目前国内钢铁行业的低水平的重复建设；组织层面和社会层面都为正的创业行为属于成功创业，如星巴克开创了一个全新的休闲方式，戴尔带来了一种全新的经营模式等，取得了企业、消费者和社会层面等的多赢效果。社会应该赞赏成功的创业，而重新分配式的创业不可避免，同时催化剂式的创业更需鼓励。

（四）基于创业主体的分类

根据创业活动的主体差异，创业活动可以分为个体创业和公司创业。个体创业主要指与原有组织实体不相关的个体或团队的创业行为，而公司创业主要指由已有组织发起的组织的创造、更新与创新活动。虽然在创业本质上，公司创业和个体创业有许多共同点，但是由于起初的资源禀赋不同、组织形态不同、战略目标不同等，在创业的风险承担、成果收获、创业环境、创业成长等方面也有很大的差异。

三、创业的关键要素

创业拥有一些关键要素，它们是创业过程的推进力量，抓住了这些要素，就把握住了创业过程的关键点，有利于从更高层次理清创业过程的发展特征，推进创业过程。因此，创业者需要掌握这些关键要素的基本特点。

（一）创业机会

创业开始于对某一个富有价值的创业机会的发现。面对众多看似有价值的创意，如何从中发现真正具有商业价值和市场潜力的机会，进而寻找与机会相匹配的发展模式，需要谨慎而独到的眼光，这是创业成功的基石。

现实中的创意纷繁复杂，呈现各种各样的表现方式，它们都带有较大的不确定性，不可预知其市场的前景，因而要转化为新创企业的创业机会存在很大的差距，有的甚至从诞生之日起就注定只能永远停留在构思阶段。创业机会和创意在很多方面都非常接近——来源广泛、创新性强，带有不确定性。但是，创业机会拥有大多数创意所不具备的一个重要特征：能满足顾客的某种需求，因而具有市场价值。这一特征使得真正有价值的商业机会得以从众多创意中脱颖而出，成为创业者关注的焦点。

（二）创业资源

资源是创业成长的重要基础。在创业过程中，如果没有足够的创业资源，即使出现了好的创业机会，创业者也难以迅速抓住这个机会，而有价值的机会往往是转瞬即逝的。优秀的创业者需要了解创业资源的重要作用，不断开发和积累创业资源。同时，创业者还需要善于借助企业内外部的力量对各种创业资源进行组织和整合，这样才能实现机会的有效开发以及战略规划的有效执行。

创业者获取创业资源的最终目的是组织这些资源来开发创业机会。无论是要素资源还是环境资源，无论它们是否直接参与企业的生产，它们的存在都会对创业绩效产生积极的影响。因此，创业者应当积极吸收各类创业资源，同时借助资源整合工具，将其转化为企业的竞争优势。

（三）创业团队

任何新企业的创业者团队都是其人力资源的一个关键组成部分。一流的创业团队能够带来大量的知识、经验、技能和对公司的承诺。此外，与常识所示的一样，创业团队规模越大，团队成员的经验越是各不相同，新创企业成功的可能性就越高，新企业存活下来的几率就越高，其成长也越快。但是，无论多么优秀的团队，也不可能提供所有必需的资源和所有形式的信息。新企业经常需要公司外部专家的服务，如律师、会计或工程师。如果新创企业在获得财务资源和建立顾客基础方面是成功的，那么超越创业团队而对员工所产生的额外人力资源需要可能就变得十分明显。

从创业的整体发展过程来看，由于价值观、发展理念的不同，原来的团队成员可能会发生矛盾和争执，甚至导致团队的分崩离析，因此创业团队成员往往处于不断调整的状态之中。团队成员的调整是否有利，一方面要看这种调整的方向是否有利于企业的竞争优势重构，是否有利于下一步战略的执行；另一方面，也要看这一调整的过程是否顺利，如果调整方向是正确的，但是在团队成员调整过程中发生倾轧，甚至引起企业的分裂，就会对企业造成极大损害。

（四）商业模式

当创业者瞄准某一个机会之后，需要进一步构建与之相适应的商业模式。机会不能脱离于必要的商业模式的支撑而独立存在，成功的商业模式是一座桥梁，富有市场潜在价值的商业机会将通过这一桥梁走向真正意义上的企业。缺乏良好的商业模式，机会就不能实现真正意义上的市场价值。

通过商业模式的构想，创业者能够全面思考组织创建中的诸多问题，对整个创业活动进行理性分析和定位。很多创业者在创立企业的时候，并没有对商业模式进行详细完备的设定，创业者的动力往往来自创业热情以及对于目标市场的模糊设想。这样的创业活动带有很大的不确定性，创业者所追逐的创业机会可能确有持续的成长力，创业者会获得成功，但是很多情况下，市场环境的变化以及创业活动的实际推进过程与创业者的事先假设存在很大的落差，盲目的创业活动很容易陷入困境。因此，在创业活动的准备工作中缺乏商业模式设定环节会加大创业失败的风险。因此，从某种意义上来说，商业模式就是企业创立之前的战略规划书，当然，这一战略规划在企业创立之后仍然扮演重要角色。

（五）战略规划

战略规划是企业的经营规划，也是公司经营的一种内在模式。这种特定的模式为企业的经营提供了一种存在的规则，有明确经营模式的企业可以依据这种规则有效应对市场环境的变化，及时制定行之有效的应对措施，以使战略行动具有时效性。

战略对于新创企业的成长非常重要，在企业创立之前，创业者必须对企业未来的战略规划进行一个清晰的设想，而不能等到企业成立之后再根据市场环境变化作调整。甚至在商业计划书中，创业者就应当对战略规划有详细的设想。新创企业的战略本质上关系到企业的发展方向，是选择持续技术开发占据技术前沿，还是选择市场开发争取市场份额，这种选择本质上决定着企业发展的成败。在制定战略方案时，创业者的重点应当放置于战略位置的确立与战略资源的获取上。新创企业要想在市场竞争中取胜，应该抓住自己和市场上已有企业的差异性来做文章，形成自己独特的竞争优势，发展核心竞争力。

（六）组织制度

当企业创立之后，组织制度也随之建立起来。在以往的讨论中，组织制度建设通常被忽略，这是由于通常新创企业规模，除了创业团队成员以外，雇员也不多，组织内部的管理事务并不复杂。但是随着企业度过最为艰难的时期，初步获得成长之后，组织制度的重要性就日益凸显了。

组织制度的意义一方面体现在人力资源方面，随着企业的成长，新员工不断补充进来，客观上要建立健全制度来保证员工各司其职，促进企业健康发展。缺乏规范的组织制度，员工在企业内部完成什么工作任务，担负怎样的责任，企业用怎样的薪酬制度来激励员工，这些问题都没有明确的答案。这样势必造成组织难以吸引到有能力的员工，对于已加入组织的成员也难以实现有效的激励，从而降低企业的经营效率。组织制度建设也是新创企业朝着稳定发展的成熟企业实现蜕变的必要条件，唯有以规范的制度为基础保障，才能真正促进企业的发展。

四、创业的过程与阶段

从创业成长的特点出发，同时借鉴企业生命周期理论，对于创业过程进行以下六个阶段的划分。

（一）创意期

创意期的企业离实体企业尚有较大的距离，无论创业机会还是商业模式或者团队构成都还停留在创业萌芽状态，都还是创业者大脑中模糊的概念。创业者可能埋头于从纷杂的市场信息和个人的网络资源中搜索有意义的创意。未来什么时候企业能够创立起来，这时候创业者还不能回答。创业者跨越过创意阶段的标志是创业方向和目标市场的大致确定。

（二）种子期

这一时期创业者已经初步选定适合的创业机会。为了使创业机会能够成为现实，创业者需要开始寻找合适的合作伙伴，吸收必要的有形及无形资源，构建可能的商业模式。此时，企业尚未创建，更不涉及组织结构的问题，只是几个志同道合的创业伙伴走到一起组成的创业团队，进行相关的技术的研究开发和前期准备活动。

（三）启动期

启动期属于企业的正式成立阶段。企业的创业机会基本明确，企业已经有了一个处于初级阶段的产品，可以初步投入市场，企业也组建成功，拥有一个分工相对明确的管理队伍，组织结构初步形成。在企业搭建之后，创业者就要规划必要的竞争策略来应对市场压力，同时创业者之前所设想的商业模式也初步接受市场的检验。这一阶段企业的资源仍然相对匮乏，由于缺乏良好的运营记录以及充裕的资金支持，大量的新创小企业在这一阶段都不能赢得足够的顾客，无法获得企业生存必要的现金流。当企业的资金枯竭时，创业者只能选择出售企业，或者直接破产。

（四）成长期

挨过启动期之后，企业初步摆脱了生存问题，开始考虑盈利问题，创业机会的潜在价值得到进一步的开发，企业的资源也较之前充裕多了。由于企业的发展，团队成员也对企业的未来更加充满信心。随着企业的发展，创业者将面临迅速增长的管理事物，创业者需要考虑将组织制度规范化。这一阶段创业者的主要挑战是企业的下一步发展规划，创业者开始有意识地从公司战略的层面思考企业发展目标，同时企业的商业模式也需要进一步调整，如果管理团队的能力无法满足战略需要，则需要吸收新的团队成员。

（五）扩张期

在这一阶段，企业初步确定了发展目标和公司战略。基于新的战略，企业可能需要发展新的商业模式，创业者可能希望组建自己的销售队伍，进一步开拓市场。这一阶段，企业逐步形成经济规模，产品开始达到一定的市场占有率。在扩张期，创业者不仅立足于原有的创业机会，也试图开发相关产品和相关项目。这一阶段的企业拥有的资源较为丰富，运营风险程度比之前的发展阶段大大降低，企业的管理制度基本到位，并且可能成为风险投资热衷的投资对象。

（六）成熟期

随着企业逐步发展壮大，企业开始步入成熟期，企业的核心产品已在市场上占有较大份额，盈利额剧增。成熟期的企业组织结构非常完善，甚至可能出现组织创新的惰性和障碍。原来的创业机会也步入了成熟阶段，为了保持企业的竞争力和创业的活力，创业者需要积极拓展新的发展渠道。尽管企业正如日中天，蓬勃发展，经营中存在的潜在风险和管理者可能的失当举措使得企业已呈现衰退的端倪。对于企业来讲，在这一阶段筹集资金的最佳方法之一是通过发行股票上市。成功上市得到的资金一方面可为企业发展增添后劲，使企业拓宽运作范围和规模，另一方面也可为风险投资的退出创造条件。

五、创业精神

不论企业成功与否，创业者都给我们留下了一笔宝贵的财富。从企业的兴衰沉浮中，我们看到了企业核心人物的重要性，领导者的素质与精神关系着企业的命运。下面是我们从经验中总结而来的新时代的创业精神。

（一）激情

众多创业者在创业初期无不是豪情万丈，规划着企业发展的宏伟蓝图。当年一心想打造一个“托普经济帝国”的宋如华曾做过这样的规划：第一阶段花四年的时间，用来巩固已有的平台，不断完善提高，这是一种国内提升、国际推进；第二阶段用四年的时间，做好国内夯实工作，并以此为跳板，实现国际提升；第三阶段用两年的时间进行整理，把整个托普集团的运营管理体系完善起来，争取使托普集团的营业额达到 2 000 亿元，毛利 120 亿元，纯利 24 亿元。要争取让托普的股票市值超过 1 500 亿元。无独有偶，亚细亚总经理王遂舟制定的总体目标是：2000 年前，形成零售业为龙头，以金融证券和房地产业为两翼，以实业开发为基础的大型企业集团，达到年销售总额 500 亿元，在全国商界排名第一；综合实力进入全国最大企业前十名，成为对中国经济有重大影响的国际托拉斯。在今天看来无疑是几近疯狂的这些“规划”是那个激情年代的产物，也只有那些具有创业激情的创业者才能有如此构想。尽管有些企业只是昙花一现，但毕竟辉煌过，没有创业激情是不可能取得成就的。

（二）坚持

年轻的团队容易产生激情，但更容易因挫折而失去激情，在“兵荒马乱”的时期要保持长时期的激情对一支年轻的团队而言尤为艰难。短暂的激情只能带来浮躁和不切实际的期望。

一位以 4 000 元借款起家的年轻书生，凭借一套桌面汉字处理系统，不到半年就成为一代年轻的百万富翁。1995 年，巨人发动“三大战役”，把 12 种保健品、10 种药品、10 款软件一起推向市场，投放广告费 1 亿元。史玉柱被《福布斯》列为大陆富豪第 8 位。然而 1996 年巨人大厦资金告急，史玉柱决定将保健品方面的全部资金调往巨人大厦，保健品业务因资金“抽血”过量，再加上管理不善，迅速盛极而衰。巨人解体后，史玉柱一夜之间身无分文，但是他并没有放弃，而是选择重振旗鼓，东山再起。1998 年，山穷水尽的史玉柱找朋友借了 50 万元，开始运作脑白金。脑白金一炮走红并没有让史玉柱满足。2001 年，黄金搭档上市，并很快走红全国市场。从此，这两个产品成了保健品市场上的常青树，畅销多年仍不能遏止其销售额的增长。史玉柱再次成为商界的佼佼者，试想如果没有当初的坚持，怎么会有日后的巨人崛起。

（三）创新

马云曾说过：唯一不变的是变化。创新是企业的灵魂，要么创新，要么灭亡。人类文明进步民族昌盛靠创新，企业要做大做强，施行可持续发展靠的也是创新的力量。宗庆后的“小步快跑”竞争战略中就要求有适度的创新。适度的创新就是根据企业自身状况以及市场、消费者、对手等整体的环境去创新。比如乳酸奶的概念是乐百氏先提出来的，而娃哈哈在此基础上推出 AD 钙奶，在乐百氏的概念上加入“更有营养”的概念，没有推翻乐百氏的概念，而只是做了进一步的引申。阿里巴巴的成就也离不开创新，首先它最早开拓了中国电子商务，首个建立面向中小企业的 B2B 电子商务模式，在中国网站全面推行“诚信通”计划，开创全球首个企业间网上信用上网平台。市场经济是竞争经济，知识经济是创新经济。创新可以说在企业中无处不在，制度的创新、技术的创新、管理的创新，任何一项创新都会给企业带来巨大的效益。

（四）使命

生意人以钱为本，一切为了赚钱；商人有所为，有所不为；企业家创造财富是为社会创造价值，影响这个社会，赚钱是企业家的基本技能，而不是所有技能。所以志存高远的创业者需要有一种责任感、使命感，这样企业才能走得长远。世界500强企业大都有一种使命感，通用电气的使命是“让天下亮起来”，迪斯尼创建初期的使命是“让天下人开心起来”，阿里巴巴的使命是“让天下没有难做的生意”。“每天一斤奶，强壮中国人。”对蒙牛来说不仅是口号，更是一种使命和责任。万科的使命是“做中国房地产的领跑者”，在这种使命的激励与鼓舞下，万科在房地产行业一直遥遥领先。这让我们看到了使命对企业的重大影响。

哈佛大学商学院对创业精神的定义是：“创业精神就是一个人不以当前有限的资源为基础而追求商机的精神。”从这个角度上讲，创业精神代表着一种突破资源限制，通过创新来创造机会、创造资源的行为，而不是简单地体现在创造新企业或体现在创新上。因此，创业精神可以简洁地概括为“没有资源创造资源，没有条件创造条件，用有限资源去创造更大资源。”然而，这样的概念过于抽象。激情、坚持、创新、使命，是总结明星企业的经验教训而来的，更加值得我们深思与研究。创业的道路是坎坷的，选择了创业就是选择了面对更多困难、迎接更多挑战，而创业精神就体现在战胜困难与挑战的过程中。

【课堂活动】

1. 列举出发生在大学生身边的创业案例。
2. 列举出创业的分类。

【本节要点回顾】

1. 本节给出了创业的概念与功能。
2. 对创业的类型、要素以及过程与阶段划分进行了详细描述。
3. 对创业精神加以概述。

【延伸阅读】

李嘉诚的创业故事

李嘉诚童年过着艰苦的生活。14岁那年（1940年），正逢中国大陆战乱，他随父母一起逃往香港，投靠家境富裕的舅父庄静庵，可惜不久父亲因病去世。

身为长子的李嘉诚，为了养家糊口及不依赖别人，决定辍学。他先在一家钟表公司打工，之后又到一个塑胶厂当推销员。由于勤奋上进，业绩彪炳，只两年时间便被老板赏识，升为总经理，那时，他只有18岁。

1950年夏天，李嘉诚立志创业，向亲友借了5万港元，加上自己全部积蓄的7 000港元，在筲箕湾租了厂房，正式创办“长江塑胶厂”。不过，李嘉诚预料塑胶花生意不会永远看好，他更相信物极必反。于是急流勇退，转投生产塑胶玩具。果然，两年后塑胶产品严重滞销，而“长江”却已在国际玩具市场大显身手，年产出口额达1 000万美元，为香港塑胶玩具出口业之冠。1965年2月，香港发生了严重的银行信用危机，人心惶惶，投资者及市民纷纷抛售房产，离港远走。香港房地产价格暴跌，地产公司纷纷倒闭。1967年，香港更发生反英暴动，进一步使房地产市场陷于死寂。

不过，李嘉诚却看好香港工商业的前景，认为香港这个商机十足的殖民地，不会久乱。他反行其道，在人们贱价抛售房产的时候，却大量购入地皮和旧楼。不出3年，风暴平息，香港社会恢复正常，经济复苏，大批当年离港的商家纷纷回流，房产价格随即暴涨。李嘉诚趁机将廉价收购来的房产，高价抛售获利，并转购具有发展潜力的楼宇及地皮。20世纪70年代的香港，4大资本最雄厚的英资洋行怡和、太古、汇丰及和记，在许多大实业的生意中，只手遮天。李嘉诚决定运用长江实业的雄厚资金，收购香港某些具有实力的上市公司，第一个目标便直指怡和集团的主要旗舰“九龙仓”。1978年，李嘉诚又再以出其不意的战术，收购另一个老牌英资公司青洲英泥，成为该公司董事局主席。不过，最令李嘉诚难忘的胜利，是成功地控制了老牌英资财团和记黄埔。

李嘉诚的长江实业，以6.93亿港元的资产，控制了价值超过50亿港元的老牌英资财团和记黄埔，实为“小蛇吞大象”的奇迹；而李嘉诚更因此成为入主英资财团的首位华人。20世纪80年代以后，李嘉诚的版图再进行一系列的扩张。除了房地产外，还经营航运服务、电力供应、货柜码头以及零售等，形成一个坚不可摧，在香港举足轻重的大型综合性财团。1990年后，李嘉诚开始在英国发展电信业，组建了Orange电信公司，并在英国上市，总投资84亿港元。到2000年4月，他把持有的Orange四成多的股份出售给德国电信集团，作价1 130亿港元，创下香港有史以来获利最高的交易记录。Orange是于1996年在英国上市的，换言之，李嘉诚用了短短3年时间，便获利逾千亿港元，使他的资产暴升一倍。

进入2000年，李嘉诚更以个人资产126亿美元，两度登上世界10大富豪排行榜，也是第一位连续两年榜上有名的华人。李嘉诚并多次荣获世界各地颁发的杰出企业家，还5度获得国际级著名大学颁授的荣誉博士学位。经过多年的“开疆辟土”，李嘉诚已拥有4家蓝筹股公司，市值高达7 810亿港元，包括长江实业、和记黄埔、香港电灯及长江基建，占恒生指数两成比重。

【创业实训】

创业素质自测

指导语：对人生是否充满好奇与渴望，反映了你对新奇事物的追求和对生活充分体验、享受的能力。

下面介绍10道自测题，每题都有A、B、C三种选择，每种答案无所谓正确或错误，请你看清楚每一道题的意思，根据自己的实际情况和真实想法，以最快的速度诚实作答，每题只选一项。

1. 公司办公室里安装了一台新的电脑打印机，你会（　　）。

A. 尽量避免使用它

B. 很愿意使用它

C. 向别人请教它是怎样工作的

2. 在迪斯科舞会上，别人在跳一种你不会跳的舞，你会（　　）。

A. 站起来，学着跳

B. 看别人跳，直到改奏慢节拍舞曲

C. 请一位朋友私下里教你这种新舞步

3. 和朋友去一家西式餐厅吃饭，你想用刀叉吃，可又不会，于是你会（　　）。

A. 看着别人怎样使用刀叉，自己跟着学

B. 仍旧使用筷子或勺子

C. 在别人不知道的情况下请教服务员

4. 你身处异地，对其方言仅知只言片语，于是你会（　　）。

A. 依然讲普通话，因为你还不能熟练地使用当地的方言

B. 只用有把握的词句

C. 尽可能多地使用它，相信人们都是友好的

5. 参加一次你不甚了解的会议，你会（　　）。

A. 提出许多问题

B. 会后查询一下没懂的地方

C. 假装能领会别人的意思

6. 最近这一段时间你需要复习功课准备考试，朋友约你去看电影，你会说（　　）。

A. 对不起，等我忙完这一段日子再去看吧

B. 这一段时间很忙走不开，就免了吧

C. 你说得对，今晚不复习功课了，明天再复习吧

7. 你走进一家时装店，结果却发现店里只有几件衣服，而且衣服上都没有价目标签，于是你会（　　）。

A. 转身出去

B. 举止自然并询问是否有适合你的衣服

C. 为避免尴尬，看一下陈列的衣服，然后离开

8. 你的老师让你去做一项你从未做过的事，你会（　　）。

A. 答应试试，并说："不过我需要帮助。"

B. 有礼貌地拒绝，因为它超出了你的经验范围

C. 埋头到这项工作里，尽量把它干好

9. 街上流行一种很时髦的服装，你是（　　）。

A. 仍旧穿以前的衣服，觉得穿着时尚很不自在

B. 立即买一套穿上

C. 观望一段时间，如果周围的朋友都买了，再去买

10. 如果你做的某项事情需要根据某公式重复计算数十次，但这在电脑上很容易解决，并且现在有一台电脑可供你使用，而你却不会使用。这时你会（　　）。

A. 查计算机使用手册或请教别人，在电脑上把结果算出来

B. 仍旧愿意多花点时间，用手重复计算

C. 请别人上机代你算出来，你在旁边看

记分：

题号	A	B	C	题号	A	B	C
1	0	1	2	6	1	0	2
2	2	0	1	7	0	2	1
3	2	0	1	8	1	0	2
4	0	1	2	9	0	2	1
5	2	1	0	10	2	0	1

解析：

15 分以上：对人生充满好奇和渴望。你喜欢“新奇”和“挑战”，愿意尝试任何新事物，说明你对自己很有信心，不愿放弃每一个机会。但凡事皆想一试可能会有风险，应尽可能避免盲目跟进。有时承认自己对某些事不了解而寻求帮助与合作，也是很有益处的，这可以避免浪费许多时间。敢于尝试可以使你前进，但需把握好尺度。总之，好奇心可以使你学到更多的知识。在工作上，你喜欢尝试新鲜的职业，但别看花了眼睛。

7～14 分：你对人生的追求有些谨慎，最终会和陌生的事物交上朋友，但这通常需要时间。谨慎虽然是件好事，但它却妨碍你发现自己真正的能力。所以不妨抓住机会尝试下，你可能会得到意想不到的结果。不要太在意结果会是怎样，只有试过了才不会后悔。你可以边工作边找一份兼职，尝试做一些自己没有做过的工作。

6 分以下：在新事物面前畏缩不前。你对自己不熟悉的事物通常采取回避的态度，容易被从未尝试过的事物所吓倒，从而失去许多人生的乐趣和发展机会。你也许对自己期望过高，认为只有表现得完美才是令人满意的。不管怎样，当你下次遇到新事物、新机会，不要再犹豫不决或畏缩不前，应该激励自己尝试新的东西。你适合从事稳定一些的工作。

第二节　知识经济发展与创业

【创业语录】

成功者总是不约而同的配合着时代的需要。 ——卡耐基

野蛮社会，体力可以统御财力和智力；资本社会，财力可以雇用体力和智力；信息社会，智力可以整合财力和体力。 ——牛根生

【案例导入】

华为总裁任正非的创业故事

在中国大地上，华为人及华为精神，一直是励志人的一种精神。华为总裁任正非（见图 1－2）的创业故事，也自然就成为了一则名人坚持不松懈的事例。

1987 年，徘徊在深圳街头的任正非没有想到，好运气即将降临到自己和这个国家身上。改革开放已近 10 年，全国的经济状况明显好转。就在那一年，中国政府的经济建设目标变得十分明确，提出了中国经济建设分三步走的总体战略部署：第一步目标，实现国民生产总值比 1980 年翻一番，解决人民的温饱问题；第二步目标，到 20 世纪末国民生产总值比 1980 年翻两番；第三步目标，到 21 世纪中叶基本实现现代化，人均国民生产总值达到中等发达国家水平，人民过上比较富裕的生活。

图 1－2　华为总裁任正非

这是一个很振奋人心的计划，但是似乎和任正非还没有太大的关系。那一年他 43 岁，从部队以团副的身份转业，来到成为改革试验田的深圳。在这里，先他而来的妻子成为南油集团的高管，却最终结束了两人的婚姻关系。任正非自己还只是南油集团下属的一个电子公司的经理，对于已过不惑之年的任正非而言，接下来的人生似乎只有可以想见的平淡无波。然而和所有始于那个年代的创业故事一样，机会从天而降，任正非的人生道路从此走上了一个完全不同的方向，而他也以自己的方式给 1987 这个本来相对平淡的年份，加上了一点重量。

一个“很偶然”的机会，一个做程控交换机产品的朋友让任正非帮他卖些设备，任正非以 2.4 万元资本注册了深圳华为公司，成为香港康力公司的模拟交换机的代理。凭借特区一些信息方面的优势，从香港进口产品到内地，以赚取差价——这是最常见的商业模式，对于身处深圳的公司而言，背靠香港就是最大的优势，至于是代理交换机还是代理饲料，都是一样的。更何况任正非本人也是通信技术的门外汉，他的爷爷是一个做火腿生意的，父母是普通教师，他在重庆建筑工程学院的专业是暖供，十几年的军旅生涯可能使他成为中国比较早用上电话的人，却远不足以令他对这个产业有深入了解。有时候事情就是这样，天上掉下一块东西，人们觉得只要是馅饼就已经喜出望外了，实际上天上掉下的是块金子。

原邮电部电信科学技术研究院院长熊秉群先生在总结中国电信产业 30 年历程的时候曾经说过，中国的电信产业发展可以分为三个阶段。第一个阶段是在 20 世纪 80 年代，在这个阶段里各个企业以购买国外的设备或者是建立合资企业的方式进行发展。正是有了这些合资企业，才使国内的制造企业数量有了一定的增加。第二个阶段是在 20 世纪 90 年代，最主要的就是在程控交换机方面的突破。“虽然程控交换机在 20 世纪 80 年代就有，当时的邮电部邮电科学研究院，通过六五计划、七五计划研发出了中小容量的程控交换机，但是当时这样的一些成果，要转化为产业，特别是成为商用化的设备，还是有很大的距离。”第三阶段，就是进入 21 世纪的通信产业突飞猛进发展的 10 年。

43 岁拉起旗帜单干的任正非，在这个时候突然表现出了他的商业天赋。在卖设备的过程中，他看到了中国电信对程控交换机的渴望，同时他也看到整个市场被跨国公司所把持。当时国内使用的几乎所有的通信设备都依赖进口，也就是“七国八制”，即美国 AT&T、加拿大北电、瑞典爱立信、德国西门子、比利时贝尔、法国阿尔卡特，以及日本 NEC 和富士通。民族企业在其中完全没有立足之地，任正非决定要自己开始做研发。

任正非后来解释自己早期的这一次转型的原因的时候说："外国人到中国是为赚钱来的，他们不会把核心技术教给中国人，而指望我们引进、引进、再引进，企业始终也没能独立。以市场换技术，市场丢光了，却没有哪样技术被真正掌握了。而企业最核心的竞争力，其实就是技术。"军人出身的任正非似乎天生具有比一般人更加强烈的爱国热情和保卫领土的敏感和决心，而他在那个时候能够认识到"技术是企业的根本"，便从此和"代理商"这个身份告别，踏上了企业家的道路。

1991年9月，华为租下了深圳宝安县蚝业村工业大厦三楼，最初有50多人，开始研制程控交换机。这里既是生产车间、库房，又是厨房和卧室。十几张床挨着墙边排开，床不够，用泡沫板上加床垫代替。所有人吃住都在里面，不管是领导还是员工，做得累了就睡一会儿，醒来再接着干。这是创业公司所常见的景象，只不过后来在华为成为了传统，被称为"床垫文化"，直到华为漂洋出海与国外公司直接竞争的时候，华为的员工在欧洲也打起地铺，令外国企业叹为观止。12月，首批3台BH－03交换机包装发货。事后员工获悉，公司已经没有现金，再不出货，即面临破产。到1992年，华为的交换机批量进入市场，当年产值达到1.2亿元，利润则过千万元，而当时华为的员工，还只有100人而已。这样的成长速度，是属于那个时代的。从此，华为像一匹来自深圳的狼，扑进了这个正在高歌猛进的行业。

事实上，最初抓住交换机机遇的不仅仅是华为，当时通信制造领域势头最好的四家企业，巨龙通信、大唐电信、中兴通讯、深圳华为被并称为"巨大中华"。1998年，华为销售收入89亿元，规模最小的大唐也达到了9亿元。这其中除了华为之外，其他三家全部都是国有企业。华为能够在跨国企业和国有企业之中异军突起，有人说华为靠的是客户关系和价格优势。有趣的是，1994年任正非在内部讲话中曾经提到，"在当前产品良莠不分的情况下，我们承受了较大的价格压力，但我们真诚为用户服务的心一定会感动上帝，一定会让上帝理解物有所值，逐步地缓解我们的困难。"所以，如果当时让任正非来总结华为能够突围的原因，他一定会说是因为华为身上的狼性文化——敏锐的嗅觉、不屈不挠、奋不顾身的进攻精神、群体奋斗。

这一说法在华为内部员工之间的认同度也很高。事实上这三点是狼在厮杀中成功的特性，转用到企业的竞争中，的确形成了一种不可思议的力量，在一定程度上保证了华为在初创时期的成功和发展。然而狼性文化的另一方面，却是咄咄逼人不择手段，这些在初创时期能够被看作是激情和生机的粗糙的东西，等企业发展到一定阶段，就会凸显成为不和谐的声音。2000年以后，任正非就很少提狼性这个词。在此之前，他做了两件事，从这两件事可以看到，当华为站到"巨大中华"的首位的时候，任正非想的就不仅仅是企业的生存和赚钱问题了，他心里的规划开始变得宏大。为此他不惜亲自动手磨砺自己曾经挚爱的"狼性"。

任正非首先定下的是国际化策略。在国内市场依靠"从农村包围城市"的传统军事战略而站稳脚跟之后，任正非却很快认识到，将来不会有仅仅依靠区域市场生存的电信设备商，所有的电信设备商都必须是国际标准化的。从1996年，华为就开始了国际化布局。起初，这是一个无异于痴人说梦的计划，民族通信企业华为拥有什么优势？资金、品牌还是技术？在国内市场还没有能够抢下一线城市的山头，如何去敌人的势力范围抢饭碗？任正非说这是出于一种军人天生对于危险的警惕和危机意识，让他做出了这个决定。他也知道在那个时候，华为在国际市场上就是一个彻头彻尾的无名小卒，一切都要从零开始，而从艰难生活走过来的任正非，在这件事情上愿意大手笔地投入。

从1996年到2000年，华为以疯狂参加国际电信展的方式来给自己制造品牌和知名度。它还推出“东方丝绸之路”“东方快车”等品牌计划让国际客户来熟悉陌生的华为。

另一件事，是1997年任正非参观美国IBM之后，意识到华为与国际一流企业在管理上的差距，决定要向IBM学习。他的学习不是挂在嘴上或者买几本《大象为什么会跳舞》这么简单。1998年，华为与IBM合作项目“IT策略与规划”正式启动，内容是规划和设计华为未来3～5年需要开展的业务流程和所需的IT支持系统，包括集成产品开发、集成供应链、IT系统重整和财务四统一等八个项目。为此，仅顾问费一项，华为的投入每年就在5 000万美元，再加上其他费用，据统计华为为了业务流程变革所付出的代价，高达10亿元。这成为了华为后来在国际化道路上能够走得顺利的基础。《华为的世界》一书中提到，摩托罗拉中国区总裁高瑞彬曾经判断华为依靠小米加步枪的竞争优势不可能维持下去。让华为人自己津津乐道的快速反应——哪里出问题就第一时间赶到现场并想办法解决的情况，在跨国公司看来却是企业管理和制造不规范的体现。“改来改去，各地的版本差异越来越大，将来设备升级的时候可能一团糟。现在华为反应迅速是因为接触面小，将来在全球市场发展，现在的这套适合中国情况的机制，还能保证华为同样反应迅速吗?”

任正非以高昂的学费请入IBM，就是为了解决这个问题。在企业发展势头极好，一切看起来正昂首阔步走在正轨上的时候，让一群穿着背心短裤和片儿鞋跑得飞快的土狼们穿上西装革履迈起整齐划一的步子，是一件让人憋气的事。任正非强大的个人意志力在这件事上发挥了极大的作用，他几乎是用一种不分青红皂白的命令方式将集成化流程变革强推下去。到现在，华为对这一次变革的评价是，因为有了集成产品开发和集成供应链，华为才能够与世界顶级的电信运营商以同一种语言进行沟通。

1994年，站在国境之南的任正非说了一句志怀高远的话，他说：“将来电信设备市场将会三分天下，西门子、阿尔卡特和华为。”他没有说将来有多远，不过到2009年，华为在爱立信、诺基亚-西门子和阿尔卡特-朗讯之后，名列世界第四大电信设备制造商。而曾经创造辉煌业绩的北电已经申请破产保护，摩托罗拉也岌岌可危，市场份额下滑到只有4%。华为在任正非每隔三五年就阶段性地宣布冬天到来的警示中，频频取得接近50%的业绩增长，并把2009年的销售目标，定在了300亿美元。

对于华为来说，值得庆幸的是从成立第一天开始，它就紧守着这个在中国具有高度成长性的行业，从未离开。随着5G的启动，可以想象这个市场还将继续延续它的繁荣。更值得庆幸的是，企业创始人任正非一直像一个军人一样，保持着高度的警惕和对市场的敏锐。尽管他脾气暴躁，对企业进行一种高压式的军事化管理；尽管他个性低调，从内部流传出来的讲话充满了属于上一个时代的军事术语；尽管他被人指责所谓的国际化管理只是深圳总部一小撮人的事，一线员工仍然似饿狼一般，频频以地狱式报价来扰乱市场。

（参考网址：https：//www.cy1990.com/chuangyegushi/mingren/483.htm）

【案例思考】

华为总裁任正非创业故事是知识经济社会中创业热潮的典型成功案例。任正非是一个充满缺点的企业家，低调平添他的神秘，不爱出镜不妨碍他成为被提及概率最高的企业家。华为或许也是一个充满缺点的企业，因为狼性而树敌众多，因为任正非说自己不是上市公司只需要对政府负责而使得公众对这家企业充满了种种揣测。充满矛盾的企业和企业家，是知识经济社会中中国民营企业发展道路上必不可少的元素，或许矛盾的不是他们，而是这块让他们生长的土地。

【理论阐释】

一、经济转型与创业热潮

（一）知识经济与经济转型

知识经济并不是一个严格的经济学概念，它的缘起大约与新经济增长理论有关。在世界经济增长主要依赖于知识的生产、扩散和应用的背景下，美国经济学家罗默和卢卡斯提出了新经济增长理论。罗默把知识积累看作经济增长的一个内生的独立因素，认为知识可以提高投资效益，知识积累是现代经济增长的源泉。卢卡斯的新经济增长理论则将技术进步和知识积累重点投射到人力资本上。他认为，特殊的、专业化的、表现为劳动者技能的人力资本者才是经济增长的真正源泉。

一般认为，“知识经济”是以知识为基础的经济，是与农业经济、工业经济相对应的一个概念，是一种新型的富有生命力的经济形态；工业化、信息化和知识化是现代化发展的三个阶段；创新是知识经济发展的动力，教育、文化和研究开发是知识经济的先导产业，教育和研究开发是知识经济时代最主要的部门，知识和高素质的人力资源是最为重要的资源。

知识经济的兴起将对投资模式、产业结构、增长方式和教育的职能与形式产生深刻的影响。在投资模式方面，信息、教育、通信等知识密集型高科技产业的巨大产出和展现出的骤然增长的就业前景，将导致对无形资产的大规模投资。在产业结构方面，电子贸易、网络经济、在线经济等新型产业将大规模兴起；农业等传统产业将越来越知识化；产业结构的变化和调整将以知识的学习积累和创新为前提，在变化的速度和跨度上将显现出跳跃式发展的特征。在知识经济时代，全球产业结构正面临着彻底的解构与再重组运动，因此要发展经济就必须进行经济的相应转型。

（二）经济转型与创业热潮的关系

经济转型是指一个国家或地区的经济结构和经济制度在一定时期内发生的根本变化。经济转型是经济体制的更新，是经济增长方式的转变，是支柱产业的替换，是国民经济体制和结构发生的一个由量变到质变的过程。经济转型不是我国特有的现象，任何一个国家在实现现代化的过程中都面临的问题。即使是市场经济体制完善、经济非常发达的西方国家，其经济体制和经济结构也非尽善尽美，也存在着现存经济制度向更合理、更完善经济制度转型的过程，也存在着从某种经济结构向另一种经济结构过渡的过程。

创业热潮是指在一定的时期内，由于政策调整或社会需求等条件发生变化为某一地区提供了大量的创业机会，使得某一特定群体大规模从事创业活动的现象。经济转型是创业热潮兴起的深层次原因。伴随着经济转型的知识经济时代，创办高新技术企业成为经济发展的重要基础，创业在经济发展中的地位和作用更加突出，日益成为经济发展的主要动力，主要表现在以下几个方面。

（1）经济转型是创业热潮兴起的深层次原因。经济转型的过程为创业热潮的兴起提供了大量的创业机会。一方面，伴随着国际化的改革，中国在加速工业化、城市化和市场化的同时为创业热潮的兴起提供了大量的创业机会。另一方面，当前经济转型进入到经济社会各领域的全面转型，一部分原政府承担的社会、经济职能由市场中介机构承担，创业者依法创办这类中介机构，在政府监督下承担这些职能，有利于在市场中介领域引入竞争机制，有利于完善市场经济体制所需要的服务体系；同时在促进经济与社会发展、防止垄断、促进市场商品和生产要素流动等方面发挥重要作用。

（2）经济转型与创业热潮相互推进。在知识经济条件下，创业热潮的兴起使网络等通信手段更加发达，知识的生产加快，同时，知识的传播、知识的转移速度也得到加速，人们能够更广泛、更及时地实现知识、信息、资源共享。创业热潮的积极作用又反过来要求进一步加快经济转型，更快地促进经济社会的发展，因此经济转型与创业热潮是相互推进发展的过程。

（3）经济转型的过程与创业热潮还在持续。当前，我国的经济转型从部分领域的转型进入到经济社会的全国转型阶段，经济结构和社会结构呈现为整体性的加速跃迁。全球经济一体化的浪潮也在加快着我国的工业化、城市化和市场化的步伐。同时伴随着大数据时代、云计算、移动互联网和社交网络的广泛应用，移动互联领域掀起新的创业大潮被称作是第四次创业浪潮中的亮点，由此可见，经济转型的过程与创业热潮还在持续。

二、知识经济时代创业成功的必要条件

（一）创造多种创业营销手段

这并不意味着非要把75％的预算资金都投入到复印纸张、购买幻灯机、开设网站等宣传上，但这的确需要仔细考虑扩大销售的方法，只有选择合适的营销手段，才能保证公司的正常运转。坐下拿起笔，将每次与顾客洽谈的每个细节都一条条记下来，包括固定包装、宣传小册子等其他介绍产品的方法。如果创业之初实力有限，觉得这样的负担有些过重时，可以从当地大学聘用一个艺术或营销专业的学生当钟点工，也可以与其他家庭企业进行物物交换，以扩大产品销售渠道。

（二）创业活动中十分注意口头问候顾客

口头信息似乎不能算在营销手段之内，但如果一个潜在的顾客随口询问企业情况和产品信息时，有工作人员能立即应答的话，这样招揽的顾客要比通过高科技主动联系顾客的效果好。因此，营销专家迪姆建议在初创企业时，经营者要制定一套专业口头信息表达系统。

（三）创业活动中尽量要把受众群体缩小明确

在各种创业活动中，不要花大力气企图满足每个顾客，这样做是不现实的。要尽量明确目标顾客，为他们提供高品质的服务。最佳的方法是每周只到发展前景好的两家销售商那里就可以了。“不要把全国五百家知名超市和商店都当成自己产品的销售地点。仅需从这些公司中挑选两三家效益好的公司，和他们谈判就可以了。”营销专家迪姆说。另外，

应该通过电话主动与这些公司保持联系，经常把产品资料寄给他们，如果觉得有必要，可以选择时间碰头。这样做既节约了你的时间也省了很多钱。

（四）创业活动中要尽量用商品博览会推销产品

在著名经营专家瑞克·格兰达关于营销的书籍中有很多关于这方面的内容：如果你负担不起一个摊位的话，可以试着找其他人合伙租摊位。你可以负责帮他们经营摊位，而合伙人必须是熟悉当地情况的人。每次博览会后，经营者都要总结这次博览会是否展现了自己产品的特点。如果在博览会上转了一圈却无功而返怎么办？

（五）创业活动中要学会利于网络工具寻找对手的信息

当乔伊丝·博斯在马里兰州创建立博斯特营销信息交易公司时，她对对手的信息一无所知，乔伊丝在自己家开设的公司里，很注意收集竞争对手的信息："创立公司初期，你要努力发现对手在如何经营，他们在经营什么东西，凭什么吸引什么样的顾客？"乔伊丝说，公司已经突破了家庭式的经营模式，雇用了 1 个员工。"信息完全就在你的指尖上。可以找到对手的网站，轻易获得对手的资料。"乔伊丝说。

（六）创业活动中要多给予别人帮助

如果想成为知名的经营者，就要学会帮助别人。位于新泽西州的埃伦卡格纳斯公司的主要产品是手制香皂。它被称为家喻户晓的知名产品，不仅在于其精致的工艺，更在于埃伦卡格纳斯公司充满善意的举动。埃伦卡格纳斯公司是一家在线肥皂零售商。"首先，我们号召要帮助其他人，为顾客提供力所能及的帮助。"卡格纳斯说。"我想，我对事业的热情使得其他许多人认为这才是我的成功的关键。"卡格纳斯的公司在哪些方面能够提供帮助呢？新泽西妇女商业中心和她家郊区委员会是卡格纳斯提供帮助的主要场所。

另一个能帮助摆脱生意困难的是与非营利组织建立合作关系。《摇钱树营销》的作者帕科·毕晓普坚持这样的观点："建立基金资助学校似乎是个赔本的买卖，但是同时，这些孩子也认识了你的产品，开始购买它，而这又反过来促进了公司的经营。""原因和效果"的市场营销规则清楚地表明了这点。

（七）创业活动中要了解产品生产环节

格兰特建议，如果是个网络工程师，想在互联网中有所作为，就要发现有潜力的顾客，给他们提供一些能改善网络的建议，或者按照安妮·柯林的做法去做，即出去亲自找生意。

三、知识经济时代创业活动的功能和作用

首先，创业可以推动社会的进步与发展。一个社会创业活动发展得越好，人们的物质、文化水平也就越高，从而推动社会经济的繁荣与发展。因此创业是推动经济增长的一个积极因素。社会的进步与发展必然会引起一系列产业结构、经济结构乃至社会结构的变化，而一系列的产业结构、经济结构乃至社会结构的变化又反过来可以推动经济社会的进步与发展。当前中国经济结构调整的重点是发展高新技术产业和传统产业的升级改造，大量成功的创业企业必然会为社会注入新鲜活力，有利于促进整个社会生产力的发展。其次，好的创业项目或者行业能推动整个行业的发展。一个好的创业项目可以促使国家各种

资源在该行业的投入，从而推动整个行业的发展壮大，促进经济社会的进步。最后，知识经济时代创业活动促进社会创新进步，增加社会工作岗位，增加社会活力。知识经济时代创业活动可以增加劳动力投入，增加人才在该行业的流动速率，进而增加社会工作岗位。

【课堂活动】

1. 列举在创新浪潮中的成功案例。
2. 列举创业活动的功能和作用。

【本节要点回顾】

1. 本节给出了经济转型与创业浪潮的一般概念。
2. 总结了知识经济时代创业成功的必要条件。
3. 对知识经济时代创业活动的功能和作用加以概述。

【延伸阅读】

知识经济下的人力资本投资

进入21世纪以来，知识经济已经成为人类社会经济发展的源动力。随着人们对知识经济的认知，各种高新技术企业应运而生，这些企业对知识型人才的渴求达到空前的程度，许多企业不惜重金进行人力资本投资。即使那些技术含量较低的传统行业也投入到人才争夺战中来，他们往往为了一名企业高管而一掷千金。我们知道，只要是投资就要有收益并伴随着风险。人力资本投资一样也不例外。那么，企业如何根据自身所处发展阶段和状态来进行人力资本投资呢？

一、成本还是投资

企业在人力资源方面的投入已经逐渐成为企业支出的最大部分之一。目前来说，西方发达国家的平均人力资本占企业业务总收入的29%左右，就是在中国这样的发展中国家人力资本支出也已达到了26%以上。尽管企业为各种高管人才及一些技术研发人才付出了不菲的人工成本，但企业家们仍旧为寻求此类人才而乐此不疲。原因何在？大概有以下几方面的考虑。

(1) 许多企业对于人力资源的观念已经发生了质的改变，完全抛弃过去人力成本观念，继而将人力资本投资理念运用到企业人力资源建设中。也就是说，企业在进行人力资源变革过程中，不仅考虑为获得人力资源而须支付的现值，而且将其带来的长期收益作为衡量人力资本支出的重要依据。因此，一些精明的企业决策者除了是资本运作高手，还是人力资本运作的高手。他们往往利用其手中雄厚的资本来换取超值的人力资本，从而为其实现更有效的市场竞争和扩展做人才储备。例如，当企业还只是将重视人才停留在口头上时，宝洁公司就已从全国各名牌大学招收毕业生，并与其签订长期工作合同。当时，有人说宝洁利用其跨国公司的本钱来浪费中国最好的人才，可是，如今说这话的人可能正在为其当初的短视言行付出代价，而宝洁公司正在利用当初的大学生来疯狂拓展中国市场，迎接更加激烈的市场竞争。我们认为，无论当初宝洁的人才投资出于何种目的，至少对于今天的市场来说，其已开始向投资收取回报。

(2) 随着企业家们对于知识认识的加深，对于知识创造价值更加深信不疑。而能够将知识转化为价值的执行者就是人才，因此，疯狂挖人也就不为过了。这里面涉及人力资本投资和风险问题。曾经有经济学家们这样计算人力资源比较成本：他们把人力资本投资收益率作为衡量企业人力资源政策优劣的标准。某企业坚持稳健的人力资源政策，管理者和技术骨干一直是从企业内部进行培养和选拔，企业因此而减少高工资成本 200 万元/年，但企业的经济效益一般；而另一家企业进行了全新的改革，企业从外边引进了数名年薪 20 万元以上的高管和科技人员，企业无论在产品研发和管理体制上都取得了极大的进步，企业经济效益自然是节节高升。经计算，两家公司的人力资本投资收益率简直不可同日而语。

(3) 人力资本投资对于企业文化等无形资产的形成起到推波助澜的作用。某民营企业经过三年来的快速发展，已经成为该领域的佼佼者，但这却丝毫不能让企业的老板快乐起来。原因是企业因为靠着一股子猛劲发展起来，由于企业的发展壮大，起初一起创业的员工心态也发生了变化，在企业内部大家分立山头，形成若干个小利益团体，不能形成以现代企业文化为核心的企业团队。这种局面的出现已经开始影响公司业绩，公司下半年的业务收入呈明显下降状态，如再不进行人力资源改革，将会把大家经过千辛万苦创造的基业毁于一旦。经过慎重考虑，企业从两方面着手解决问题：一是请企业文化专家深入公司内部进行培训指导，加强广大员工对企业文化的理解，同时催生先进企业文化的形成；二是从外面高薪聘请管理专家入主企业管理层，加强企业管理水平的同时，提升企业文化内涵的包容性和科学性。终于，新的一年刚刚到来，企业像沐着春雨的小草一样，继续茁壮地成长。我们认为，通过对上述一些问题的阐述，不难理解各种企业对人力资源趋之若骛，表面上看似不计成本，实际上是精明的企业家们在做着高回报的投资。

二、寻求人力资本投资的最高收益率

当企业家们认识到人力资本投资的重要性后，就开始修正企业的人力资源战略。这种战略的修正将为企业寻求人力资本投资的最高收益率创造条件。这里我们只能说是创造条件，而面对复杂的市场环境，真正实现人力资源的较高投资收益率，必须要制定正确的人力资源战略和可操作性强的人力资源策略。由于人力资源投资收益的综合性强，它的实现要求通过多方配合，企业组织团队整体作战，才能真正实现其收益，并通过相应的考核体系来测评新近投资的人力资源所产生的实际收益；或通过对整体收益的期间比较，来确定人力资源投资的具体回报。

(1) 在计算人力资本投资收益率时，不能将员工分成若干个团体进行细化，来分别计算各个团体的单独收益率，这是错误的做法。这种做法无法切实实现企业人力资源投资宗旨，不能形成核心凝聚力的，也不符合客观性原则。我们常用的一种方法是综合绩效增长率法。其主要是通过计算部门绩效分数，按照其所在整体团队综合绩效所占权数，来分期计算整体团队综合绩效增长率，然后利用新增人力资源投资回报期与企业原人力资源回报期进行科学比较，计算企业新增人力资源投资综合绩效增长率。以此来判断企业新增人力资源投资收益情况。这种投资收益率的计算是建立在长期持续经营基础之上的，任何追求短期物质利益基础上的收益率的计算都是不客观、不公正的。

(2) 虽说人力资本投资具有回报率，但切不可进行盲目投资或大量投资。我们知道，企业管理特别是人力资源管理有时追求的是一种高效运转的平衡，这种平衡的建立将为企业的发展和业绩提升创造基础。我们知道企业的发展是有其规律可循的，企业只有发展到一定的历史阶段，才能够接受和吸纳相关类型人才。同时，也要考虑人才需求的数量。企业的发展需要不同类型的人才，无论企业发展到何种阶段，对人才的需求都是多层次的，而不能是统一高标准、高要求、高知识。因此，企业在进行人力资源投资时，切记不要浪费人才，事实上，浪费人才也就是企业浪费成本。有经济学家正在考虑通过计算企业人才组合系数，来规范企业用人标准。由于这种方法不是特别成熟，暂时不在此进行介绍。

(3) 在考虑人力资本投资收益率时，也要从客观上考虑一下企业员工的工作经验和技术专业经验。许多企业正是忽略了员工的经验，尤其是技术经验，而使企业在进行人力资本投资时发生较大人员变动，致使新进高管人员的先进管理思想无法实施，先进技术无法得到利用，反而造成包括人力资源在内的企业资源的浪费，甚至会导致企业经营业绩的倒退。这种现象经常出现在迅速成长型企业，如高新技术企业、民营企业。

事实上，寻求人力资本投资的最大收益率，并不是简单地人才招聘和引进，企业有效的人力资源战略和策略也尤为重要。可以说，系统的人力资源管理是实现企业人力资本投资的基础。做好人力资本投资必须要有明确的目的性，同时要清楚了解企业自身人力资源的特点和不足，针对企业的发展特点制定详尽的人力资源整合方案，从而有效提高人力资源使用效率，包括绩效考核、员工发展计划、员工培训计划、企业文化及团队凝聚力等方面内容。

三、人力资本投资的整合

(1) 做好绩效考核工作是企业内部部门与员工之间展开有效合作的基本监控措施。我们知道，企业要想取得良好的业绩，必须要通过员工切实有效地投入工作来实现。现代企业管理要求广大员工形成高效运转的团队，拥有核心凝聚力，才能够发挥整体作战能力，对于企业的发展形成强大推动力，实现企业发展的目的。鉴于这些要求，一方面，企业要通过加强思想教育，提高员工对企业文化的认同，发扬企业精神，达到努力工作的目的；另一方面，企业要对员工进行有效的绩效考核，通过绩效考核来正确评价员工的工作业绩，分析企业管理流程中出现的问题，然后做出相应的员工激励机制和企业管理改进方案。

(2) 结合企业业务特点，通过对员工的业绩评价系统，掌握员工基本档案资料，对员工进行职业发展趋势分析，为员工制定切实可行的《员工发展计划书》。这是企业人力资本投资整合的关键。只有深入了解企业人力资源情况，才能有效确定人力资本投资方向，并对企业人力资源结构进行有机搭配，使企业人力资源组合发生“化学反应”，发挥更大的作用，从而提高人力资本投资的收益率。

(3) 通常，我们会发现一部分员工非常努力地工作，却无法达到要求，不能很好地取得绩效考核成绩。这就是人力资本投资整合的又一项重要内容。当我们为员工制定了合适的〈员工发展计划书〉后，就要结合企业实际情况，制定并落实员工的培训计划。培训计划的执行会极大地推动人力资本投资整合的速度，有效地解决基本素质和技能层面的问题。

（4）人力资本投资整合工具的使用将极大地推动企业文化建设，尤其对企业执行文化的改进将是具有革命性的。企业执行文化的形成又不同程度地促进了企业精神层面文化的发展，从而加速企业核心凝聚力的形成。企业通过职业经理人的操作，将人力资本投资进行整合，最终对规避和减少人力资本投资风险发挥了重要作用。

（参考网址：https：//wiki. mbalib. com/wiki/%E7%9F%A5%E8%AF%86%E7%BB%8F%E6%B5%8E）

知识经济的特征

任何一种经济形态都具有根本特征和表象特征，知识经济亦如此。

知识经济的根本特征。从根本特征上来把握，关键是把握知识经济的实质。从经济发展史来看，以产业结构划分经济形态，可分为农业经济、工业经济和高技术经济。从当代经济学来看，从资源配置来划分，可分为劳动力经济、资源经济和智力经济。无论从经济史还是经济学来看，所谓知识经济，其实质就是高技术经济、高文化经济、高智力经济，是指区别以前的以传统工业为产业支柱、以稀缺自然资源为主要依托的新型经济。它以高技术产业为第一产业支柱，以智力资源为首要依托，是可持续发展的经济。

与以往的经济形态相比，知识经济最大的不同在于，它的繁荣不是直接取决于资源、资本、硬件技术的数量、规模和增量，而是直接依赖于知识或有效信息的积累和利用。在资本积累中更重视知识的积累和能量的释放。换言之，知识经济相对于以土地资源为基础的农业经济和以原材料、能源为基础的工业经济，突出知识积累的重要性，并表明未来社会将是以知识为基础的经济。就实质而言，在知识经济中，知识已不是经济增长的“外生变量”，而是经济增长的内在的核心因素。当知识成为主要经济要素后，经济的增长方式会发生根本的变化，长期高速增长将成为可能。

知识经济的表象特征。与以往的经济形态相比，知识经济作为一种新的经济形态已显露出鲜明的特点。我们可以把它归纳为以下 10 个方面。

一是知识化。知识经济的发展主要靠知识和智力。因此，掌握现代知识，并具有创新、创造和运用能力的人成为知识经济中的主力军，财富的再定义和利益的再分配取决于拥有的信息、知识、智力和创造力。知识化的特征还反映在制造业结构的高技术化、服务业的高科技化和就业结构的高技能化方面。目前在发达国家的制造业中，高技术产品的生产和出口所占的比重已接近三分之一，80%以上的服务业采用了信息技术产品，就业机会增长最为迅速的是需要高度专业技能的岗位。

二是信息化。有人曾把石油比作工业经济发动机的燃料，而信息则是知识经济发动机的燃料。信息技术产业是知识经济的主要产业。在工业社会里，人们谈论发电机、铁路、生产流水线；在知识经济社会中，我们必须熟悉半导体、芯片、光盘和计算机。

三是网络化。网络一直是人类文明进程的重要标志。工业经济的最重要的基础是公路网、电网、铁路网和电话网；而高速、互动、传递信息、共享知识的新一代网络构成了知识经济的基础设施。网络的特性将是一个给企业带来无限商机、庞大的全球性信息市场。

四是无形化。知识经济是以无形资产投入为主的经济。知识、智力等无形资产的投入起决定性作用。这与传统工业经济需要大量资金、设备、原材料等有形资产有很大的不同。

五是虚拟化。在知识经济时代，由于经济活动的数字化和网络化的加强，使空间变小，世界成为“地球村”。同时，又使空间扩大了，除物理空间外，多了个媒体空间，通过信息处理可以虚拟市场、虚拟现实，如虚拟银行等。

六是柔性化。在知识经济中软件产品的比例大大增加，其本身不仅可作为一个产业，而且以前的传统产品也可以通过增加软件装置来提高知识含量和科技含量。知识经济的柔性化的特点还表现在企业组织形式和生产方式的柔性化方面。

七是中空化。在知识经济时代，由于高度的信息化，导致最高决策层能够同最基层的执行单位直接联系，使中间组织的作用极大地减弱。从一个经济组织和社会组织来看，管理层次将减少，特别是中间层次的作用会逐渐消失。

八是知识资本化。在知识经济时代，知识成为生产要素中最重要的组成部分，将成为分配的主要依据之一。

九是可持续化。知识经济是可持续发展的经济。其主要生产要素是知识、智力和人的创造力，可以重复使用，在使用过程中其价值不会减少反而会增加，而较少消耗自然资源。不仅如此，还能开发新的尚未利用的自然资源来取代已近耗尽的稀缺自然资源。因此，知识经济是促进人与自然相互协调、可持续发展的经济。

十是全球化。知识经济是世界经济全球化条件下的经济。知识无国界，以知识为主要经济资源的知识经济必然成为全球性的经济活动。在知识经济时代，任何国家不可能在所有的高新技术领域全面领先，必须相互补充、相互协作，这必然促进世界经济全球化进程的加快。

（参考网址：http：//blog. sina. com. cn/s/blog_e330ad580102wi66. html）

【创业实训】

一分钟自我推销

1. 演练内容

（1）问候。

（2）我是谁（包括姓名、来自哪里、个人兴趣特长、对专业的理幕、对课程学习的认识和期望，介绍家乡特产或旅游风景名胜等）。

（3）目的：一是便于教师尽快掌握全班学生情况，以便以后有针对性地上课提问和组织开展实训活动；二是加深学生的相互了解；三是锻炼学生上台发言的胆量和口头表达能力。

2. 实训步骤、要求

（1）每位同学精心写一份一分钟自我推销介绍词，利用上课时间反复演练，达到内容熟练、神情自然。

（2）地点、参加人员：本班教室，全班同学参加。

（3）具体步骤：

第一步，上台问候。跑步上台，站稳后向所有人问好，然后再介绍。注意面带微笑，展现热情。

第二步，正式内容演练，自我推销介绍，注意音量、站姿、介绍顺序、肢体动作等。

第三步，致谢回座。对全体同学说谢谢以后，才能按照教师的示意回到座位。

3. 评分基本标准

（1）由班委组成评委，对每个同学进行评分，最后取评委平均分。

（2）评分具体要求。

1）上讲台自我推销介绍神态、举止55分：其中，声音大小10分，热情展现7分，面带微笑10分，站姿8分，肢体语言5分，语言表达10分，服装得体5分。

2）自我介绍词内容新颖、独特、顺序自然（35分）。

3）时间掌控（10分）：每位同学介绍时间控制在60～90秒，少于45秒或超过100秒，此项不得分。

4. 注意事项

（1）每位同学要精心准备，反复演练。特别是学生干部要带头上台。

（2）带头学生演练完成后，按学号顺序上台演练，一个接一个进行。第一位同学上台后，后一位同学在指定位置等候。

（3）上台前要向老师举手示意，并喊话：报告，××号学生准备完毕，请指示。听到老师“开始”的指令后，跑步上台。听到老师“时间到，停”的指令后，要向所有同学说“谢谢”。然后按照老师的示意，回到座位。

（4）注意课堂纪律，控制笑声，确保自我推销介绍能自然顺利进行。一位同学介绍完毕致谢后，所有同学应鼓掌回应。

（5）实训过程中，教师准备好以下话语：

自我介绍开始！

停，未跑步上台，重来一次！

停，激情不够，重新开始！

不要紧张，重新开始！

时间到，掌声鼓励。

第三节　创业与职业生涯发展

【创业语录】

五年以后还想创业，你再创业。 ——马云

创业其实首先就是创新。我们要有一个真正创新的点。这个创新的点，并不是你随便想出来的一个小窍门或是比较有意思的想法，并不是这么简单的。在你有了创新点后，需要考虑的就是如何把你的能力或是企业的能力与创新相结合。 ——简晶

【案例导入】

周杰伦：创业路上没有偶然

如果你从事教育工作，你可以不喜欢周杰伦，但是你却不能不知道周杰伦。因为你的

学生一定都知道他。这个有点沉默、家世平平的歌手，用他的音乐席卷了整个华语地区，成为流行乐坛巨星。他的音乐风格灵动，开拓了流行音乐新领域，他在流行乐坛引领了“中国风”，甚至在某种程度上带动了中国古典文学的复兴。

从小，周杰伦对音乐就有着独特的敏感，听到音乐就会随着节奏兴奋地摇晃，有时候一边看电视，一边戴上墨镜学高凌风唱歌。母亲见他在音乐方面很有天赋，毫不犹豫地拿出家里所有的积蓄，给他买了一架钢琴。这一年，周杰伦才 4 岁。虽然是教师之子，周杰伦的学习却不尽如人意。小时候，成绩栏上红颜色比蓝颜色多，数学考试成绩经常在 40 分左右，只能用“对音乐有天分的人，好像数学都不太好”来安慰自己。英语老师甚至认为他有学习障碍。当时淡江中学第一届音乐班招生，周杰伦抱着试试的心理参加了考试，竟然考上了。

周杰伦的高中钢琴老师说，周杰伦十多岁时已经培养出远远超越他实际年龄的即兴演奏能力——他将庄严肃穆的音乐变奏，以一种很有意思的方式重新演绎，听上去就像流行歌曲。由于偏科严重，还屡屡挂科，周杰伦没有考上大学。是先择业还是先就业？这个问题被今天的大学毕业生千万次地问，当年的周杰伦也面临这个走出校门后进入职业适应期的经典问题。

如果择业，最吸引他的一定就是成为一名歌手，但一个普普通通的 17 岁的孩子，如何成为歌手？无奈的周杰伦几次碰壁以后，选择了在一个餐厅做侍应生——先生存，再谋发展。在餐厅的工作其实很简单，把厨师做出来的饭菜送给女侍应生，再由女侍应生送给客人。即使是这样，周杰伦也没有离开自己的音乐世界，他带着一个随身听，一边工作一边听歌。机会终于来了。老板为了提高餐厅档次，决定在大堂放一部钢琴，但连续尝试了几个琴师都不满意。周杰伦在空闲的时候偷偷地试了试，他的琴声震惊了不少同事，包括他的老板。老板拍着周杰伦的后背说：你可以在这两个小时不用干活了。

好的职业规划强调先生存再发展。其一，完美的工作不是一下子就能获得的，需要长期的技能和经验的积累。这是一个漫长的时期，如何度过？先就业，让自己生存下来是关键。其二，大部分学生毕业的时候，最需要补的能力不是专业能力，而是适应社会的心态。这堂心态课程可以在任何工作里面学到，往往比能力更加重要。可以说，毕业后最好的职业规划选择应该是：找一份自己能做的工作，培养自己适应社会的心态。同时，注意培养进入理想工作的能力，把完美工作作为长期目标来努力。

试想，如果周杰伦坚持寻找自己喜欢的完美工作：唱歌。那么，他的音乐之路能坚持多久？没有经济支持，没有能够证明自己的履历，没有明确的方法和方向，最大的可能就是一个音乐梦想随之破碎无可修复。当前的大学毕业生中也有这样一些人：我要做管理，我要做导演，我拒绝做一份自己不喜欢的工作。于是，把自己塞进了现实与梦想的夹缝中间，动弹不得。他们忘记了，完美的工作是从不完美处开始的。在餐厅里打工和弹琴让周杰伦慢慢开始有公众演奏的机会，也慢慢开始积累起自己的听众。如果没有那个意外出现，他也许会觉得，这样的工作还挺好的。但是，机遇从不会忘记那些执着于梦想的人。

1997 年 9 月，周杰伦的表妹瞒着他，偷偷给他报名参加了当时台湾著名娱乐主持人吴宗宪的娱乐节目《超猛新人王》。当时的周杰伦非常害羞，他甚至不敢上台唱自己的歌，只好找了一个朋友来唱，自己用钢琴伴奏。两个人的演出“惨不忍睹”。但主持人吴宗宪路过钢琴的时候，惊奇地发现这个一直连头也没敢抬的小伙子谱着一曲非常复杂的谱子，而且抄写得工工整整！他意识到这是一个对音乐很认真的人。节目结束以后，他问周杰伦：你有没有兴趣参加我的唱片公司，任音乐制作助理。

很多人往往把这一瞬间定义为周杰伦生命的转折点。因为他的过人天赋加上吴宗宪的慧眼识珠，周杰伦终于成功啦！笔者不以为然，因为通过短短的几秒钟看乐谱根本无法判断某人是否具有音乐天赋，真正让吴宗宪感动的是这个年轻人对自己乐谱的认真程度。打动吴宗宪的，与其说是才气，不如说是认真。很多时候，不管能力有多大，机会往往只选择那些认真对待自己工作的人，这本身是一种最重要的能力。

作为唱片制作助理，在负责唱片公司所有人的盒饭之余，周杰伦在那间 7 平方米的隔音间里开始了自己的创作生涯。半年下来，他写出来的歌倒不少，但曲风奇怪，没有一个歌手愿意接受。吴宗宪有些着急，他决定给这个年轻人一些打击。他让周杰伦来到自己的办公室，告诉他写的歌曲很烂，当面把乐谱揉成一团，丢进废纸篓里。这是周杰伦在音乐道路上遭受的重大打击。然而，吴宗宪第二天早上走进办公室的时候，惊奇地看到这个年轻人的新谱子又放在了桌上，第三天、第四天……每一天吴宗宪都能在办公桌上看到周杰伦的新歌，他彻底被这个沉默木讷的年轻人打动了。

后来，吴宗宪把周杰伦叫到房间说，如果你可以在 10 天之内拿出 50 首新歌。我就从里面挑出 10 首，做成专辑——既然没有人喜欢唱你的歌，你就自己唱吧。10 天之后，周杰伦安安静静地拿出 50 首歌，于是就有了周杰伦一举成名的专辑。从这张专辑开始，周杰伦一发而不可收拾。

周杰伦的职业经历说来传奇，其实也普通。每个人进入职场的时候，都会遇到类似的问题。领导的批评，不被人认同……如何对待和处理这些问题，比问题本身更加重要。没有被上司的讽刺打倒的周杰伦，用更多的努力获得了认同。胜利者不一定总是赢的人，能够接受打击，能够更加积极对待事业，才能取得最终的胜利。

【案例思考】

综观周杰伦的职业生涯发展，经历了 3 个时期：在校学习期间的职业培养期，餐厅打工的职业适应期和之后的职业发展期，在每个时期，他都做了很好的示范。在职业培养期，他选择了专注自己的天赋，没有被“大而全”的教育模式平庸化。在职业适应期，他明智地选择了先就业再择业，先养活自己，慢慢培养自己的能力，期待在最高平台展示的机会。在职业发展期，他调整好自己的心态，用认真、踏实的精神和态度打动公司的同时，也打动了所有的听众。这些道理都很简单，只是简单并不代表容易做。周杰伦也许有一些你我没有的天赋，但是成功的路上绝对没有偶然。

【理论阐释】

一、广义创业和狭义创业的概念

“创业”一词由“创”和“业”组成，所谓“创”就是创造，即创建、创立、创新之意，《辞海》的解释是“创立基业”。

《孟子·梁惠王》有“君子创业垂直，可继也。”诸葛亮《出师表》曰：“先帝创业未半，而中道崩殂。”这里所谓的“创业”是广义上的创业，是指“事业的基础、根基”，既可以是古代的“帝王之业”“霸王之业”，也可以是百姓家业、家产和个人事业。关于“业”字，其含义也很多，《现代汉语成语辞典》对“业”有如下解释：学业、业务、工作、专业、就业、转业、事业、财产、家业、企业等。可见“业”的内涵极为丰富。同样，“创业”的内涵也极其丰富，有性质、类别、范围和过程阶段等方面的区别与差异。

通常创业是对自己拥有的资源或通过努力对能够拥有的资源进行优化整合，从而创造出更大经济或社会价值的过程。创业可以说是一种劳动方式，也是一种需要创业者运营、组织、运用服务、技术、器物作业的思考、推理和判断的行为。

（一）广义创业的概念

创业从广义来说，创业者除了赚钱，没有什么明确的目标。他们就是喜欢创业，喜欢做老板。这一类创业者中赚钱的并不少，创业失败的概率也并不比那些兢兢业业、勤勤恳恳的创业者高。

（二）狭义创业的概念

创业从狭义来说，可以分为盲动型创业者和冷静型创业者。盲动型创业者大多极为自信，做事冲动。这种类型的创业者，大多是博彩爱好者，而不太喜欢检讨成功概率。这样的创业者很容易失败，但一旦成功，往往就是一番大事业。冷静型创业者是创业者中的精华，其特点是谋定而后动，不打无准备之仗，或是掌握技术资源，一旦行动，成功概率通常很高。

二、创新型人才的素质要求

（一）坚韧的意志和意识

创新是一个探索未知领域和对已知领域进行破旧立新的过程，充满各种阻力和风险，可能遇到重重的困难、挫折甚至失败。创新型人才正以前所未有的时代需求承载着推进国家自主创新，在激烈的国际竞争中占据主动，实现中华民族伟大复兴的历史使命。因此说，创新型人才必须是有理想、有抱负的人，具备良好的献身精神和创新进取意识、强烈的事业心和历史责任感等可贵的创新品质。

（二）丰富的知识储备

创新要求创新型人才的知识结构既有广度，又有深度。因此，创新型人才须具有广博而精深的文化内涵，既要有深厚而扎实的基础知识，了解相邻学科及必要的横向学科知识，又要精通自己专业并能掌握所从事学科专业的最新科学成就和发展趋势，这是从事创新研究的必要条件。只有通过知识的不断积累才能用更为宽广的眼界进行创新实践。创新型人才拥有的信息量越大，文化素养越高，思路便越开阔。同时，完备的知识结构使他们具有科学综合化、一体化意识，有助于增强综合思维能力和创新能力。

（三）敏锐的观察力

创新型人才必须具有敏锐的观察能力、深刻的洞察能力、见微知著的直觉能力和一触即发的灵感和顿悟，不断地将观察到的事物与已掌握的知识联系起来，发现事物之间的必然联系。创新型人才的观察力应当是准确的，能够入木三分，发现事物的真谛，具有善于在平常中求不寻常的创新观察能力。壶水滚沸使瓦特发明了蒸汽机，苹果落地使牛顿创立了“万有引力”说，带细齿的野草划破了鲁班的手指使他发明了锯，无不证明了敏锐的创新观察能力在创新中的重要作用。

（四）拥有创新实践精神

创新是遵循科学，依据事物的客观规律进行探索的过程，任何创新都不能有半点马虎和空想，因此，创新型人才必须具有严谨而求实的工作作风，严格遵循事物的客观规律，从实际出发，以科学的态度进行创新实践。冬暖式蔬菜大棚的发明人、社会主义新农村建设的重大典型、山东省寿光市村党支部书记王乐义同志，在创建冬暖式蔬菜大棚之初，为了求证大棚的最佳地理朝向，用罗盘连续两年观测当地的光照情况，最后提出了大棚最佳朝向为正南偏西 5 度的理论，专家都赞叹说，“地理学上的专题被一个土专家钻研透了”。在带领群众发展蔬菜生产的过程中，也正是基于他这种严谨科学的创新实践，才使他得以不断改进种植模式，并相继研发了立体种植、无土栽培等 20 多项蔬菜种植新技术，站到了农业科技的最前沿。

三、职业生涯的规划与发展

（一）职业生涯的概念

职业生涯是一个人一生所有与职业相连的行为与活动以及相关的态度、价值观、愿望等连续性经历的过程，也是一个人一生中职业、职位的变迁及职业目标的实现过程。简单地说，一个人职业发展的状态、过程及结果构成了个人的职业生涯。

根据中国职业规划师协会定义：所谓职业生涯，是指人的一生中的职业历程。人的职业生活是人生全部生活的主体，在其生涯中占据核心与关键的位置。人们一生的职业历程，有着种种不同的可能：有的人从事这种职业，有的人从事那种职业；有的人一生变换多种职业，有的人终身位于一个岗位上；有的人不断追求、事业成功，有的人穷困潦倒、无所作为。造成人们职业生涯的差异，有个人能力、心理、机遇方面的问题，也有社会环境的影响。从经济的观点来看，职业生涯就是个人在人生中所经历的一系列职位和角色，它们和个人的职业发展过程相联系，是个人接受培训教育以及职业发展所形成的结果。

职业生涯是以心理开发、生理开发、智力开发、技能开发、伦理开发等人的潜能开发为基础，以工作内容为确定和变化，工作业绩的评价，工资待遇、职称、职务的变动为标准，以满足需求为目标的工作经历和内心体验的经历。职业生涯就是一个动态的过程，是指一个人一生在职业岗位上所度过的、与工作活动相关的连续经历，并不包含在职业上成功与失败或进步快与慢的含义。也就是说，不论职位高低，不论成功与否，每个工作着的人都有自己的职业生涯。

职业生涯成长分为外职业生涯（对外在职场而言）和内职业生涯（对个人自身而言）两个方面。内职业生涯是指从事一种职业时的知识、观念、经验、能力、心理素质、内心感受等因素的组合及其变化过程。它是别人无法替代和窃取的人生财富。外职业生涯是指从事职业时的工作单位、工作时间、工作地点、工作内容、工作职务与职称、工作环境、工资待遇等因素的组合及其变化过程。它是依赖于内职业生涯的发展而增长的。

（二）职业生涯规划

职业规划就是对职业生涯乃至人生进行持续的系统的计划的过程。一个完整的职业规划由职业定位、目标设定和通道设计三个要素构成。职业生涯规划是指针对个人职业选择的主观和客观因素进行分析和测定，确定个人的奋斗目标并努力实现这一目标的过程。换句话说，职业生涯规划要求根据自身的兴趣、特点，将自己定位在一个最能发挥自己长处的位置，选择最适合自己能力的事业。职业定位是决定职业生涯成败的最关键的一步，同时也是职业生涯规划的起点。

职业规划有两个主要目的。第一个目的是找到适合自己的工作，找工作最重要的就是要人岗匹配，适合自己。每个工作都有长处和短处，每个人都有优势和劣势。分析、定位是职业生涯规划的首要环节，它决定着个人职业生涯的方向，也决定着职业生涯规划的成败。求职之前先要进行职业生涯规划，进行职业生涯规划之前先要进行准确的自我定位。先要弄清自己想要干什么、能干什么，自己的兴趣、才能、学识适合干什么。可以通过可靠的量表工具的测量，评估职业倾向、能力倾向和职业价值观，这是职业生涯规划的基础。第二个目的是为了通过规划求得职业发展，制定出今后各个阶段的发展平台，并且拿出攻占各个平台的计划和措施，然后由咨询师对切入点的所在的市场状况、行业前景、职位要求、入行条件、培训考证、工作业务、薪酬提升、行业英语等运作进行详细的指导。

四、创业能力对个人职业生涯发展的重要性

创业的概念不仅局限在自主创业上，更具有广义上的开创事业、开拓局面等含义，体现为开拓创新、创业能力和综合素质的提升与发展，而这些素质对于今天社会各个领域的就业岗位都十分重要，因而对个人的职业生涯发展起着积极作用。

首先，培养和提升创业能力，使大学生能够从职业生涯规划层面上，更加深入了解创业内涵，在做出创业选择时更加理性。其次，在创业能力培育过程中，帮助大学生了解商业运作的基本规律和过程，掌握初步创业技能和市场分析方法，为大学生未来的职业选择提供了方向和正确引导，从而增强了职业生涯规划的科学性与可行性。最后，创业能力的培养有效增强了大学生重要的职业素质，包括机会识别能力、团队合作能力、沟通能力、管理能力与创新能力等，从而提高了大学生毕业后的职场适应能力和竞争力，有助于提升个体职业生涯发展空间的高度和广度。

【课堂活动】

1. 学生分组，每组 3 人，讨论创新能力对职业发展的重要性。
2. 学生分组，每组 5 人，列举创新型人才所要求具备的素质内容。

【本节要点回顾】

1. 本节给出了狭义创业与广义创业的概念。
2. 总结了创新型人才的素质要求。
3. 对创业与职业生涯发展的关系加以概述。

【延伸阅读】

职业生涯发展的五个阶段

职业生涯规划这个概念是从西方国家引进的，对我们大多数人来说是一个新名词，虽然我们对这个理论知之甚少，但我们大多数人的职业生涯发展过程还是按照这个理论在进行。实践如果没有理论作指导，往往就会走很多弯路，而有理论作指导的实践往往会达到事半功倍的效果。

舒伯把一个人的生涯发展从出生到死亡分为五个阶段，分别是成长阶段、探索阶段、确立阶段、维持阶段和衰退阶段。生涯发展的每一个阶段都有其特征和任务，如果前一个阶段的任务没有完成好，就必然会影响到下一个阶段的发展，从而给自己的职业发展带来阻碍。下面就分别来说说这五个阶段。

一、成长阶段

成长阶段是指从出生到 14 岁，如果按照 7 岁开始上学，14 岁也就是到了初中二年级。成长阶段是一个人生涯的准备阶段，虽然这个阶段看似和职业没有关系，却是最重要的阶段。因为到了 14 岁时，一个人的大脑发育基本已经完成，自我概念基本形成，行为习惯已经养成，学习能力已经体现了出来。而自我概念、行为习惯以及学习能力对一个人以后的发展是至关重要的。这个阶段的主要任务就是身心得到很好的成长，建立自我概念，形成良好的行为习惯。这个阶段也是一个人天赋展现和兴趣发展的重要阶段，尤其是艺术和运动天赋都是在这个阶段展现出来的，在这些领域取得成就的人都是在这个阶段被发现和培养的。比如周杰伦、郎朗、丁俊晖等。

因此，作为家长，一定要在这个阶段注意观察孩子是否有某一方面的天赋，如果发现就要给孩子创造条件，好好去培养。当然，对大多数人来说，基本上没有某一方面突出的天赋，我们都是普通人。家长要做的就是让孩子的身心得到健康发展，养成良好的学习习惯，形成健全的人格。

二、探索阶段

这个阶段从 15 岁到 24 岁，大概是从初三到刚参加工作。在五个阶段中，这个阶段的时间最短，但对职业生涯来说却是极为重要的一个阶段。如果说成长阶段是一个人身体成长最快的阶段，那么这个阶段就是一个人能力成长最快的阶段。24 岁时，对一般人来说，已经大学毕业，刚参加工作两三年。这个阶段要经历学习的最重要两个阶段，就是高中和大学，同时要经历工作的开始，而工作开始两三年是一个人职业发展最关键的时期。这个阶段的主要任务就是选择适合自己的职业，并为职业的发展打下良好的基础，快速提升自己的能力。从职业生涯的角度来说，这个阶段是一个人职业发展期间困惑最多的时期。面临着高考完，志愿的填报，专业的选择；大学毕业时，面临着职业的抉择。这两大选择对一个人的职业发展有着巨大的影响。虽然有部分人大学毕业以后会从事和自己专业不相关的工作，但仍有大部分人一生都从事着与自己所学专业相关的工作。

大学专业的选择对大部分人来说是至关重要的。因为我们国家职业生涯规划很不普及，大家根本就没有这方面的意识，因此在选择专业时往往有着很大的盲目性，从而造成很多人上了大学以后或者工作以后才发现根本不喜欢自己的专业，从而对自己的职业发展造成很大影响。西方国家对职业生涯的研究有很多现成的理论，比如基于荣格性格类型理论的 MBTI 性格类型测试、霍兰德的职业兴趣测试等。这些理论已经过多年的验证，证明其具有很好的适用性。在我国的一线城市，职业生涯规划也得到了很多人的认可，并得到了很好的发展，解决了很多人的职业选择问题。

因此，对于面临大学专业选择和职业发展困惑的人来说，花一点钱寻求专业帮助不但是非常必要而且是非常值得的。

三、确立阶段

这个阶段从 25 岁到 44 岁，是一个人最终确定自己的职业到稳定发展的阶段。这个阶段又分为修正阶段和安定阶段。修正阶段从 25 岁到 30 岁，这个阶段一般是刚入职不久，处于职业的不稳定期，跳槽现象发生比较频繁。对于大部分没有职业规划的人来说，这个阶段还处于职业探索期，他们通过不断变换工作来判断自己到底适合什么职业。这个时期越短越好，因为这个时期是一个人职业能力发展最快也是最为关键的时期，如果到了 30 还没有确定自己的职业发展方向，就会对你的未来产生严重的不利影响。安定阶段从 31 岁到 45 岁左右，这个阶段，职业已经基本确定，剩下的就是怎么更好地来发挥自己的能力，取得职业上的成就。

安定阶段是一个人职业发展的黄金时期，这个时期，身体机能处于良好的状态，职业能力也达到了很高的水平，一个人是否有成就关键就看这个阶段。

四、维持阶段

这个阶段从 46 岁到 60 岁，经过 20 多年的奋斗，一般人已经在职业的发展上到达顶峰，这个阶段的任务就是维持职业发展的成果，为退休做好准备。这个阶段，人的身体已经开始走下坡路，精力已经不能和年轻人比了，再加上上有老下有小，需要分配更多的精力来照顾父母、关注子女的教育。

五、衰退阶段

60 岁以后属于衰退期，对绝大多数人来说，这个时候已经离开了工作岗位，职业活动已经停止，开始安享晚年。虽然很多人 60 岁以后就离开了工作岗位，但随着人类寿命的延长，大部分人的人生还有 20 年左右的时间，20 年对人的一生来说还是很长的一段时间，我们完全可以很好地利用这段时间，让自己的生命活得更有意义。60 岁以后，子女也已经成人，不用再操心，工作的压力也没有了，时间都由自己来安排了，我们就可以用这段时间发展自己的业余爱好，甚至实现自己没有实现的梦想。

当然，舒伯的职业生涯五个阶段的划分是针对一般情况来说的，现实生活中每个人的职业发展并不一定受到五阶段的限制，而且年龄的划分也是相对的。在现实生活中，不同的职业发展的轨迹也会完全不同，比如运动员在 20 多岁就到了职业发展的顶峰，而医生、科学家、投资家等有些职业到了 60 岁还处于事业发展的黄金阶段。有些人 30 岁已经事业有成，有些人 50 岁以后才开始创业，这样的例子在生活中也非常常见。我们学习职业生涯发展理论，就是要明白一个人在自己人生的不同阶段有不同的任务，只有把不同阶段的任务完成好了，自己的职业生涯才会有好的发展，人生才能过得有意义。对我们一般人来说，职业生涯最重要的是成长阶段和探索阶段，在成长阶段，家长应该承担主要责任，而到了探索阶段，就要以孩子自己为主了。最好的职业就是自己喜欢的、能发挥自己长处的、和自己的价值观相符合的。而要找到这样的职业，就需要对自己有深入的了解，也就是说认识自己。而认识自己不是一件容易的事情，因此，我们每个人都需要了解一些职业规划方面的知识，以免在职业发展上走弯路。

（参考网址：http：//www.sohu.com/a/195887792_798575）

规划自己的职业生涯

一、学会规划自己的职业生涯

如果你真有精力抱怨自己的害羞与胆怯的话，还不如将这样的精力用在跨越那条很容易过去的界线上。害羞和胆怯的背后往往是你害怕别人看你的眼神，害怕那眼神中有你失败的影像，其实，正是你的害怕造成了你的失败，而且是在你失败以前，就注定了失败的结果。还是那句老话：连你都不相信自己行，别人怎么相信你能行呢？

（一）焦躁与忧虑帮不上你任何忙

焦虑帮不了你，它只会使你迷失方向。在焦躁的笼罩之下，你的心志会受到极大的损伤，那些眼前的机遇，被你的焦虑遮盖了，那些失败的歧路，却被你一条接着一条地涉足了，精疲力竭之后，你会更容易在喘息中认同所谓的命运，把你丢上宿命的末班车，就这样开始本来充满希望的旅程，你愿意接受这样的安排吗？

（二）摆脱依附心态，尽早独立单飞

陶行知说过这样的话：流自己的汗，吃自己的饭，靠天靠地靠祖上，不是好汉。起跑的发令枪已经响过，不要再想着回身去抓父母、老师、亲朋好友的手，现在到了必须依靠自己迈开事业第一步的时候了。放开眼量，不必拘泥于原乡本土，外面的世界很大，机会很多，如果职业需要你走出那块你已经熟悉并习惯了的土地，那就拿出闯荡天下的豪情，义无返顾地投入到一个更加广阔的空间中，虽然其中蕴涵着无数的变数，但生命的精彩也往往就在那些变数当中，届时你会体会到：正是你当初勇敢的选择，才把自己变得丰富而大气，才使自己远离井底之蛙的境遇，别为了恋乡而断送了本该属于你的机会。

（三）学会规划自己的职业生涯

大学生就业，急功近利与随遇而安都是不可取的，应该有长远的职业生涯规划。任何一个具体的职业发展目标，都离不开你对个人目前技能的评估，你为达到职业目标，需拟定粗线条的技能发展计划。不清楚自己究竟适合干什么工作，是缺乏职业规划的典型表现。职业规划是职业生涯成功的第一步。不要让你的职业任意发展，你需要清楚你想成为什么样的人，并由此进行自我激励。

首先你需要做的是分析需求，然后是自我评估，接下来是确定方向，再后是制定行动规划，最后是矫正性质的评估和反馈。你需要考虑以下几个方面的事情：工作性质、工作爱好、公众认知程度、安全性、收入、个人、家庭生活、提升机会以及职责。然后列出以

上每个方面哪些会让你对职业感到满意？哪些方面是最优先考虑的？哪些对你来说不重要？哪些是你不关心的？通过这样的分析你就能找出你所感兴趣的工作、环境。在制定个人的职业生涯规划时，要分析环境条件的特点、环境的发展变化情况、自己与环境的关系、自己在这个环境中的地位、环境对自己提出的要求以及环境对自己有利的条件与不利的条件等。只有对这些环境因素充分了解，才能做到在复杂的环境中避害趋利，使你的职业生涯规划具有实际意义。

二、对你自己撒谎不会有帮助

（一）分析需求时要求你回答一些与职业期望相关的问题

你想要哪种类型的工作？什么样的工作或活动会让你觉得开心？你的职业目标是什么？你有什么样的抱负，个人或生活偏好？在职业满意方面什么对你来说最重要？完成一份有价值的职业自我评估的前提是要忠实。对你自己撒谎不会有任何的帮助。对你想要从事的职业，你要理解并应该感到很快乐。

接下来是设定职业生涯目标：你可能需要写下你的职业目标。这些职业目标要能够用语言描述，你要对这些目标不停地修改，直到你确定这些就是你想要的目标。目标通常分短期目标、中期目标、长期目标和人生目标。短期目标一般为一至二年，又分为日目标、周目标、月目标、年目标。中期目标一般为三至五年。长期目标一般为五至十年。根据你认定的需求，自己的优势、劣势，可能的机遇来勾画自己长期和短期的目标。你下一步必须要做的是：找出你的职业差距或不足，并制定行动计划与措施，主要包括工作、训练、教育、轮岗等方面的措施。

（二）职业规划早进行，宜未雨绸缪，勿临渴掘井

学生从走进大学第一天开始，就应该接受有关职业规划的理念，有意识地培养自己的职业发展规划，找到适合自己的就业方向，这样做是为了迈进社会的时候，避免不知所措的尴尬。根据家长、老师和同学们的评价，借助于职业兴趣测验和性格测验，评估自己是一个较为外向开朗的人还是内向稳重的人；对哪些问题较为感兴趣，如经济问题还是管理问题；或擅长哪些技能如分析，对数字敏感，语言表达能力等，也可分析出自己的一些弱点。

然后，确定短期和长期目标。长期目标一般是以后职业规划的顶点，或较高点也就是梦想，但也要细化到具体工作，比如毕业后是进入大学教书还是到企业工作。短期目标设立一般是素质能力的提高，比如通过某项考试和培养某种能力。

在大学一年级，大学生要初步了解职业，特别是自己所希望从事的职业或与自己所学专业对口的职业，提高人际沟通能力。可以和师兄师姐进行交流，尤其是大四的毕业生，询问就业情况，增加交流技巧。到了大二，大学生可以逐步考虑毕业后是继续深造还是直接就业，了解相关的应有活动，并以提高自身的基本素质为主，可以通过参加学生会或社团等组织，锻炼自己的各种能力。注意增强外语口语能力、计算机应用能力，通过英语和计算机的相关证书考试，并开始有选择地辅修其他专业的知识充实自己。从大三开始，有意识地增加与社会的接触机会，开展多种形式的社会实践活动，为自己的就业打下坚实的基础。与此同时，留意各种行业的信息，并在确定就业目标方面形成初步的打算和计划。

到了大四，大学生还要再次检验自己确立的职业目标是否明确，前三年的准备是否充分。然后，积极参加招聘活动，在实践中校验自己的积累和准备是否充分。最后，要在同学和老师的帮助下，进行预习和模拟面试，并积极了解就业指导中心提供的用人单位资料信息，强化求职技巧，进行模拟面试等训练。

（三）第一份工作怎样选

先确定想要从事的行业。准备进入的行业最好是与自己所学专业吻合或者接近，发展前景好，能施展自己的才华，适合你的兴趣和未来规划。入错行当的代价是巨大的，在择业的时候，选准行业是重中之重。除此以外，你还需要考虑的问题有所在地区的发达程度、城市大小、单位性质、距自己父母的距离远近、单位的社会知名度高低、单位的规模大小、单位的收入状况、住房等福利待遇、出国机会、自己的性格、个人的兴趣爱好、专业对口或接近、工作强度大小、晋升的机会、调动工作的难易、家庭的要求和期望、利于施展个人才干、工作稳定性、工作上的自由程度等。

这些问题中，你应该根据自己的实际情况，按照从重到轻的原则，确定最值得优先考虑的方面，根据对上述问题的整体考虑与权衡，你会粗略地得出一个关于自己职业的概念。接下来你应该可以比较容易地确定在哪里就业，找寻什么样的岗位，乃至确定什么样的具体单位。这些问题搞清楚以后，你就要确定具体求职计划的实施步骤了，这也意味着你的求职大事进入到了实战阶段。

【创业实训】

生涯人物访谈

1. 实训目的

生涯人物访谈是通过一定数量的职场人士（通常是自己感兴趣的职业从业者）会谈而获取关于一个行业、职业和部门的内部信息的一种职业探索活动。通过访谈了解该职业岗位的实际工作情况，获取相关职业领域的信息，进而判断你是否真的对该工作感兴趣，实际是一次间接、快速的职业体验。

2. 实训要求

（1）访谈人员要求1～3人为一组。

（2）访谈人物：与所学专业相关，或者与自己未来想从事行业相关。

（3）访谈时间：不限。

（4）记录撰写生涯人物访谈报告。

（5）选派一名代表分享内容可以是通过对生涯人物的访谈自己有什么感受；也可以是通过访谈对所访谈的职业有什么看法，自己应做哪些努力。

3. 实训步骤

（1）认识和了解自己。

（2）寻找生涯人物。

（3）拟定访谈提纲。

（4）预约访谈。

（5）访谈结果分析。

第二章 创业者与创业团队

【本章学习目标】

1. 了解创业者与创业团队的基本含义，以及创业者应具备的素质、能力。
2. 理解创业团队的概念、组成要素及对创业成功的重要性。
3. 掌握创业团队的管理技巧和策略。

【创业语录】

创业者需要动机、激情和鼓励来开发一个商机。为了将创意变成可行的商业机遇，创业者将面临很多困难和障碍。

——杰克·M·卡普兰

第一节 创 业 者

【案例导入】

“饿了么”的创业故事

“饿了么”的主要创始人张旭豪和他的几个伙伴康嘉、汪渊、叶峰、曹文学全都来自上海交通大学。2009 年 4 月，他们看中了餐饮外送行业，并准备开发网络订餐系统，使餐饮业逐步走向信息化。正巧，上海交通大学软件学院的叶峰也看好这个创业“突破口”。于是，“饿了么”网络订餐系统的“交大帮”就这样初步形成了。创业伊始，大家还讨论过公司名称问题，最终，“饿了么”这句学生间的点外卖口头禅最终胜出，以它的亲切顺口成了公司的响亮大名。最初的启动资金全靠几个人东拼西凑，连学费都没能幸免。为了全情投入，张旭豪主动放弃去香港理工大学深造的机会，与康嘉一起选择休学。而叶峰则在 2010 年本科毕业后，放弃了进入微软的机会，和大家一起奋斗创业。

最初的创业是快乐而又艰辛的，大家并肩奋战，尽情挥洒青春的激情，却也有碰壁、资金缺乏时的困惑。“饿了么”团队刚开始时承包过一家餐饮店的外卖业务，用来熟悉行情。作为团队的领头人，张旭豪几乎连续几个月每天只睡 4～5 个小时，经常亲自“披挂上阵”送外卖，狂风暴雨也从不间断。

就这样一点一点地积累信誉和人气，今天的“饿了么”已成为交大学生订餐的流行语，人们只要轻轻一点鼠标，外卖自动送货上门。

一家大学生创业公司，在遭遇了烧钱竞争、巨头碾压和资本追逐之后，一跃成为中国最受瞩目也最有价值的初创公司之一。它是时代精神高度凝聚的符号：创业热潮、O2O风口、残酷竞争与补贴大战、巨头格局下的合纵连横以及一个成功的创业故事。当然，你我皆知，故事仍没有结束。因为所有这些造就故事的因素也都没有消失或静止。

当问道张旭豪：今天如果要排序的话，你觉得公司摆在你眼前最重要的3件事情是什么？他回答说：第一件事是团队，因为每一个idea都是要靠人去实现的；第二件事情是整体的产品；第三件事情是战略跟业务。

【案例思考】

1. 想成为一名创业者，应该培养哪些素质？
2. 你身上有哪些创业者的潜质？
3. 你希望得到什么样的成就？是否已经朝这个方向努力了？

【理论阐释】

一、创业者的概念

创业者的概念经历了一个演变过程，1755年法国经济家坎蒂隆首次将“创业者”的概念引入经济学的领域。1880年，法国经济学家萨伊将创业者描述为将经济资源从生产率较低的区域转移到生产率较高区域的人，并认为创业者是经济活动过程中的代理人，首次给“创业者”作出定义。美籍奥地利经济学家熊彼特认为创业者应该是创新者，具有发现和引入更好的能赚钱的产品、服务和过程的能力。

我们认为，创业者首先是一个有梦想的追求者，他追求的是未来的回报，而非现在的回报。如果未来的回报低于预期，或者低于现在的回报，一个人不可能有创业的动力。因此，创业者进行创业活动是为了获得更大的价值，这种价值的实现，有物质上的诉求，而更多的是人生价值的实现。创业者的未来收益是一种投资性活动的收益，这些投资既可能是实际的资本投入，也有本人和团队的时间和精力的投入，而收益也就不只是金钱上的收益，还应包括价值的收益、理想的实现等。

“创业者”（entrepreneur）一词来源于17世纪的法语词汇，表示某个新企业的风险承担者，早期的创业者也是风险承担的“承包商”（contractor）。在欧美的经济学研究中，将创业者定义为一个组织、管理生意或企业并愿意承担风险的人。

创业者一般被界定为具有以下几点的人：创业者是一种主导劳动方式的领导人；创业者是具有使命、荣誉、责任能力的人；创业者是组织、运用服务、技术、器物作业的人；创业者是具有思考、推理、判断能力的人；创业者是能使人追随并在追随的过程中获得利益的人；创业者是具有完全权利能力和行为能力的人。

在实际生活中，与一般人的观念不同，创业者所谓高度的商业才能，不仅是创办一个企业，而且是在企业的整个发展过程中，都能够做出正确的决策，及时解决面临的问题，修正企业的发展方向，使企业长期保持活力，不断发展壮大，成为具有影响力的企业的才能。同时，界定一个创业者，还应该从社会发展的角度，那些建立了新的商业模式并获得了好的发展的企业，并且为其他企业的发展提供样板，为社会提供就业，不断带来财富的企业的创立者通常也被称为创业者。

二、创业者的类型

按照创业者创业目标的不同，可以将创业者分为以下三种类型。

（1）谋生型创业者。谋生型创业者往往是迫于生活的压力，或是为了使自己的生活条件有所改善才决定创业。这种创业者绝大部分是以较少资金起步的，创业范围一般局限于商业贸易领域，也有少数从事实业，但基本上是规模较小的加工业。

（2）投资型创业者。投资型创业者是在已经拥有一定的经济基础与实力的基础上进行创业。这类创业者的创业目标主要是为了获取更大的经济回报。

（3）事业型创业者。事业型创业者把实现自己的人生理想作为创业目标，把创业企业当作自己毕生的事业。这类创业者成就意识很强，不甘于为别人打工，愿意为理想放弃一份稳定的工作。他们之所以选择自主创业，是希望通过这一途径来证明自己的能力，实现自我价值，得到社会的认可。这类创业者往往在有了一定的经济基础、经历了市场和社会的磨炼之后，更加明确自己的人生追求。

三、创业者的素质与能力

（一）创业者应具备的基本素质

1. 强烈的创业意识

要想取得创业的成功，创业者必须具备自我实现、追求成功的强烈的创业意识。强烈的创业意识，帮助创业者克服创业道路上的各种艰难险阻，将创业目标作为自己的人生奋斗目标。创业的成功是思想上长期准备的结果，事业的成功总是属于有思想准备的人，也属于有创业意识的人。

2. 良好的创业心理品质

创业之路是充满艰险与曲折的，自主创业就等于是一个人去面对变化莫测的激烈竞争以及随时出现的需要迅速正确解决的问题和矛盾，这需要创业者具有非常强的心理调控能力，能够持续保持一种积极、沉稳的心态，即有良好的创业心理品质。它是对创业者的创业实践过程中的心理和行为起调节作用的个性心理特征，它与人固有的气质、性格有密切的关系，主要体现在人的独立性、敢为性、坚韧性、克制性、适应性、合作性等方面，它反映了创业者的意志和情感。创业的成功在很大程度上取决于创业者的创业心理品质。正因为创业之路不会一帆风顺，如果不具备良好的心理素质、坚韧的意志，一遇挫折就垂头丧气、一蹶不振，在创业的道路上是走不远的。宋代大文豪苏轼说："古之成大事者，不唯有超世之才，亦必有坚韧不拔之志"。只有具有处变不惊的良好心理素质和愈挫愈强的顽强意志，才能在创业的道路上自强不息、竞争进取、顽强拼搏，才能从小到大，从无到有，闯出属于自己的一番事业。

3. 自信、自强、自主、自立创业精神

自信就是对自己充满信心。自信心能赋予人主动积极的人生态度和进取精神，不依赖，不等待。要成为一名成功的创业者，必须坚持信仰如一，拥有使命感和责任感；信念坚定，顽强拼搏，直到成功。信念是生命的力量，是创立事业之本，信念是创业的原动力。要相信自己有能力，有条件去开创自己未来的事业，相信自己能够主宰自己的命运，成为创业的成功者。自强就是在自信的基础上，不贪图眼前的利益，不依恋平淡的生活，敢于实践，不断增长自己各方面的能力与才干，勇于使自己成为生活与事业的强者。自主就是具有独立的人格，具有独立性思维能力，不受传统和世俗偏见的束缚，不受舆论和环境的影响，能自己选择自己的道路，善于设计和规划自己的未来，并采取相应的行动。自主还要有远见、有敢为人先的胆略和实事求是的科学态度，能把握住自己的航向，直至达到成功的彼岸。自立就是凭自己的头脑和双手，凭借自己的智慧和才能，凭借自己的努力和奋斗，建立起自己生活和事业的基础。21 世纪的青年人应该早立、快立志向，自谋职业，勤劳致富，建立起自己的事业。

4. 敢为人先的竞争意识

竞争是市场经济最重要的特征之一，是企业赖以生存和发展的基础，也是一个立足社会不可缺乏的一种精神。人生即竞争，竞争本身就是提高，竞争的目的只有一个——取胜。随着我国社会主义市场经济从低级向高级发展，竞争愈来愈激烈。从小规模的分散竞争，发展到大集团集中竞争；从国内竞争发展到国际竞争；从单纯产品竞争，发展到综合实力的竞争。因此，创业者如果缺乏竞争意识，实际上就等于放弃了自己的生存权利。创业者只有敢于竞争，善于竞争，才能取得成功。创业者创业之初面临的是一个充满压力的市场，如果创业者缺乏竞争的心理准备，甚至害怕竞争，就只能是一事无成。

创业者想要完全具备以上的这些素质是非常困难的，而且也是不可能在具备了所有的素质后再去创业，所以作为创业者就应该自觉地不断学习和实践，来提高自身的综合素质。

（二）创业者应具备的基本能力

经济环境竞争激烈，创业者要想在竞争中占据优势、成功创业，主要取决于是否拥有和能够运用的各种能力。创业者应具备以下能力。

1. 决策能力

决策能力是创业者根据主客观条件，因地制宜，正确地确定创业的发展方向、目标、战略以及具体选择实施方案的能力。决策是一个人综合能力的表现，一个创业者首先要成为一个决策者。创业者的决策能力通常包括分析、判断能力和创新能力。大学生要创业，首先要从众多的创业目标以及方向中进行分析比较，选择最适合发挥自己特长与优势的创业方向和途径、方法。在创业的过程中，能从错综复杂的现象中发现事物的本质，找出存在的真正问题，分析原因，从而正确处理问题，这就要求创业者具有良好的分析能力。所谓判断能力，就是能从客观事物的发展变化中找出因果关系，并善于从中把握事物的发展方向，分析是判断的前提，判断是分析的目的，良好的决策能力是良好的分析能力加果断的判断能力。创业实际就是一个充满创新的事业，所以创业者必须具备创新能力，有创新思维、无思维定势，不墨守成规，能根据客观情况的变化，及时提出新目标、新方案，不断开拓新局面、新路子，可以说，不断创新是创业者不断前进的关键。

2. 学习能力

学习能力主要表现为学习的速度、效率和学以致用的实际效果。在知识经济时代，"比竞争对手更善于学习"或许就是唯一可靠的竞争优势！事实上，善于学习比愿意学习更重要。人类已经进入知识经济时代，专业知识增长迅猛，科学技术日新月异，产业环境复杂多变，不学习将必然落伍。创业者面临着大量未曾经历过的新课题、新挑战，而且必须找到有效的解决方案，必须善于学习掌握最新变化，不能指望依靠直接照搬某种固定模式而成功。创业者的学习能力在很大程度上代表着企业的发展后劲，制约创业的进程和效果，是衡量创业者优劣的重要砝码。学习是最划算的投资，我们只要花1～2个小时就可以学到别人几乎毕生的经验，避免了大量的摸索时间之代价。大凡成功的创业者，都是虚心好学之士。创业家要想取得事业的稳定成功，就必须拥有超群的学习能力。学习的秘诀在于抬高标杆，自觉跟最优秀的人学，积极不断地超越自我，不断接近最优。

3. 经营管理能力

经营管理能力是指对人员、资金的管理能力。它涉及人员的选择、使用、组合和优化；也涉及资金聚集、核算、分配、使用、流动。经营管理能力是一种较高层次的综合能力，是运筹性能力。经营管理能力的形成要从学会经营、学会管理、学会用人、学会理财几个方面去努力。

(1) 学会经营。创业者一旦确定了创业目标，就要组织实施，为了在激烈的市场竞争中取得优势，必须学会经营。

(2) 学会管理。要学会质量管理，要始终坚持质量第一的原则。质量不仅是生产物质产品的生命，也是从事服务业和其他工作的生命，创业者必须严格树立牢固的质量观。要学会效益管理，要始终坚持效益最佳原则，效益最佳是创业的终极目标。可以说，无效益的管理是失败的管理，无效益的创业是失败的创业。做到效益最佳要求在创业活动中人、物、资金、场地、时间的使用，都要选择最佳方案运作。做到不闲人员和资金、不空设备和场地、不浪费原料和材料，使创业活动有条不紊的运转。学会管理还要敢于负责，创业者要对本企业、员工、消费者、顾客以及对整个社会都抱有高度的责任感。

(3) 学会用人。市场经济的竞争是人才的竞争，谁拥有人才，谁就拥有市场、拥有顾客。一个学校没有品学兼优的教师，这个学校必然办不好，一个企业没有优秀的管理人才、技术人才，这个企业就不会有好的经济效益和社会效益，一个创业者不吸纳德才兼备、志同道合的人共创事业，创业就难以成功。因此，必须学会用人。要善于吸纳比自己强或有某种专长的人共同创业。

(4) 学会理财。学会理财首先要学会开源节流。开源就是培植财源，在创业过程中除了抓好主要项目创收外，还要注意广辟资金来源。节流就是节省不必要的开支、树立节约每一滴水、每一度电的思想。大凡百万富翁、亿万富翁都是从几百元、几千元起家的，都经历了聚少成多、勤俭节约的历程。其次，要学会管理资金。一是要把握好资金的预决算，做到心中有数；二是要把握好资金的进出和周转，每笔资金的来源和支出都要记账，做到有账可查；三是把握好资金投入的论证，每投入一笔资金都要进行可行性论证，有利可图才投入，大利大投入、小利小投入，保证使用好每一笔资金。总之，创业者心中时刻装有一把算盘，每做一件事、每用一笔钱，都要掂量一下是否有利于事业的发展，有没有效益，会不会使资金增值，这样，才能理好财。

（5）要讲诚信。就创业者个人而言，诚信乃立身之本，“言而无信，不知其可也。”创业者在创业过程中，如不讲信誉，就无法开创出自己的事业；失去信誉，就会寸步难行。诚信，一是要言出即从；二是要讲质量；三是要以诚信动人。

4．专业技术能力

专业技术能力是创业者掌握和运用专业知识进行专业生产的能力。专业技术能力的形成具有很强的实践性。许多专业知识和专业技巧要在实践中摸索，逐步提高发展、完善。创业者要重视创业过程中知识积累的专业技术方面的经验和职业技能的训练，对于书本上介绍过的知识和经验在加深理解的基础上予以提高、拓宽；对于书本上没有介绍过的知识和经验要探索，在探索的过程中要详细记录、认真分析，进行总结、归纳，上升为理论，形成自己的经验特色，积累起来。只有这样，专业技术能力才会不断提高。

5．交往协调能力

交往协调能力是指能够妥善的处理与公众（政府部门、新闻媒体、客户等）之间的关系，能够协调下属各部门成员之间关系的能力。创业者应该做到妥当地处理与外界的关系，尤其要争取政府部门、工商以及税务部门的支持与理解，同时要善于团结一切可以团结的人，团结一切可以团结的力量，求同存异共同协调地发展，做到不失原则、灵活有度，善于巧妙地将原则性和灵活性结合起来。总之，创业者搞好内外团结，处理好人际关系，才能建立一个有利于自己创业的和谐环境，为成功创业打好基础。协调交往能力在书本上是学不到的，它实际上是一种社会实践能力，需要在实践活动中学习，不断积累总结经验。这种能力的形成，一是要敢于与不熟悉的人和事打交道，敢于冒险和接受挑战，敢于承担责任和压力，对自己的决定和想法要充满信心、充满希望；二是养成观察与思考的习惯。社会上存在着许多复杂的人和事，在复杂的人和事面前要多观察多思考，观察的过程实质上是调查的过程，是获取信息的过程，是掌握第一手材料的过程，观察得越仔细，掌握得信息就越准确。观察是为思考做准备，观察之后必须进行思考，做到三思而后行；三是处理好各种关系。可以说，社会活动是靠各种关系来维持的，处理好关系要善于应酬。应酬是职业上的“道具”，是处事待人接物的表现。心理学家称：应酬的最高境界是在毫无强迫的气氛里，把诚意传达给别人，使别人受到感应，并产生共识，自愿接受自己的观点。搞好应酬要做到宽以待人。严于律己，尽量做到既了解对方的立场又让对方了解自己的立场。协调交往能力并不是天生的，也不会在学校里就形成了，而是走向社会后慢慢积累社会经验，逐步学习社会知识而形成的。

6．创新能力

创新是知识经济的主旋律，是企业化解外界风险和取得竞争优势的有效途径，创新能力是创业能力素质的重要组成部分。创新能力是一种综合能力，与人们的知识、技能、经验、心态等有着密切的关系。它取决于创新意识、智力、创造性思维和创造性想象等。具有广博的知识、扎实的专业基础知识、熟练的专业技能、丰富的实践经验、良好的心态的人容易形成创新能力。

三、创业动机

(一) 创业动机的概念

创业动机是指引起和维持创业者从事创业活动，并使创业活动朝向某些目标的内部动力。创业动机是鼓励和引导创业者为实现创业成功而行动的内在力量。

(二) 创业动机的分类

每个人的创业动机千差万别，也很复杂，大体上可以分为对成就的需要、对独立性的偏好、控制的欲望、改变家庭和个人的经济状况。大学生创业是适宜的创业环境与做好创业准备相结合的产物。为什么会有大学生在本应认真学习的时候走上了创业的道路？他们的动机有一定的特殊性，归纳起来主要有以下 4 种类型。

(1) 生存的需要。首先，由于经济的原因，许多的家庭越来越难以负担昂贵的学费，国家的助学贷款、奖学金制度等也不能完全解决问题。在沉重的经济负担压力之下，为了顺利完成学业，这部分学生中的一部分人只好利用课余时间打工来维持正常的学习和生活。在打工的过程中有一部分具有创业素质的人会发现商机并且去把握它，开始走上了创业的道路。其次，当前我国高校学生中城镇生源的学生 95％为独生子女，培养他们的独立性已经成为当务之急。目前已经有一部分学生开始独立承担自己的学习、生活费用，在他们中也产生了一定数量的创业先行者。这部分创业者通常都以学习为主要目的，从事一些需要投入时间、精力较少的行业，对经济回报要求较低。

(2) 积累的需要。按照奥尔德弗的 ERG 理论，人的需求分为生存、相互关系和成长。这三种需求并不一定按照严格的由低向高的顺序发展，可以越级。当代大学生随着年龄的增长，对于相互关系和成长的需要会逐渐强烈。一部分大学生为了增加自己的实践经验，丰富自己的社会阅历，或者为了自己以后的发展或实现自己的某个目标做好经济上的准备，在条件成熟的情况下也会利用课余时间走上创业的道路。这个类型的创业者往往以锻炼为目的，承受失败的能力较强。同时由于压力较小，失败和半途而废的比例也比较高。

(3) 自我实现的需要。心理学研究结果表明：25～29 岁是创造力最为活跃的时期，这个年龄段的青年正处于创造能力的觉醒时期，对创新充满了渴望和憧憬。他们思维活跃、创新意识强烈，同时所受的约束和束缚较少，按照 ERG 理论对成长的需要也更为强烈。由于大学生所处的环境，他们往往更容易接触一些新的发明和学术上的新成果，或者他们中的一部分人本身拥有具有自主知识产权的科研成果。为了能早日实现自己成功的目标，他们中的一部分人改变了自己的成功观念，也开始了自己的创业生涯。

(4) 就业的需要。近年来，由于大学扩招和金融危机影响等因素的原因，我国的大学生就业形势相当严峻，在这种情况之下，为了找到一份自己满意的工作，有一部分大学生也开始了创业。

(三) 产生创业动机的驱动因素

产生创业动机的驱动因素主要有个体成就因素和团队合作因素两个方面。

(1) 个体成就因素。个体成就因素是促进个体创业的重要驱动力，一般表现为个体的冲动、期许和价值目标等。当个体对自己的人生成就具有较高水平的期望时，创业作为一种职业选择会具有相当大的吸引力，会为个体带来其他选择所无法提供的心理和物质满足感。

（2）团队合作因素。团队合作素质越高，创业者就越有创业的冲动。团队合作素质高的人，能够处理好团队中各个成员的关系，吸引他人参与到创业中来，并调动他们的创业热情。

【课堂活动】

了解了创业者的心理特征和能力素养后，如何判断自己对创业已经准备就绪了呢？不妨自己静下心来自问以下 4 个问题。

1. 对于即将创业的领域是否具有激情？

2. 你在这个钟情的领域里，是否对产品或客户需求痴迷？

3. 你的事业遭遇挫折之后，是否能保持坚忍不拔、百折不挠的精神，仍然不忘初心地怀有热情？

4. 你有没有能力让自己的创业想法马上能够落地？

【本节要点回顾】

通过本节的学习，使学生掌握如下知识点。

1. 创业者的概念及分类。

2. 创业者应具备的基本素质和能力。

3. 创业动机的概念和分类。

4. 创业者创业驱动力的获得。

【延伸阅读】

马云的创业经历

美国的哈佛大学曾经做过一个耗时 25 年的测验。那一年，一群意气风发的大学生从美国哈佛大学毕业了，他们即将开始穿越各自的事业人生。他们的智力、学历、面临的环境条件都相差无几。

在临出校门时，哈佛大学进行一次试验，对他们进行了一次关于人生目标的调查。结果是这样的：27％的人，没有目标；60％的人，目标模糊；10％的人，有清晰但比较短期的目标；3％的人，有清晰而长远的目标。25 年的时间里，哈佛大学一直在对这群学生的发展进行跟踪调查。最后发现结果是这样的：3％的人，25 年间他们朝着一个方向不懈努力，几乎都成为社会各界的成功人士，其中不乏行业领袖、社会精英；10％的人，他们的短期目标不断地实现，成为各个领域中的专业人士，大都生活在社会的中上层；60％的人，他们安稳地生活与工作，但都没有什么特别成绩，几乎都生活在社会的中下层；剩下 27％的人，他们的生活没有目标，过得很不如意，并且常常在抱怨他人、抱怨社会，在所有的抱怨中，一个共同的主题是世界“不肯给他们机会”。其实，他们之间的差别仅仅在于：25 年前，他们中的一些人知道为什么要前进，而另一些人则不清楚或不很清楚。

目标清晰，长期坚持，最终获得成功——马云就是这样的创业者。

马云是阿里巴巴创始人，被称为“创业教父”。曾经的创业艰辛、近日的荣耀辉煌，使得这位卓越企业家身上有散发不完的光环在萦绕。马云是投资理财讲师张雪奎最敬佩的创业大师，白手起家，一次成功，几乎很少走弯路，10 年间成为屹立世界的企业巨人。其崛起速度，可以相比的也就是盖茨等寥寥几人。

我们就来看看马云创业故事吧，听听他的创业经历、伟大梦想、经营哲学和人生感悟。

阿里巴巴无疑是中国互联网史上的一次奇迹，这次奇迹是由马云和他的团队创造的。但是阿里巴巴创业开始，钱也不多，50 万元，是 18 个人东拼西凑凑起来的。50 万元，是他们全部的家底。然而，就是这 50 万元，马云却喊出了这样的宣言：我们要建成世界上最大的电子商务公司，要进入全球网站排名前十位！

那是 1999 年。1999 年，中国的互联网已经进入了白热化状态，国外风险投资商疯狂给中国网络公司投钱，网络公司也是疯狂地烧钱。50 万元，只不过是像新浪、搜狐、网易这样大型的门户网站一笔小小的广告费而已。阿里巴巴创业开始是相当艰难，每个人工资只有 500 元元，公司的开支一分钱恨不得掰成两半来用。外出办事，发扬“出门基本靠走”的精神，很少打车。据说有一次，大伙出去买东西，东西很多，实在没办法了，只好打的。大家在马路上向的士招手，来了一辆桑塔纳，他们就摆手不坐，一直等到来了一辆夏利，他们才坐上去，因为夏利每公里的费用比桑塔纳便宜 2 元钱。

阿里巴巴曾经因为资金的问题，到了几乎维持不下去的地步，创业艰难百战多，8 年过去了。2007 年 11 月 6 日，阿里巴巴在香港联交所上市，市值 200 亿美元，成为中国市值最大的互联网公司。马云和他的创业团队，由此缔造了中国互联网史上最大的奇迹。

中国大部分想创业的人都是一样，晚上想想千条路，早上起来走原路。他们比马云聪明多了，能想出非常多的创业好点子来，但是他们从来没有去执行过。因为他们有着太多的借口和理由。“我没有钱。”他们都这样想。于是，他们继续过他们平庸的生活。今天看到了俞敏洪在北京大学 2008 年开学典礼上的发言，俞敏洪在发言的最后说了这样一段话：“人的一生是奋斗的一生，但是有的人一生过得很伟大，有的人一生过得很琐碎。如果我们有一个伟大的理想，有一颗善良的心，我们一定能把很多琐碎的日子堆砌起来，变成一个伟大的生命。但是如果你每天庸庸碌碌，没有理想，从此停止进步，那未来你一辈子的日子堆积起来将永远是一堆琐碎。”

看完之后，你还会对自己创业没有资金或没有其他什么的找借口吗？你要做的是：想到了，马上就去做！

像马云那样，只要你努力了，世界上，其实没有你做不到的事情！

互联网创业公司 10 大成功案例

1. 小红书

小红书是跨境电商领域里杀出的一匹黑马，一年内就成功找到社区电商模式，以社区购物模式切入，升级为社区型电商，并迎来销售额的大爆发。小红书创立于 2013 年，最初叫“香港购物指南”，用户可以在上面分享自己的海外购物笔记。创世人毛文超很快发现了其中的商机：在社区中卖产品，并试水成功。直到同年 12 月，小红书搭起了自己的供应链系统，转型为社区型电商平台。以信息驱动，用户生产内容，通过真正的社交信息流方式，将线下逛商场时的冲动消费场景搬到了线上。

作为创业团队中的佼佼者，小红书一夜爆发并不是偶然。在跨境电商的风口上，小红书刚好赶上85后到90后用户高端消费力崛起，以及有淘宝、天猫、京东等多年来培育好的用户网购习惯，这些独到的优势，让小红书快速成为创业风向标。

2. 摩拜单车

因为互联网的魔力，共享单车似乎是一夜之间被激活。资本涌动、风口之上，共享单车行业的创业团队目前最成功的就属摩拜单车了。摩拜单车成立于2015年1月，是由胡玮炜创办的北京摩拜科技有限公司研发的互联网短途出行解决方案，也是当下最酷炫的概念“共享经济”的产物。创立初期，摩拜单车也遭到了小小的冷遇，而后却短时间内迅速得到了资本市场的青睐，以迅雷不及掩耳之势完成了数轮融资。截至目前，摩拜单车的月活跃用户量已接近600万人。

2017年1月4日，摩拜单车宣布完成新一轮融资，此次融资数额达到2.15亿美元(约合人民币15亿元)，打响了2017年共享单车融资大战的第一枪。

作为2016年的现象级创业项目，摩拜单车给我们提供了一个新的思考角度：硬件连接、利用移动互联网将人与硬件联系在一起，创新出新的应用模式，这样才能够成为现象。

3. 饿了么

2008年开始在宿舍创业，2015年获得E轮融资，拥有几千员工，服务范围也从上海交大周边快速扩展到全国250个城市，这便是中国最大的在线外卖订餐平台“饿了么”的快速发展轨迹。

“饿了么”创始人张旭豪通过校园BBS招来软件学院的同学入伙，用了半年左右，他们开发出了首个订餐网络平台。接下来的发展大家有目共睹。一家大学生创业公司，在遭遇了烧钱竞争、巨头碾压和资本追逐之后，一跃成为中国最受瞩目也最有价值的初创公司之一。现在的“饿了么”已经成为中国较大的餐饮O2O平台。

4. 人人车

互联网与资本的热炒，二手车市场突然火爆了起来。对比二手车电商的其他知名玩家，人人车是不折不扣的草根出身。创始人李健2014年4月带领团队成立人人车，用C2C模式耕耘二手车市场。两年后，人人车的规模从几十人达到3 000多人，并完成2.6亿美元融资。

人人车初创C2C模式时，在业内不被看好，业内一度极其质疑C2C的可行性。尽管一直发展顺利，但直到2015年人人车拿到腾讯投资，质疑声才最终烟消云散。随后，人人车也加入广告战，以一当十地追平了瓜子的广告战绩，广为普通消费者所知，一举跃入二手车电商第一阵营。

资本的逆势助阵，人人车从月销售20辆到现在的18 000辆，两年内增长9 000倍，创下了行业的最高纪录。目前，人人车已经快速成长为行业最具代表性的创业公司，成为国内最大的二手车C2C交易平台。

5. 蜜芽

一家上线不足10个月的母婴类电商，已经拥有超过百万用户，到2014年10月交易总额超过 1 亿元人民币；又在不到半年的时间里，获得 8 000 万美元融资。这是母婴电商蜜芽的成绩单。

蜜芽的前身叫蜜芽宝贝，由全职妈妈刘楠于 2011 年创立。目前员工超过 1 000 人，销售渠道包括官方网站、WAP 页和手机客户端。

蜜芽前期只是一家淘宝店，创始人刘楠将其一路开到了垂直电商平台。她自己也坦言，蜜芽宝贝发展迅速，是因为赶上了跨境电商的风口。短短两年时间里，一家淘宝小店做成了月销售额数亿元、估值超过 10 亿美元的中国第一进口母婴用品特卖平台。

在创业团队的成功案例中，蜜芽发展速度之快足以令整个行业侧目。截至目前，蜜芽估值已经 100 亿元，保持着母婴行业第一。

6. 小猪 CMS 代理商

北京智慧之旅是一家互联网新锐创业型公司，也是业内知名互联网技术公司小猪 CMS 的标杆代理商。

“互联网＋行业”的跨界融合，给行业带来了新的创业风口。在大多数人都在扎堆“互联网＋”的金矿时，这家创业团队却独辟蹊径，将目光瞄准了挖金矿的工具上。而小猪 CMS 智慧店铺产品，正是这样的掘金工具。

小猪 CMS 智慧店铺，主要面向线下零售业和服务业，可为行业提供融合线上线下融合的移动会员 CRM、会员营销方案、拓客营销方案和二次营销方案，为线下门店解决客户少、回头客少的经营痛点。小猪 CMS 智慧店铺产品拥有庞大的市场发展空间和竞争优势，也正是代理了小猪 CMS 智慧店铺之后，这家创业公司在短短一月时间内，就已经实现业绩大突破，盈利持续增长。

创业成绩喜人，公司发展势头正劲。和前面的创业团队不同，这家公司的创业事迹和广大普通创业初始团队的经历更相近，也是当下创业者最常选择的创业方式。

7. 映客直播

在电脑直播发展多年后，手机直播终于在 2016 年迎来了爆发。在众多的移动直播平台中，映客绝对是一匹创业黑马。这款 2015 年 5 月才上线的直播 APP，在短短 6 个月时间内，就成了“直播之王”，下载量超 1 亿。

作为当下最火的直播平台，创始人奉佑生和他的团队十分低调。从“程序猿”到公务员，从卖企业资源软件系统再到创办多米音乐，直到成为当今最火的直播软件平台的 CEO，他一直保持着低调的作风，然而这并不影响映客产品的高调大火。

一年就能够杀出“百播大战”重围的成绩，让映客成为直播行业的创业“独角兽”。目前映客在国内手机视频社交领域排名第一，中国前十大社交网络之一。

8. 秒拍/小咖秀

秒拍和小咖秀是一下科技推出的两款视频应用。一上线，二者就立即成为短视频领域爆红的现象级产品。

创业要趁早。一下科技的创始人韩坤于 2010 年创办了公司，经过数年的孵化和孕育，于 2014 年推出“秒拍”，2015 年推出“小咖秀”，2016 推出“一直播”。这三款产品直接让一下科技晋升为估值 30 亿美元独角兽公司。E 轮融资 5 亿美元，一下科技成为国内短视频行业单轮融资金额最高纪录的持有者。搭上新浪微博这个流量平台，又赶上了直播红利时代，秒拍/小咖秀也瞬间成为社交网络新宠。产品的成功，创始人韩坤也入选了2016年度“中国十大潮流人物”。

9. 小红唇

以美妆短视频UGC起家的小红唇，于2015年4月上线，创始人姜志熹则成功开启了女性经济的“潘多拉魔盒”。围绕社区、短视频和网红，姜志熹将小红唇打造成日活跃用户超50万户的美妆一站式服务平台。在不到一年的时间内，小红唇用户下载量已突破1 000万，并完成了天使、A、B轮的融资，一路发展顺风顺水，成为投资界共同看好的宠儿。到2016年底，上线才一年多的小红唇已经估值近2亿美元。在互联网时代，用户是基础，流量是王道，小红唇对新生代客户心理需求和消费方式的深刻认识和精准把握决定了未来可能会出现爆发式增长。

10. 木鸟短租

共享经济风潮的兴起，给行业带来众多的创业机遇。木鸟短租就是其中的创业佼佼者。受到国外短租公司airbnb的融资启发，黄越在2012年5月创立木鸟短租。由一个沙发开始，慢慢积累房源。经过近4年的发展，目前木鸟短租已经在全国396个城市开通了服务，拥有30万套房源。到目前为止木鸟短租已经完成了两轮融资，创业团队也从当初的二十几人，发展到现在的百人规模。

随着互联网及移动互联网的快速发展，闲置资产被盘活。木鸟短租正是看中了这块市场，站在了风口上，将公司打造成了短租界的四大品牌之一。

80后草根创业者干货分享：没钱没经验怎么创业呢?

大学辍学，学过技术，开过店，摆过摊，炒过股，拾过破烂。最近的某一天，忽然想起自己已经创业十年了，从2004年大学一年级开始，一直折腾到现在，还在继续折腾着，死磕自己，呵呵。十年了，也有了很多的总结。抽出点时间，把这10年中经历的一些创业感悟分享给大家，希望对初次创业者、小本创业者，能有一点帮助或者启示。

首先在创业初期，我们要给自己设定一个目标，一个总目标，自己在多少年之内实现什么。然后划割成多个小的目标，在某一阶段赚多少钱？这个具体的目标一定要切合实际，别想着做什么都能一口吃个胖子，那是不可能的。例如，在第一次创业的时候，我们把赚钱目标定在10万元，如果你完成了赚10万的目标，你再赚下一个10万，100万，还难吗？肯定不难了啊，凡事只开头难嘛！

很多人一提创业，就想到开一个店铺，或者开一个公司。按照你这个想法，当然需要很多钱了，房租，装修，办公用品，哪个不花钱，你也得不到。可我们还想创业，那怎么办呢？

没钱没经验，我们还要创业，还要成功，还要小风险。有办法，那就让我们从一个人，从“借”开始上路。只要“借好”了，那钱途很光明啊！

下面我就说说如何“借”。

某个大学某个学院，有一个配置为486，50多台电脑的计算机中心，因为学校经费紧张，电脑坏的坏，缺东西的缺东西，学院领导想把这个计算机中心承包给老师，只要满足平均每天大约2个小时左右的正常教学外，所有的经营收入都归承包者，面对这个破机房，哪个老师都不傻，谁都不会投钱进去，做亏本的买卖。这个时候，我从一个和我关系很好的副院长那得知了这个消息，当时，我手里只有 200 元钱，可我想都没想，就直接找院长，说我想承包这个计算机中心，不但每月给学院钱，保证正常教学，还会更换部分机器。领导听了，当场就痛快地答应了。宿舍的哥们都骂我疯了，呵呵，可我告诉他们没事，知道我是怎么运作的吗？一个月没到，就收入了很多，玩了一次很酷的借机发财。

我在接手这个计算机中心的时候，心里就有了点谱。在签订合同的时候，我不但满足了学院的全部要求，还主动提出给学院每月 3 000 元的承包费。我的要求只有两点，第一，在满足学院正常教学的情况下，允许我做培训，所有培训资质由学院给我代办。第二，承包费实行下打租，就是自签订协议起，每月月底付款（这样做，便于我有一个月的时间赚钱或者融资，给自己一个时间）。签完协议后，接着是如何启动这个机房，几十台电脑，系统瘫痪的瘫痪，缺耳机的，缺鼠标的，缺键盘的，好用的没几台，大概算了一下，全部修理好，最少要三四千元，我还是个电脑盲，对这玩意一窍不通，手头只有 200 元的生活费，怎么办呢？我是永远不会被尿憋死的人，想到的办法还是借。我来到当地的电脑城，找了一家卖配件的，和他说，在哪个学校有一个机房，需要重做系统，更换配件，问他有没有兴趣？当然有了！谈到最后，我提出一个条件，一个月结一次款，以后所有需要的配件都从你这拿。属于先赊货啊，他就犹豫了，我也没强求，只是说，你不做没事，有很多人愿意接这个活，我可以走，学校能走吗？你还用担心付款吗？他想了一会，觉得我说的有道理，就答应了。就这样，先期一分钱没花，我就把这个机房启动起来了，对于学院，可以正常教学用了，对于我，也开始了下一步的操作。

机房启动后，我买了 20 张彩纸，写了一则广告：好消息某院计算机中心，从即日起，只需 150 元，就可以全年免费上网，不限时间（在正常的教学时间除外），名额有限，先报名者还有礼品赠送！海报张贴出去以后，不得了了，没两天功夫，就有 200 多同学来报名。这一招，让我只花了几十元的彩纸钱和兄弟们的盒饭钱，就得到了 3 万多的现金流。有朋友会疑问：你这全年免费上网，岂不很亏啊？呵呵，其实除了我们的教学时间外，机器空闲的时间是不多的，我这一招会员制，就是把机器的闲置率降低了，同时自己也得到了所需的资金。

接下来，我就利用学校的资源，开展计算机等级考试培训，微软、思科、网页设计师等认证培训。从一个破烂的机房，到一个培训中心，我一共没花上 100 元，就完全启动起来了，这里面，充分地整合了各方资源。当然了，胆子也是够大的了。

在创业之前，首先要分析自己的优势是什么？比如性格优势、专业优势、人脉优势、资源优势，等等。你的成功应该建立在你的优势基础之上的，你要不断地强化你的优势，不断地发挥再发挥。

一个在地摊上认识的朋友，下岗后，没有了生活来源，就晚上到夜市上摆个摊，赚点零花钱。朋友是一个很有自尊的人，他想我这样也不是办法啊。

一次，我们喝完酒后，他说请我上网吧打游戏去。好吧，也都无聊。我们来到了一个网吧，开了两台机器，打了一会游戏后，肚子有点饿了，到前台一问，除了饼干、面包，其他吃的没有。只好忍了。回来的路上，我打趣到：哥们，你到网吧卖盒饭吧，应该有市场。说完了我也没在意，过了两天，他说找我商量点事，原来他真想在网吧卖盒饭，这两天做了下调查，觉得有市场。让我帮他参谋一下。呵呵，分析了一下，我们觉得网吧上网的人群，消费能力不是很强，因此价格不宜定的很高，男孩子多，因此，饭量要足。综合以后，我们把价格定在7元，饭量足，卫生干净，菜品主要有肉末茄子、干豆腐、宫保鸡丁等几样。就这样，创业开始了，他老婆做饭菜，他打下手，更多的时间去和网吧老板谈合作，就是卖一盒给提成1元，有的一块五。算一下，他一盒饭的成本基本控制在3元之内，除了给网吧提成的，加上其他损耗，他一盒饭的利润在2元左右。从一个网吧开始，不到一年的时间，那个城市一多半的网吧快餐被他拿下了，买了二手的面包车，还聘请了厨师和一些送盒饭的小工，按照一个网吧100台电脑算，如果上座率可以，中午、晚上、夜宵，一个网吧一天最少能卖50盒以上，哪个城市没有几百家网吧啊，就这么个分众市场，让他一个下岗工人创业成功了。想想他前期的投入，房子是自己家的，也没办什么执照，就是从夫妻两个人开始起来的，他有风险吗？用了多少资金吗？

看到这个案例，很多人不屑地说，我也想到过，哈哈，可你做了吗？不行动，当空想家的人，永远也不能成功。

【创业实训】

将学生分若干组，请每组画出他们心目中的创业者画像，并将画像中典型的创业者特征标出来在班内分享。

第二节 创业团队

【创业语录】

创业要找最合适的人，不一定要找最成功的人！

——马云

【案例导入】

“万通六君子”

万通集团的历史是由团队创造的，万通六雄，缺一不可。最初，6个人股权均等，没有哪个人有决定权。6个人具有不同的性格和价值观，产生分歧不可避免，分手也不可避免，但在商业意识远未成熟的20世纪90年代初，他们以“江湖方式进入，商人方式退出”远比他们的财富更为后人称道。

1991年冯仑离开南德集团，当时万通六君子中有4人都在南德集团任职，只有易小迪与潘石屹在外打拼。冯仑离开时，其他3人也一起离开。6月“万通六君子”在海南成立了海南农业高科技投资联合开发总公司。公司成立之初，王功权是法人代表、总经理，冯仑和刘军是副董事长，王启富是办公室主任，易小迪则是总经理助理。在第一次界定合伙人利益关系时，冯仑等人采用的是水泊梁山的模式——“座有序，利无别”。大家的职务虽然有差别，但利益是平均分配的，权利是均等的。这也为万通集团以后分家埋下了隐患。为创办公司，六人一共凑了3万多块钱，冯伦等人就开始了在海南的“淘金”之旅。半年后，易小迪找来了潘石屹，负责第一单房地产业务的销售，通过运作海口“九都别墅”项目，该公司赚得了第一桶金。

【案例思考】

1. 你认为团队在创业过程中的重要性如何？
2. 你认为一个优秀的创业团队应具备哪些要素？

【理论阐释】

一、创业团队的概念

一般说来，创业者将创意转变成真正意义上的产品，并且使其进入市场并获得盈利，要从人、财、物等角度考虑公司的建设。人才的支持对创业者来说不仅仅是创业资源，而且是创业成功的助推器。创业者在创业之初就需要建设一支有凝聚力、有工作效率的团队来为自己的新企业服务。据一项关于“128 号公路 100 强”的调查得出下列统计结果：这些企业中成立 5 年的平均销售额达到 1 600 万美元，6～10 年的平均销售额达到 4 900 万美元，而那些更为成熟的企业则可达到几亿美元，数量十分可观。这 1 000 家企业中 70％的企业有数位创始人。由此可见，在创业过程中，团队创业的成功率会更高一些。

通常来说，团队是指一种为了实现某一目标而由相互协作的个体所组成的正式群体。而创业团队就是指在创业初期（包括企业成立前或成立早期），由一群才能互补、责任共担、原为共同的创业目标而奋斗的人所组成的特殊群体。

二、创业团队的组成要素

一般而言，创业团队需要具备目标（Purpose）、人员（People）、定位（Place）、权限（Power）、计划（Plan）五个要素，简称 5P。

（一）创业目标

创业团队有一个明确的目标，目标引导团队成员的思想和行为。没有目标，团队就没有存在的价值。作为创业团队，应将目标分为长期与短期，长期目标即公司的愿景，短期目标则是长期目标的分解。

（二）创业人员

人是构成创业团队最核心的力量，三个或者三个以上的人就可以构成团队。目标是通过人员具体实现的，所以人员的选择是创业团队中非常重要的一个部分，在一个团队中可能需要有人出主意，有人定计划，有人实施，有人组织协调，还有人监督团队工作的进展，评价团队最终的贡献，不同的人通过分工来共同完成团队的目标，因此在人员选择方面要考虑到人员的知识、能力和经验如何，技能是否互补。

（三）创业团队的定位

创业团队的定位包含两层意思：一是创业团队的定位，确定团队在企业中处于什么位置，由谁选择和决定团队的成员，团队最终应对谁负责等；二是个体的定位，对团队成员进行明确分工，确定格子承担的责任。

（四）权限

在创业团队当中，一是团队领导人的权力。团队领导人的权力大小与创业团队的发展阶段相关。一般来说，在创业团队发展的初期，领导权相对比较集中，团队越成熟，领导者拥有的权利相应越小。二是团队权力。要确定整个团队在组织中拥有什么决定权，如财务决定权、人事决定权等。

（五）创业计划

计划是对达到目标所做出的安排，一般有两层含义：一是为保证目标的实现而制订的具体实施方案；二是计划在实施中又会分解出细节性的计划，需要团队共同努力完成。

以上是团队构成的要素，但是创业之初，创业者往往会面临很多困难，团队的建设并不像想象中的那样简单，这需要创业者有心理准备。有时创业过程会与团队组建一起完成，由于创业活动的特殊性，创业团队不必具备每一个因素。随着企业发展逐步成熟，团队建设也应该逐步完善，创业者应当时刻记得一句俗语“三个臭皮匠，顶个诸葛亮”，这正说明创业团队在创业过程中的重要性。

创业团队通常是在创业初期通过不断的寻找得到的，团队成员共同参与从新企业的创建到发展的整个过程并做出贡献。作为创业团队成员，共同参与创业过程，他们的思路会影响创业者的战略决策，在经济上占有一定的股权，因此也承担一定的风险。虽然每个创业者的创业过程各不相同且具有不可复制性，但仍然可以得出以下结论：一个人单打独斗的创业要比团队创业的成功率低得多。

三、创业团队的组建

（一）优秀创业团队成员应具备的素质

要组建创业团队，就要选择优秀的创业团队成员。那么，哪些人可以作为候选人呢？一般来讲，一个优秀的创业团队成员应具备以下素质。

（1）慈孝。一般来讲，一个懂得孝敬父母和关爱长辈的人通常是值得信赖的。相反，如果一个人对父母都不好，这样的人人品肯定有问题，是坚决不能交的。

（2）果断。做事果断，敢于担责是一种优秀的品质。如果一个人胆小怕事、瞻前顾后，他只会成为你创业的障碍，而绝不会是推手。

（3）诚信。我们常讲，做人、做事应以诚信为本。如果一个人连起码的诚信都没有，大家在做事时相互防范，这样的合作是不可能进行下去的。

（4）成熟，有韧劲。有些人恨不得一天赚100万，这样的朋友还是不合作为好。要知道，万事开头最难，制定半年甚至一年不赚钱且能坚持下去的备用计划，这才是创业的王道。

（5）专注。很多人思想新潮、想法很多，总是这山望着那山高。他们不了解，很多事情专注最重要，一个人一辈子真正能精通一两个领域就已经很不简单了。因此，在选择合作伙伴时应该选择做事专注、踏实之人，而不是见异思迁、志大才疏之辈。

（6）认真。做事不认真，敷衍了事，这是所有公司应摈弃的员工，这种人更不可能成为合作伙伴。

（7）开朗。创业肯定会遇到困难，没有困难的行业肯定不赚钱。性格开朗的人是最容易成就事业的，每天忧心忡忡、茶饭不思、不知明天会如何的人，做事怎么会有激情？

(8) 现实。有些人思考问题和看问题从政治家角度出发，言行如政府官员或党派领袖，动不动就到了造福全人类的高度。这样的人通常眼高手低，初看感觉好像是具有雄才大略之人，实则只会纸上谈兵。既有远大理想，又能面对现实、脚踏实地的人，才是我们合作的伙伴。

(9) 讲效率。这个社会快半步吃饱，慢半步逃跑。任何事情如果不能以最快速度去做、去完成，就只能等着失败。因此，和一个做事不讲效率的人合作，你的企业在当今社会是很难生存的。

(10) 忠诚于角色。创业不是儿戏，如果不能精诚合作，大家根本没必要聚在一起。俗话说得好："家有千口，主事一人。"对于一个企业来讲，必须有一个核心，对于其他人而言，必须各安其位，各司其职。

(11) 不虚荣。有些人开张伊始，就要坐大班台、装修办公室、请小姐接电话等，和这样的人合作，开张就是关张的前奏。创业初期还是先多想想怎么赚钱，而不是花钱吧！

(12) 不狂妄。有些人觉得自己天下第一，一出手就得惊天动地大手笔，和这样的人一起创业，成功的希望很渺茫。"三人行，必有我师"，一个人无论多么聪明，如果没有一颗谦虚、谨慎、善于学习的心，终究难成大器。

(二) 组建创业团队的注意点

创业团队的组建，没有统一的程式化规程。实际上，有多少支创业团队就有多少团队建立方式，没有一支创业团队的建设是可以复制的。创业者走到一起来，多是机缘巧合，兴趣相同、技术相同、同事朋友甚至是有相同想法的人都可以合伙创业。关于创业团队的成员，马云曾经说过"创业要找最合适的人，不要找最好的人"，一支豪华的创业团队，所创企业并不一定就是最好的企业。一般而言，要组建一个优秀的创业团队，应特别注意以下几点：

(1) 具有共同的理想，利益兼顾。大学生创业时一般首先会想到邀请与自己志同道合的同学、室友、工作中的同事加入，形成创业之初的合伙人团队，这是最初创业团队的形成方式之一。这种情况在其他创业过程中也很常见，例如"万通六君子"都是冯仑最早创业时的伙伴，当冯仑二次创业，创办万通集团时，这些人又先后加入。这样的团队中，成员有共同的理想、技能、兴趣爱好，合伙人之间相互了解，共同奋斗，往往是团队第一，个人第二。与西方不同的是，中国的传统文化中，合伙人的定义更多的时候等同于兄弟，是从"义"即道德约束的角度认同的。在创业过程中，尤其是创业初期，当公司的利润并不显现的时候，创业者与合伙人更多考虑的是公司的利益，而耻于谈钱，友谊是维系他们之间关系的主要纽带。这种合伙人关系貌似牢固，但也有很大弊病，当企业发展步入正轨，运营平稳，利润增加的时候，个人的利益观念就会凸显，合伙人的一方会因为付出与得到的不相同或者以为不相同而产生情绪，导致离开团队并带走一部分利润，影响公司的继续发展。因此，在创建团队时，即使是最好的朋友也应该建立一个合理的利益分配制度并得到合伙人的支持；在公司创建的时候就应该考虑建立一个制度健全公司组织形式与绩效制度，这样公司就不会因为某个人的离去而无法正常运作，从而为公司今后的发展打下良好的基础。

（2）打造互补性团队。建立一支互补性的团队有利于公司的发展。高科技创业的企业在建立之初，由于技术支持的重要性远高于其他方面，因此，大学生特别是理工科大学生在创立高科技技术公司时，更愿意找到一个技术方面的合伙人，以帮助自己提升产品与服务的优势，这种只关心产品与服务的做法实际上是错误的。在组建创业团队时，应该强调补缺性。这种补缺性是指在性格、能力、观念甚至是技术上的互补，因为创业者在公司的管理上不可能面面俱到。技术性的创业者需要一个管理人才帮助自己建立公司的组织结构并进行日常的绩效监督，财务的管理也需要专业的人员，当创业者自己不能做这些工作时，可以由团队成员共同提出解决方案。这种平衡和补充的作用可以保证新创的企业健康地发展。

（3）打造稳定的初创团队。一开始就拥有一支成功的、稳定的创业团队是每一个创业者的梦想。但现实是，创业合伙人分手的概率是很大的，即使企业成功地存活下来并得到发展，创业团队仍然有分手的可能，团队成员的离去有可能带走股份或者需要收购股权，造成公司的资金紧张。如果团队成员急于离开，创业者就应该考虑是不是公司的管理出了问题并及时与团队成员沟通，解决问题。公司发展的初期，团队成员的离开有时会造成“灾难性后果”，这一点创业者应当在招募时就想到，并与团队成员做出约定。

（4）学会及时沟通。创业者在寻找创业团队时，首先应制订一份计划，至少应该在心里有一个明确的想法，你想要哪方面的人员，你希望他从事什么样的工作，你能够给予对方哪些有利条件等，都应该考虑清楚。招聘只是招募团队成员的一种方式，创业者可以多参加一些所要招聘人员的活动，以便接触到这些人员，找到合适的人选。如何说服对方加入你的创业活动也是创业者需要考虑的问题，例如对他描述企业的发展前景，坦率地讲出你目前遇到的困境以激起他实现价值的渴望是十分有用的方法。沟通需要技巧，创业者应当成为一个沟通高手，通过沟通，可以使对方都了解彼此的需要，这样招聘时可以针对性地找到合适的人选。

创业开始时期的团队成员不要求数量很多，因为业务量还没有提升，有些财务、法律等方面的问题可以通过外包解决。在企业初创时期，公司的各项事务烦琐零乱，团队成员必须有共同的理想，才能克服这些问题。而且在企业初创时期，公司的各项业务开展也会遇到障碍，这需要团队成员有充分的准备，这时候团队成员的离开，可能会导致新公司倒闭。在这种情况下创业团队的沟通就显得格外重要，一方面，通过沟通可以使团队成员相互了解，增加信任；另一方面，创业者可以通过沟通理解团队成员的技能优势、思想状态，提前决策。沟通的话题可以不拘于工作、家庭、业余生活，这对于创业团队的彼此了解是非常有用的。

四、创业团队的管理

创业团队的管理是一个相当复杂的过程，根据团队的基本框架概括，大致如下。

（一）目标管理

目标管理是指一种程序或过程，它使组织中的上级和下级一起协商，根据组织使命确定一定时期内组织的总目标，继而决策上、下级的责任和分目标，并把这些目标作为组织经营、评估和奖励每个部门和个人贡献的标准。

对于每一个新创立的企业来说，在设置目标时，要切合实际，上下级之间要充分沟通与评估，这样双方的困难和期待也会更清晰。在达到预定的期限后，下级首先要进行自我评估，提交书面报告，然后上下级一起考核目标完成情况，决定奖惩，同时讨论下一阶段目标，开始新循环。如果目标没有完成，应分析原因，总结教训，切忌相互指责，以保持相互信任的气氛。目标管理可以培育团队精神和改进团队合作，也正因为有目标的存在，团队中的每个人才有可能知道个人的坐标在哪里，团队的坐标在哪里。

（二）定位管理

团队定位和团队目标是紧密联系在一起的。团队目标决定了团队的定位，明晰的战略定位是创业企业组织设计的蓝图，只有明确了战略定位，创业企业才能确定其团队组织的规模、产品或服务的范围、组织的结构等。

（三）计划管理

创业团队应该如何分配和行使组织赋予的职责和权限，团队成员多少个合适？团队成员分别做哪些工作，如何做？这些都是创业团队计划管理应该回答的问题。团队计划处于整个企业团队管理活动的统筹阶段，他为下一步整个企业团队管理活动制定了目标、原则和方法。企业团队计划的可靠性直接关系着企业团队管理工作整体的成败。所以，制订好团队管理计划是企业团队管理部门的一项非常重要和有意义的工作。

（四）权限管理

管理的过程，可以说是不断地分权、分责、分利的过程。职责就是任务，做什么事，做到什么程度，横向、纵向的关系及完成任务应配备的权限。组织设计中，职责应落实到每一个人。在创业团队的职权管理过程中，领导者要真正地授权给团队，而不仅仅是让他们参与，准许团队做出长期的、战略性的决定；要善于除去矛盾的根源，尽力统一经理与团队成员的观点，降低压力，准许团队做出更多的决策；同时要加强团队成员的培训，最大限度地发挥团队的功效。

（五）人员管理

任何团队都是由不同的个人组成的，确定团队目标、定位、职权和计划，都只是为团队取得成功奠定基础，团队最终能否获取成功、达到目标还是要取决于人员的表现，因为不同个体有不同的特点，团队成员之间的关系也是影响团队是否成功的因素。在团队的人员管理中要注重团队精神的培养和人员的激励，努力争取让成员参与管理，共同决策，充分调动起积极性、主动性和创造性。团队成员之间应该相互依存、相互宽容、互敬互重、彼此信任、共同提高。

【课堂活动】

自我介绍，我是谁，我擅长什么，我希望在团队中做什么工作；并根据团队成员介绍进行团队组建和分工。

【本节要点回顾】

通过本节的学习，使学生掌握如下知识点。

1. 创业团队的概念及组成要素。
2. 创业团队的创建。
3. 创业团队的管理。

【延伸阅读】

马化腾五兄弟：难得的创业团队

从当年的5条电话线和8台计算机所组成的局域网，到今天为4亿注册用户提供基于QQ的各种通信服务、全球市值名列第三位的创新型互联网企业；从当初只是5个人的创业团队、5万元创业起步，到2004年6月上市后的8.98亿港元身价；从14年前10多平方米的一间办公室，到今天高度190多米、建筑面积8.8万平方米的腾讯大厦。腾讯公司2010年实现收入196.46亿元，同比增长57%，实现净利润80.54亿元，同比增长56.2%。

腾讯创造出奇迹靠的是团队。1998年的秋天，马化腾与他的同学张志东“合资”注册了深圳腾讯计算机系统有限公司。之后又吸纳了三位股东：曾李青、许晨晔、陈一丹。这五个创始人的QQ号，据说是从10001到10005。为避免彼此争夺权力，马化腾在创立腾讯之初就和四个伙伴约定清楚：各展所长、各管一摊。

之所以将创业五兄弟称之为“难得”，是因为直到2005年的时候，这五人的创始团队还基本是保持这样的合作阵形，不离不弃。直到腾讯做到如今的帝国局面，其中四个还在公司一线，只有COO曾李青挂着终身顾问的虚职而退休。

在企业迅速壮大的过程中，要保持创始人团队的稳定合作尤其不易。在这个背后，工程师出身的马化腾一开始对于团队合作的理性设计功不可没。从股份构成上看，五个人一共凑了50万元，其中马化腾出资23.75万元，占了47.5%的股份；张志东出了10万元，占20%；曾李青出了6.25万元，占12.5%的股份；其他两人各出5万元，各占10%的股份。虽然主要资金都由马化腾出，他却自愿把所占的股份降到一半以下。“要他们的总和比我多一点点，不要形成垄断、独裁的局面。”而同时，他自己又一定要出主要的资金，占大股。“如果没有一个主心骨，股份大家平分，到时候也肯定会出问题，同样完蛋。”

保持稳定的另一个关键因素，就在于搭档之间的“合理组合”。据《中国互联网史》作者林军回忆说，“马化腾非常聪明，但非常固执，注重用户体验，愿意从用户的角度去看产品。张志东是脑袋非常活跃，对技术很沉迷的一个人。马化腾技术上也非常好，但是他的长处是能够把很多事情简单化，而张志东更多是把一个事情做的完美化。”

许晨晔和马化腾、张志东同为深圳大学计算机系的同学，他是一个非常随和、有主见，但不轻易表达的人，是有名的“好好先生”。而陈一丹是马化腾在深圳中学时的同学，后来也就读深圳大学，他十分严谨，同时又是一个非常张扬的人，他能在不同的状态下激起大家的激情。

如果说其他几位合作者都只是“搭档级人物”的话，那么曾李青就是腾讯五个人创始人中最好玩、最开放、最具激情和感召力的一个人，与温和的马化腾、爱好技术的张志东相比，是另一个类型。其大开大合的性格，也比马化腾更具攻击性，更像拿主意的人。不过或许正是这一点，也导致他最早脱离了团队，单独创业。

后来，马化腾在接受多家媒体的联合采访时承认，他最开始也考虑过和张志东、曾李青三个人均分股份的方法，但是最后还是采取了五人创业团队，根据分工占据不同的股份结构的策略。即便是后来有人想加钱、占更大股份，马化腾说不行，“根据我对你能力的判断，你不适合拿更多的股份”。因为在马化腾看来，未来的潜力要和应有的股份匹配，不匹配就要出问题。如果拿大股的不干事，干事的股份又少，矛盾就会发生。

当然经过几次稀释，最后他们上市所持有的股份比例只有当初的1/3，但即便是这样，他们每个人的身价都还是达到了数十亿元人民币，是一个皆大欢喜的结局。

可以说，在中国的民营企业中，能够像马化腾这样，既包容又拉拢，选择性格不同、各有特长的人组成一个创业团队，并在成功开拓局面后还能依旧保持着长期默契的合作，是很少见的。而马化腾成功之处，就在于其从一开始就很好地设计了创业团队的责、权、利。能力越大，责任越大，权力越大，收益也就越大。

创业团队是一种特殊的群体，是由两个或两个以上具有共同的创业理念、价值观和创业愿景，相互信任，为了共同的创业目标，团结合作，共同承担创建新企业责任而组建的工作团队。调查发现，70％创业成功的企业，都有多名创始人。其中2～3人的占44％，4人的占17％，5人以上的占9％。尤其是在高科技领域，团队创业比个体创业多得更多。事实证明：选择合理的创业模式，组建卓有成效的创业团队是创业成功的重要基础。创业团队工作绩效大于所有成员独立工作绩效之和。没有团队的创业也许并不一定会失败，但要创建一个没有团队而具有高成长性的企业却极其困难。

携程：最优秀的创业团队

携程这家公司对我们来说太熟悉了，正如一句广告词说的：携程在手，说走就走。现在我们出门基本都会使用携程的交通服务和酒店预订服务。从某种程度上说，它是中国互联网的历史上的一个奇迹，对于后人有着非常重要的启迪意义。

首先我们看一下携程这家公司是如何创建的。现在流行的一句话叫做不要为了创业而创业，但是这对于携程来说却恰恰相反。携程的创建就是为了创业，它不是在创始人积累很多的经验之后的实践，而是在创业过程中逐渐做大做强的。携程从1999年6月创立，到2003年12月上市，仅仅用了4年的时间。而且这时期恰巧是互联网的寒冬时期，因此携程的经历更值得我们中国的互联网公司学习。

其次携程的创建团队更是充满了传奇色彩。他们在创建携程之后又在2002年创建了如家酒店，在2006年就实现了上市，同样是只花了4年的时间，可以说这样的效率与成功率真的是让人非常的惊讶。

最后需要重点说一下携程的创始人团队。四位创始人分别是季琦、梁建章、范敏和沈南鹏，他们在创业之后都活出了非常精彩的人生。

季琦后来创办了汉庭，到现在已经发展成为国内领先的华住酒店集团了；梁建章后来去美国的斯坦福大学读了经济学博士，师承诺贝尔经济学奖获得者Gary Becker，现在在人口学方面有着很深的造诣。范敏一直带领携程迅速成长，直到梁建章回来重新担任CEO执掌携程；沈南鹏则成为中国最好的投资人之一，也是全世界最好的VC投资红杉资本的中国区掌门人。

这四个创始人不仅做出这么成功的企业，还在中国互联网的浪潮中做出这么大的成就，以不同的方式为中国互联网做着贡献，值得敬佩。

我们来看一下这个超级团队是如何组建的。如果现在我们看携程的这个团队，会有两个直观的印象：一是，这个团队是真正的豪华阵容，每个创始人都有着光彩夺目的背景；二是，这四个人都善于合作，能将团队的力量放大数倍。

他们这种融洽的关系不是一种激情的、热烈的、横冲直撞的状态，而是内敛的、彼此信任宽容与成熟的状态。借用孔子的一句话“君子和而不同”，正是这四位创始人达到的一种境界。

他们的这种状态也许可以通过他们的背景来了解。发起这次创业的是季琦和梁建章。1999 年，互联网热潮席卷了整个市场，和当下智能手机出现的创业潮一样，不管是地铁车厢、街头巷尾还是酒馆茶社，你总能听见大家要建一个网站，季琦和梁建章也第一次有了做一个网页的想法。

季琦是一个普通农民家庭的孩子，考到上海交通大学之后，他没有走普通人的职业规划，而是受到了当时经商潮流的感召，成为了一个卖电脑的专业户。20 世纪 90 年代初期，正是计算机在中国普及的开端，季琦抓住了这个机会，迅速成为了交大校园里骑着三轮车拉着电脑送来送去的一员，很快他便挣到了人生的第一桶金。

梁建章则不需要通过卖电脑来获得人生价值的实现。它从小就有一个称号：大头神通。听这个名字就知道，他的智商绝对碾压众人。13 岁那年他就写了一个作诗的程序，被上海电视台报道，15 岁跳过高中直接被复旦大学少年班录取，一年后考入佐治亚理工学院学习计算机，很快就拿到了硕士学位，后来顺利地进入了甲骨文公司。

这两个人中，季琦属于一个行动派，而内敛、沉稳、理性的梁建章则是一个思想者。这两个人虽然背景不同，但是对一件事有着高度的共识，那就是互联网最大的商机应该在中国。两个人有了共同的创业目标之后，还需要资金的支持，于是他们拉拢了当时的朋友沈南鹏。

相比于另外两个人，沈南鹏的背景毫不逊色，他曾就读于上海交大的数学系，之后又去了哥伦比亚的数学系。但很快他发现，自己并没有真正的数学天赋，更多的是中国式的教育留下的刻苦做题与不断训练取得的好成绩。于是沈南鹏从哥伦毕业的数学系退学，但是很快他出现在了耶鲁大学的商学院，毕业之后他成了中国最早一批进入华尔街的金融从业者，在花旗银行开启了他传奇的职业生涯。

沈南鹏在美国，已经深深的感受到了互联网的力量，并且也发现了中国这个潜在的无穷市场，于是，在他们两个找到他的时候，他很快就答应了。就这样，携程旅游网诞生了。

在三个人成功组队之后，他们发现虽然三个人的背景性格很互补，但是他们缺少一个真正的行业人才，那就是懂旅游的人。范敏就是他们寻找的答案。作为四个人中年级最大的范敏同样也是交大毕业。之后进了一家老牌的国企新亚集团，逐渐成长为集团下上海大陆饭店的总经理。他曾经做过旅行社，并且在瑞士进修过酒店管理。他们一致认为范敏就是他们要找的人，于是在季琦的无数次的软磨硬泡之后，范敏终于跟着他们下水了。

在这里我们也可以看出，与现在创业潮中很多人的单打独斗相比，加入一个强大的团队，和优秀的人一起工作要比一个人的奋斗更容易成功。

在这个团队中我们也能看到比较有意思的现象就是兼职创业也可以这样成功。在携程的创业初期，其实真正全职创业的只有季琦一个人，其他三个人都是以兼职的身份加入的。但是沈南鹏正在国际投行运作着上亿的项目，梁建章则在跨国公司担任高管，范敏则在国企里有着稳定的工作与家庭生活，他们的机会成本都是相当大的。

但是，季琦并没有对这种情况介意，而是心甘情愿地担负起了开路先锋的责任。季琦说过："对他们来讲，创业就是下海。而我已经在海里了，没有什么可以失去的。所以这个开路先锋就应该我来做。"后来，公司在季琦的带领下走出了初创期，当公司需要更加精细化的管理的时候，2001 年季琦主动让位给了更加细腻、理性，更懂得现代企业管理的梁建章。而且 2006 年这种事情又重演了，梁建章主动归隐，范敏开始执掌携程帅印。

与现在我们经常听说的公司权利的更迭相比，携程的每一次领导交替都显得非常平静。合伙人之间的默契与信任是携程能够一直走下去的动力。可以说从上到下，携程的成功好像是被设计出来的一次完美计划。如果一个团队不依靠权威，而是依靠平等的伙伴关系以及契约精神来共同合作，取得持续的成功。从某种程度上来说，这才是一个创业公司能够组建起来的最好的团队。

从小米看创业：创业成功最重要的因素是什么?

小米的成功，离不开创始人雷军敏锐的市场嗅觉和创新思路，离不开好的商业模式和企业管理。回顾小米短暂而辉煌的历程，雷军喜欢分享的不是成功的喜悦，而是切身感受的经验与教训。

1. 团队第一，产品第二

创业成功最重要的因素是什么？最重要的是团队，其次才是产品，有好的团队才有可能做出好产品。几年前，面对我们这家刚起步的创业公司，很多人才加盟我们都会犹豫，这个时候我们是怎么集聚人气的呢？

主要是靠我们的创始人团队，轮番上阵和应聘者面谈，有时一聊就近 10 小时。中途憋不住会上个洗手间，但回来后继续聊；午餐时定套餐，边吃边聊，后来聊到晚上 11 点多，直到我们认为的优秀人员答应加盟小米为止。

2. 找人是创始人最重要的工作

在小米成立第一年，我们花费绝大多数时间做的事情就是找人！其中搭建硬件团队花费时间最多。我们几个创始人都来自互联网行业，不懂硬件也没有硬件方面足够的人脉。

在第一次见到现在负责硬件的联合创始人周光平博士之前，我们已经和几个候选人谈了两个多月，进展很慢，有的人还找了"经纪人"来和我们谈条件，不仅要高期权而且还要比现在的大公司还好的福利待遇，有次谈至凌晨，我和林斌（联合创始人、总裁）都觉得快崩溃了。

3. 合伙人各挡一面

创业其实是个高危选择，大家看到成功的创业公司背后都倒了一大片。不少今天很成功的企业，当初都经过九死一生。比如说阿里巴巴，马云在数次失败之后才成就了阿里巴巴今天的商业帝国，大家看到淘宝、支付宝和天猫等明星产品，其实最有价值的是背后的团队，尤其是马云和他的 18 个联合创始人。

做老板的要负责把整个班子团队搭好，小米今天的合伙人班子在今天是各管一块，如果没有什么事情的话，基本上都不知道彼此在干吗，也不会管彼此。大家都是自己的事情自己说了算，这样保证整个决策非常非常快。

4. 用最好、最合适的人

员工招聘上，我们的做法是，要用最好、最合适的人。我一直都认为研发本身是很有创造性的，如果人不放松，或不够聪明，都很难做得好。你要找到最好的人，一个好的工程师不是顶10个，而是顶100个。

所以，在核心工程师上面，大家一定要不惜血本去找，千万不要想偷懒只用培养大学生的方法去做。最好的人本身有很强的驱动力，你只要把他放到他喜欢的事情上，让他自己有玩的心态，他才能真正做出一些事情，打动他自己，才能打动别人。所以你今天看到我们很多的工程师，他自己在边玩边创新。

在小米创办四年后，我们市场估值100亿美元，业界把我们看作创业的明星公司。但在这种前提下，我们找人依然花费巨大的精力。主要因为我们想找的人才要最专业，也要最合适。最合适，指的是要有创业心态，对所做的事情极度喜欢。

5. 持续创业心态激发团队

员工有创业心态就会自我燃烧，就会更具主动性，这样就不需要设定一堆的管理制度或KPI考核什么的。创业心态有时更通俗地说就是热爱，如何持续激发团队的热爱？首先，让员工成为粉丝。其次“去KPI化”。小米内部确实是没有KPI的，但是没有KPI，不意味着我们公司没有目标。小米对于这个目标怎么分解呢？我们是不把KPI压给员工，我们是合伙人在负责KPI的。但我们定KPI来讲，都是定一个数量级，比如说今年要卖4 000万台，不会去约定如果你完成A档、B档、C档，我就给你一个什么样的奖励。

我们销售团队今年定了4 000万，突然间干到了5 000万，然后立刻拿出一笔钱给大家发了去马尔代夫度假？我们不会干这样的事情。在定KPI的时候，其实更多是来判断一个公司增长规模的阶梯，我到底到了哪个阶梯上，因为我们把这个信息测算清楚以后，要分配调度资源。相比结果，小米更关注过程。员工只要把过程做好，结果是自然的。

6. 给足团队利益，让员工“爽”

团队的激励，就是一个“爽”字。让员工爽就好，不要追求什么条条框框，也不要生搬硬套。比如说小米的方法也许适合你，也许不适合你。其实最根本来讲，我们做企业的管理者，能不能真的把姿态放得更低一点，去跟你的员工打成一片，听听他们到底想怎么爽，怎么给予他们参与感、成就感，怎么给予他们足够的激励。无外乎就是爽，员工爽，他就会自我燃烧。

我感触最深的一句话是王阳明的“天理即人欲”。我觉得让人爽的这个问题，每个企业都能想明白，主要是看你舍得不舍得的问题。我们创办小米的时候，心态是很平和、很开放的。在做小米之前，我做过20年企业，也是天使投资人之一，不缺钱不缺名。不管大家相信不相信，我做小米是梦想驱动的，想做一个足够伟大的公司，一件足够伟大的事情。所以在这种时候，从合伙人到我们核心员工，都给了足够的利益上的保证、授权和尊重。

我看了很多公司，他只跟你说有期权，都是到了临近上市的时候，才跟你说你的期权是多少。但我跟我们合伙人、核心员工一进来就讲明白，把很多事情都摆在桌面上。今天人才竞争这么激烈，没有足够的利益驱动，纯粹讲兄弟感情的话，其实很难。

7. 解放团队，组织结构扁平化

小米内部讲忘掉 KPI，我们没有 KPI，这个背后是以用户反馈来驱动开发，响应快速。这种力量是循环互动的，当你很认真地对待用户的时候，用户也会用心对待你。有玩者之心的团队，才会真正爱自己的产品，爱自己的用户，这才是解放团队真正的核心。对互联网时代的公司来讲，要走群众路线。如果都是那种层层汇报的架构，比如有五六层、七八层的层级架构，大家怎么可能会有创新性？小米研发层级结构是基本三级，一层是员工，一层是核心主管，一层是合伙人，只有这三层。特别是研发部门也不会有正经理、副经理，不会搞得非常复杂。互联网转型，一定要由内而外，先把我们的产品架构和我们的组织结构给梳理好。

8. 让员工成为粉丝，让粉丝成为员工

粉丝文化首先让员工成为产品品牌的粉丝。每一位小米员工入职时，都可以领到一台工程机，要当作日常主机使用；其次，让员工的朋友也成为用户，每位小米员工每月可以申领几个 F 码（朋友邀请码，在小米网上的优先购买资格），送给亲朋好友，让他们也使用起来；最后，要和用户做朋友。

对于使用小米的产品，我们玩笑地要求“让丈母娘也要用好自己的产品”。小米内部不仅要求让员工成为粉丝，甚至还尝试让粉丝成为员工。小米新媒体运营团队，很多都是从粉丝中招聘过来的。不少用户在现场体验过小米之家的服务后，会选择申请来小米工作。如小米之家杭州站的店长本来就是一名资深米粉，后来加入小米，并做到了店长的岗位。

9. 客户服务，人比制度重要

传统做客户服务都强调制度，但是对于小米的客户服务，我们认为，人比制度重要。我们的客服部门主管，她做了十几年的客户服务工作，经验非常丰富。2012 年，小米的业务飞速发展，用户数量迅速爆发，客服工作也随之迅速“压力山大”。这位主管的到来，为我们的客服团队带来了非常宝贵的经验。

不过很有意思的是，她第一次来向我汇报工作计划时，一进我的办公室就把我吓到了：她抱进来厚厚一沓的纸。原来那是她非常认真地总结了过去小米所有的客服数据、工作报表，然后根据这些数据和她对我们小米的业务增长预期，做出多达好几十页客服的未来改进计划。

我花了一个下午好不容易看完，对她说：“做客户服务这件事情，你是专业的，我是业余的。你搞得这么多图表和计划，说实话我看得不大懂。你专业，你自己懂就好了。咱们能不能不要这么多 KPI 数据？我只给你一个指标：怎么让你的小伙伴发自内心地热爱客户服务这份工作？”

10. 人是环境的孩子，用环境塑造人

我们每个人都可能会在荒郊野外随地吐痰，但是当我们穿上西装打上领带到铺着红地毯的酒店里去的时候，就没人会这么做了，这是环境给人的暗示。当我们的服务人员在小米之家工作的时候，他们每天统一换上充满青春气息的小米 T 恤或者外衣，他们自然而然地就会在面对用户时展现出积极青春的笑容。一般售后维修中心的那种大家面无表情走流程，客户着急，工作人员却无所谓的场景，在小米之家是看不到的。这和制度无关，用制度规范出来的“服务”，是假的，用环境塑造出来的服务，是真的。

小米之家的内库要求不但干净利落，还要美观大方。小米之家的内库虽然不对外人开放，但那里是小米之家的员工每天都要去工作的地方。漂亮的柜子、漂亮的盒子，还有绿色植物、咖啡机和一些精致的摆件……让每个小米之家的员工都能感觉到身心愉悦。让员工身心愉悦不仅仅是给员工更好的福利这么简单。当员工在一个工作环境非常舒适漂亮的地方工作的时候，他有他自己漂亮的换衣间，高端大气上档次的咖啡壶，整洁明亮的内库，员工会从内心感觉到他所做的这份工作所需要的那种品质。

我们提供给一线服务的员工干净整洁的工作环境，这样的工作环境，让大家日常去体会“美”的存在。并且，为了持续地在这样的好环境中工作下去，他们会自然而然地养成好的习惯，来维护这个环境，会很自觉地把自己工作的场地（内库）收拾得十分整洁。

创业的第一步：组建团队，西游记四大人物分析到位你就可以开始了

每个人的一生，都希望取到“真经”。通俗来说，“经”即知识、智慧、经验和财富。很多时候，你三年都悟不出的道理，如果有人告诉你，三分钟就能明白；你用十年学不到的技术，如果有人教给你，十天就能学会。成功不仅在于努力，更在于选准行，找对路，得到高人的真传，拥有展示的平台。我们的一生，其实都是在取经。通过不断地学习和探求，获得成长和进步。

西游记实在是一部伟大的小说，是明代吴承恩所写的，那个时代能写出这种流芳千古的小说，实在让人为之惊叹，这本小说的影响力实在不能用文字为之道也，上到贩夫走卒，下到老幼妇孺，都能看懂，再加上天朝寒暑假央视一年几次的重播，已经让孙悟空、猪八戒、唐僧、沙僧的形象深入人心，里面蕴含的人生哲学，活脱脱的就是一个现代社会的一个缩影，无论是明朝的封建王朝，还是现代的大社会主义，只要是中国人的世界，就逃不脱这些法则！而西游记中的重点人物几乎概括了所有人的优点和缺点，对号入座一下，你现在所处的位置代表的是哪一个人物呢？

（1）唐僧：信仰，坚定方向；代表的是企业的CEO，虽然技能不强，但是有足够的信仰，能够画饼充饥，在企业刚起步的时候能够夸夸其谈，让团队能够死心塌地的跟随！

（2）孙悟空：人脉关系和资源，运筹帷幄；代表的是企业中的运营者，有非常强的专业技能，公关能力，要强则强，要弱则弱，不管发生任何事，都会在第一时间冲锋陷阵，保卫整个团队的利益。

（3）猪八戒：跟对团队。很多人说猪八戒要能力没能力，要口才没口才，有的只是一身好吃懒做的本领，却一样可以跟着团队取得西经。殊不知，猪八戒最大的一个本领恰好是很多人都想要的，那就是跟对团队。跟对一个团队有人带，有人教，有人帮，但是这样的人如果在团队快速发展中就将是个拖油瓶！

（4）沙僧：强有力的执行；代表的是企业中的基层，没技能没口才，但是有非常强的执行能力，领导让做什么就会踏踏实实地做事情，跟着党的方向走，上面不管什么动荡都影响不了他，说白了就是混吃等死，团队倒了，他也就跟着倒了。

组建团队就应该是这样的，有人提出建议，有人策划执行，有人后勤保卫，有人冲锋陷阵，最重要的就是要有一个聪明的领导者，如果没有唐僧，相信再厉害的孙悟空也会没有了方向，还是一只野猴子，而唐僧没有了孙悟空，有再大的决心，也会被扼杀在半路上！团队就是这样，互相配合，发挥自己的长处，直到成功，缺一不可，你现在所处的位置是哪个呢？而你又想成为哪一个？

【创业实训】

1．从网上搜集大学生创业的案例。
2．针对案例，讨论创业者应该具备的知识、技能及特征。
3．学生分成若干小组，要求小组成员组成创业团队，并讨论确定一个创业意向。
4．针对本团队的创业意向进行“三分钟电梯演讲”。

第三章

创业机会与创业风险

【本章学习目标】

1. 了解创业机会的含义和特点。
2. 了解相关因素对于创业机会识别都有哪些影响。
3. 掌握创业识别技巧。
4. 掌握创业机会评估的方法。

【创业语录】

人生成功的秘诀是好机会来临之时，立刻抓住它，但抓住机会的前提是识别机会。

——狄斯累利（英国著名国务活动家）

机会是成功创业的关键，但它只青睐那些有准备的人；抓住机会，别让机会从指间滑过；如果同时存在多个机会，创业者顶多只能抓住其中之一。 ——马云

多数人的毛病是，当机会冲奔而来时，兀自闭着眼睛，而很少去追寻机会，甚至被机会绊倒，也不去审视它。 ——卡耐基

第一节　创业机会识别

【案例导入】

凯瑟琳·科里甘身高1.8米多，从初中开始，就穿男孩子的运动鞋。但要找到特殊场合穿的鞋子，那简直太困难了。她父亲曾经带她跑了方圆20英里的6家超市，依然无法给她买到一双合适的舞鞋。

上学时打篮球，那时并不在意鞋子是否时尚，但她选择读MBA以后，发现她能穿的都是平淡无奇的鞋子。

MBA课上要求写一份商业计划书，于是她就写她要创建一家时尚女鞋公司的计划，而且专门设计、销售大号女鞋，当时她仅仅是为了完成作业。当她为了写计划书而访谈了200位高个女性，其中175位都和她有着相同的抱怨。

她在鞋类协会查找资料，发现压根就没人生产这种超大女鞋。毕业后，她把商业计划

带到银行，科里甘的准备以及她对鞋类市场的了解，使银行家印象深刻。最后她得到 3.5 万美金，于是她开始创业。

她不懂设计和销售女鞋，后来父母朋友圈帮她在西班牙找到合作商，于是她的设计是意大利的，生产是在西班牙。

2006 年，科里甘卖出第一双鞋，6 个星期以后，她的营业额就达到了 26 950 美元，库存告罄。2007 年 7 月，她开出了 7 家旗舰店，8 月开始投入高个女装，目前欧美国家都可以看到她的产品。

2007 年科里甘被评为全美 30 岁以下最佳女性创业者，除了继续经营企业，她还成了母校的创业课程助教。

【案例思考】

1. 科里甘是初次创业，为什么可以成功？
2. 科里甘说：筹资最难的是让别人相信你，怎样获得别人的信任？
3. 你怎样理解“100％相信自己，一切才会顺利”？

【理论阐释】

一、创业机会的含义和特征

机会，是指具有时间性的有利情况。社会预测学家托·富勒说，一个明智的人总是抓住机会，把它变成美好的未来。著名剧作家莎士比亚说，好花盛开，就该尽先摘，慎莫待美景难再，否则一瞬间，它就要凋零萎谢，落在尘埃。哲学家歌德说，善于捕捉机会者方为俊杰。创业者，也需要发现并抓住机会！否则，就谈不上创业，那么，什么是创业机会呢？

（一）创业机会的含义

随着经济和科学技术的快速发展，会给各行各业带来良机，人们透过这些变化，就会发现能够实现自己创业梦想的机会。所谓创业机会，是指具有较强吸引力的、较为持久的、有利于创业的、由创业者可以利用的商业机会。它是具有商业价值的创意，是一种特殊的商业机会。创业者据此可以为客户提供有价值的产品或服务，同时使创业者自身获益，实现自己的创业目标。创业机会营造出对新产品、新服务或新业务需求的有利环境。创业本身就是寻找并发现市场需求与机会，并成功利用两者的过程。

（二）创业机会的特征

有的创业者认为自己有很好的想法和点子，对创业充满信心。有想法、有点子固然重要，但并不是每个大胆的想法和新异的点子都能转化为创业机会，许多创业者因为仅仅凭想去创业而失败了。那么如何判断一个好的商业机会呢？

《21 世纪创业》的作者杰夫里·第莫斯教授提出，好的商业机会有以下 4 个特征。

（1）它很能吸引顾客。

（2）它能在你的商业环境中行得通。

(3) 它必须在机会之窗存在的期间被实施（注：机会之窗是一种隐喻，用以描述企业实际进入新市场的时间期限，也就是商业想法推广到市场上去所花的时间。创业者利用机会时，机会窗口必须是敞开的。一旦新产品市场建立起来，机会窗口就打开了。随着市场成长，企业进入市场并设法建立有利可图的定位。当达到某个时点，市场成熟，若竞争者已经有了同样的思想，并把产品已推向市场，那么机会之窗也就关闭了）。

(4) 你必须有资源（人、财、物、信息、时间）和技能才能创立业务。

二、创业机会的来源和类型

(一) 创业机会的来源

新机会无时不有，无处不在。创业机会的来源主要有以下几个方面。

1. 矛盾的产生

创业的目的是为了满足消费者的需求，实现企业的经济价值和社会效应。创业者如果能够发现消费者的不满足，那么创业机会就会被发掘。当然，创业机会不能从全部顾客身上去找，因为共同需要容易认识，基本上已很难再找到突破口。而实际上每个人的需求都是有差异的，如果我们时常关注某些人的日常生活和工作，就会从中发现某些机会。因此，在寻找创业机会时，应习惯把顾客分类，如政府职员、菜农、大学教师、杂志编辑、小学生、单身女性、退休职工等，认真研究各类人员的需求特点，机会自见。例如，上班族没有时间买菜，送菜公司就产生了；双职工家庭无暇顾及小孩，托儿所便产生了。

菲利普·科特勒教授提出："市场营销的一个根本前提就是分析市场需求，然后基于市场需求生产制造出自己的产品。"创业是否成功，就在于能不能发现潜在需求，并将满意和愉悦及时奉送给有这些需求的人们。找出盲点，需要敏锐的眼光和创新的灵感；找出热点中的热点，财富就离你不远了。

2. 变化的机遇

环境的变化，会给各行各业带来良机，人们透过这些变化，就会发现新的前景、许多成功的创业者就是把握住了市场环境变化的历史机遇。这种变化涵盖的内容很宽泛：产业结构调整、科技进步、通信革新、政府放松管制、宏观政策的调整、经济信息化服务化、消费结构升级、城市化加速、生活形态的变化、价值观念的变化、人口结构的变化、居民收入水平的提高等。例如，目前我国鼓励汽车工业的发展，减免和补贴契税等政策支持，国产汽车的飞速发展，进口和合资车型价格下调，使得我国的私人汽车拥有量迅速增长，这会使我国的汽车销售与修理、装潢与美容、检测与保养、二手车市场、代驾与陪驾市场需求随之增长，为创业者提供了新的机遇。以人口因素变化为例，可以举出以下一些创业机会：为老年人提供的健康保障用品、为独生子女服务的业务项目、为年轻女性和上班女性提供的用品、为家庭提供的文化娱乐用品。

人口结构的变化对市场需求的导向也是很明显的。我国正处在向人口老龄化方向发展的阶段，老年人所需要的健康保障用品和服务、养老院、独生子女服务等业务在近些年快速发展起来，这也是创业者需要密切关注和把握住的机遇。

3. 创造发明

知识经济的一个重要特征就是信息爆炸，技术不断更新换代，这些都蕴藏着大量的商机。创造发明提供了新产品、新服务，更好地满足了顾客需求。如随着电脑的诞生，电脑维修、软件开发、电脑操作的培训、图文制作、信息服务、网上开店等创业机会随之而来，即使你不发明新的东西，你也能成为销售和推广新产品的人，从而给你带来商机。

我们可以通过“知本＋资本”的方式发展成企业。知本指的是大学生创业者所具备的某一专业、技术特长或成功研制的一项新产品、新工艺，资本指的是投资者的风险投资。这种创业方式主要集中于电子信息、生物技术、高科技农业等技术含量高、知识密集型的行业。比如，有个大学生回家乡创业养鱼，他发现养鱼一个重要的工作是喂食，人工喂食工作很辛苦，效果也不好，于是，他利用自己所学的专业知识，发明了一款全自动喂食机，如今这款机器已实现了产业化。

4. 细节

在被别人忽略的细节中，往往蕴含着创业机会，如果你时刻留心，你就会比别人更成功。

任何一项事物都不可能完美无缺，而任何一项新奇的事物都是一扇创业的大门，如何从不起眼的小事中发掘出重要的商机，你需要耐心、细心以及联想。例如，有个大学生发现每年大学开学，一年级的学生都要参加军训，军训结束后，大量的军训服都会被遗弃，于是，他成立了一家专门回收军训服公司，通过低价买进军训服，然后卖给一些农民工、建筑工等，赚取差价，取得了不错的效益。

5. 竞争

如果你能弥补竞争对手的缺陷和不足，这也将成为你的创业机会。看看你周围的公司，你能比他们更快、更可靠、更便宜地提供产品或服务吗？你能做得更好吗？若能，你也许就找到了机会。

6. 新知识、新技术的产生

例如，随着健康知识的普及和技术的进步，围绕“水”就带来了许多创业机会，上海就有不少创业者加盟“都市清泉”而走上了创业之路。

7. 从“低科技”中把握创业机会

随着科技的发展，高科技领域是时下热门的课题，例如，美国近年来设立的风险性公司、电脑占25%，医疗和遗传基因占16%，半导体、电子零件占13%，通信占9%。但是，公司机会并不只属于“高科技领域”。在运输、金融、保健、饮食、流通这些所谓的“低科技领域”也有创业机会，关键在于开发。

创业机会的来源是广大创业者关心的最终的知识，彼得·德鲁克、熊彼特、迪蒙斯等学者都提出了不同的见解，现列举他们的主要理念，以飨读者。

彼得·德鲁克的研究认为创业机会来自：意料之外的事件的成功、意外的失败、意外的外在事件；不一致的状况，实际状况与预期状况不一致；基于程序需要的创造性；基于产业或市场结构上的变化，以出其不意的方式降临到每个人身上；人口统计特征（人口的变动）；认知、情绪及意义上的改变；新知识，包括科学与非科学的。

熊彼特的研究认为创业机会来自：创造新产品或服务；对于现有产品或服务的品质或等级引入明显的改善；引入生产的新工艺；打开新市场；创造或获取供应的新来源；产业内组织的新形态。

蒂蒙斯的研究认为创业机会来自：法规的改变，如电信法松绑；技术的快速变革；价值链或销售渠道的重组；技术的创新；现有管理或投资者的不良管理或没落；具有创业精神的领导；市场领导者受限于客户需求，忽视下一波客户需求。

（二）创业机会的类型

1. 环境机会

人类生存的环境是不断变化的，自然环境的变化会引起消费需求的变化，市场就会出现新的需求，创业机会便会产生。由于这些创业机会是由环境变化引起的，因此被称作环境机会。例如，由能源危机而引起的新能源需求；工业垃圾剧增而引起的治理污染新技术需求；由地震导致的建材市场需求变动；尤其是节能减排成为当前全世界关注的话题，这些都为创业者提供了新的机遇。

2. 潜在创业机会

某些未被满足并且隐藏或依附于某种市场需求的需求，称为潜在需求。这种需求大多隐藏于消费者日常生活之中，不易发觉，机会识别难度大，但竞争对手少，成功的概率很高，所以利用价值也很高。创业者如果发现并利用潜在创业机会，就能在市场上保持相对长久的竞争优势，获取较高的机会效益。例如，火灾后需要重建，建材便是潜在的市场需求；进口型新车使用长了需要维护，汽车保养与维护就是潜在的市场需求。

3. 表明创业机会

表明创业机会处于明显地位，易于发掘，但竞争对手也多。市场是经常出现“跟风”行为，其本质就是大家争相利用表明创业行为，分割其利润空间。例如，农产品中姜、蒜等价格，往往由于“跟风”导致大涨或大跌。

4. 行业创业机会

企业的生产经营都具备一定的行业性，需要该行业的技术、科研和原料支持。所以出现在行业内部的机会叫做行业创业机会，创业者会利用自身的经验和资源优势，去发掘并利用。这种机会易被发掘，但新的行业进入者会被现有企业排挤和压制，使新创业者处处碰壁，甚至创业失败。创业者可以利用边缘行业机会，开拓新的市场。在不同行业的交叉范围有许多不易发掘的机会，消费者未必能得到满足，而且竞争对手也不多。这类机会很隐蔽，进入市场的壁垒较小，但很可能带来较大的机会收益。例如，铁画、药膳等市场的兴起，就是创业者将两种不同的行业交叉结合，繁荣了市场，满足了消费者多种需求，也为自己带来了丰厚的利润。

5. 全面创业机会和局部创业机会

全面创业机会出现于大范围的某种市场需求未得到满足，而局部创业机会出现在一个局部市场的需求未满足。

对于新创业者来说，区分这两种创业机会是十分必要的。如果一个局部市场正在发展成为全面市场，那么创业者有机会分享正在蓬勃发展的市场空间；反之，创业者可能失去市场。认清这两者的区别，创业者才能准确把握自身的市场空间，杜绝盲目投资。

三、创业机会的内涵和要素

创业机会是指有利于创业的一组条件的形成情况。这组条件至少包含如下要素：①某个细分市场存在或新形成了某种持续性需求；②拟创业者开发了或持有有助于满足前述市场需求的创意；③创业者有能力、有资源，可实施所持有的创意；④创业者将自己的创意转变为具体的产品或服务，不需要大规模的资金（所谓轻资产）和大的团队（所谓小团队）。

当这四个要素都得到满足时，才可认为客观上存在或形成了某种创业机会。

不能简单地将商机认为就是创业机会。如果这种商机是不可持续的，而是昙花一现的，则创业者还没有起步行动，这样的商机就可能已经消失了。针对特定的商机，创业者如果不能开发出可与之匹配的创意，这样的商机也不能视之为创业机会，因为既无创意，何谈创业。

如果创业者能够开发出与特定市场需求相匹配的创意，但实施相应的创意需要较大规模的资金（所谓重资产）和团队（所谓大团队），则这样的商机也不能被视为创业机会。因为创业者起步之初，多数缺的是资金和众多的追随者。需要重资产、大团队的商机，只是规模达到一定阈值的企业的商机，创业者如硬要跟进这样的商机，多数会溃败而归。

基于以上，我们不难看到，创业机会本质上是商机、创意、轻资产、小团队四种要素的有机组合。

四、创业机会识别的重要性

机会是具有时间的有利情况。机会也是一个过程，是一个从开始未成型但随着时间段的推移变得成熟的过程。创业机会，也称商业机会或市场机会，主要是具有较强吸引力的、较为持久的、有利于创业的商业机会，创业者据此可以为客户提供有价值的产品或服务，并同时使创业者自身获益。管理学大师德鲁克（Druker）指出，能使现有资源的财富生产潜力发生改变的任何事物都足以构成创业机会。

创业者在创业的过程中，识别机会并将其转化为成功的企业是非常重要的一步。机会识别是创业过程的起点，也是创业过程中一个重要的阶段。许多好的商业机会并不是突然出现的，而是对于“一个有准备的头脑”的一种“回报”，或是当一个识别市场机会的机制建立起来之后才会出现。

如何发现和开发创业机会是研究领域应当关注的关键问题。从创业过程角度来说，它是创业的起点，创业过程就是围绕着机会识别、开发、利用的过程，识别正确的创业机会是创业者应当具备的重要技能。

机会对创业的重要性表现在以下三个方面。

（1）创业机会识别是创业成功的基石和方向。整个创业过程是通过创业机会来展开的，没有创业机会的发现和识别，整个创业就无从展开，没有把握创业机会的创业，失败是不可避免的。所以创业企业一定要先对市场机会进行研究、调查，有机会才能去创业，如果根本没有发现机会，而只是随着创业潮流而去创业，或者只听说别人说那个业务能赚钱就去做，是很难获得成功的。

（2）创业机会识别可以大大降低创业成本。创业成功者往往是在创业之前进行机会识别，根据对机会的认知进行深入的调查研究和战略规划，有了深入的研究以后就可以在创业之初避免很多错误的行为，这样可以大大降低成本，提高企业存活率。

（3）创业机会识别是创业成功与否的决定因素。你对机会是如何识别和把握的，你的成功就会是什么样的。如果你认为原来是一个大的机会，而最后它只是一个很小的利益，那你只能在一个极小的市场上取得成功，而很有可能在大市场的激烈竞争中败北。所以，对机会的识别会影响到你在市场上能存活多久，有多大成功。

五、创业机会识别的因素

影响机会识别的关键因素一般来说包括先前经验、认知因素、社会关系网络以及创造性四个方面。

（一）先前经验

先前经验也可以说是历史经验，在特定产业中的先前经验有助于创业者识别机会，在某个产业工作，个体可能识别出未被满足的利益市场，这个现象称为“走廊原理”，某个人一旦投身于某产业创业，将比那些从产业外观察的人，更容易看到产业内的新机会。

腾讯公司正是在QQ运营经验的基础上，基于智能机的普及和移动互联网的发展，克服了中国移动提供的飞信服务的局限，在2011年1月21日整出了一个为智能手机提供即时通信服务的免费应用程序，支持跨通信运营商、跨操作系统平台，可以通过网络快速发送免费（需消耗少量网络流量）的语音短信、视频、图片和文字，同时，也可以使用通过共享流媒体内容的资料和基于位置的社交插件“摇一摇”“漂流瓶”“朋友圈”“公众平台”“语音记事本”等服务的软件。

（二）认知因素

机会识别可能是一项先天技能或一种认知过程，有些人认为，创业者第六感，使他们能看到别人看不到的机会，多数创业者以这种观点看待自己，认为他们比别人更“警觉”。警觉很大程度上是一种习得性的技能；拥有某个领域更多知识的人，倾向于比其他人对该领域内的机会更警觉。例如，一位计算机工程师，就比一位律师对计算机产业内的机会和需求更警觉。

2013年9月胡润财富榜揭晓，王健林以1 350亿元人民币身价第一次成为中国首富，10月福布斯中国富豪榜公布，王健林以860亿元人民币净资产首次登上榜首。能做到这一点，应该说和王健林对于中国地产的准确定位和认知息息相关，18年的军旅生涯以及转业后在国企工作的经历，同样让王健林深谙行业运作的规律。他对大政方针、行业趋势、发展热点，始终抱有远超普通中国商人的热情，他能够将企业发展和利润丰厚的地产行业挂钩，将地产发展和中国的城市化进程紧密相联，专注商业地产的开发，带领万达将势力范围拓展到北京、上海、深圳等45个城市，在全国建立了超过60座万达广场，造就了中国最大的商业地产企业帝国。同样，对未来文化消费行业高速发展的预判，使得他在2012年9月完成了对美国第二大院线公司AMC娱乐公司的并购，让万达集团同时拥有全球院线排名第二的AMC公司和亚洲排名第一的万达院线，成为全球规模、收入最大的电影院线运营商。

（三）社会关系网络

个人社会关系网络的深度和广度影响着机会识别。建立了大量社会与专家联系网络的人，比那些拥有少量网络的人更容易得到创业机会。一项对65家初创企业的调查发现，半数创业者报告说，他们通过社会联系得到了他们的商业创意。一项类似的研究，考察了独立创业者（独自识别出商业创意的创业者）与网络型创业者（通过社会联系识别创意的创业者）之间的差别，研究人员发现，网络型创业者比单独创业者识别出更多的机会，但他们不太可能将自己描述为特别警觉或有创造性的人。

2009年年底，辞去央视公职的王利芬开始创业，2010年3月，她所创办的优米网正式上线，到2013年5月，优米网拥有100万注册用户，15万付费用户，优米网和王利芬的社交网站关注度超过800万人。之所以能取得如此突出的成绩，主要与优米网精准锁定高知、商务消费群，用户覆盖中国经济发达、创业活跃的地区有关，而达到上述目标的前提应该说和王利芬在央视15年的工作经历、工作过程中形成的广泛的社会关系网络不无相关。“在路上”系列视频能够顺利录制及在地方120多个电视台播出，同样和王利芬工作期间策划和主持的大量创业类节目、与参加节目嘉宾在互动过程中形成的良好私人关系、与其做记者以及主持人的工作经历有关。

（四）创造性

创造性有助于产生新奇或有用的创意。从某种程度上讲，机会识别是一个创造过程，是不断反复的创造性思维过程。在听到更多趣闻轶事的基础上，你会很容易看到创造性包含在许多产品、服务和业务的形成过程中。

毕业于哈佛大学的兰迪·怀斯先生发明的鸡用眼镜就是一个很好的靠创造性创业成功的案例。在自然界中，飞禽类常有以强凌弱、互相狠斗的现象，如果它们看到的景物呈红色，这种情况就会减少。鸡戴上玫瑰红的眼镜后，会变得特别温顺，如果镜片颜色呈消防车般的深红色，效果更佳，雌性下蛋较多，而且食量很小，于是，怀斯就开始研究生产鸡用眼镜，这种镜片的价格低廉，一对只需15美元到20美元，佩戴也十分简单，数秒之内即可装上，而且一经戴上，可使用一年，甚至在鸡的一生中不用替换，但是一只戴红色眼镜的母鸡喂养成本至少可节约50美元。截至1989年美国已有10万只鸡戴上了怀斯的红色隐形眼镜。

六、创业机会识别的技巧

创业者可以使用多种技术和方法识别创业机会，如对大样本数据或身边现象进行系统分析、对现实生活中存在的问题或顾客的抱怨分析以及通过创造等方法，都有助于创业者更好地识别创业机会。

（一）通过系统分析识别机会

多数机会都可以通过系统分析得到发现。人们可以从企业的宏观环境（政治、法律、技术、人口等）和微观环境（顾客、竞争对手、供应商等）的变化中发现机会。借助市场调研，从环境变化中发现机会，是机会发现的一般规律。

马云通过对产业链的系统分析，发现了销售过程中存在着极大的商机，因此在2003年成立个人电子商务网站——淘宝，然后通过对结算环节的详细分析，发现网络支付中存在的商机，于是在2004年发布了在线支付系统——支付宝，作为第三方电子支付平台，通过“第三方担保交易模式”，解决了网络交易中的信用问题；2009年，基于对网络交易中大数据情况的分析，成立了阿里云，打造以数据为中心的先进云计算服务平台；接着阿里巴巴又对支付宝使用过程中产生的大量资金溢余以及部分卖家临时的资金需求情况进行分析，推出针对卖家的短期货款业务；2013 年又基于对传统金融保险业务的分析，以及对未来金融保险发展方向的预测，在 2013 年 2 月和 3 月分别成立了在线财产保险股份有限公司以及小微金融服务集团；继而通过对移动互联和中国快递行业现状的分析，于同年 5 月份成立菜鸟网络科技有限公司，开始了阿里物流的业务运作。

（二）通过问题分析或顾客建议识别机会

问题分析从一开始就要找出个人或组织的需求和他们面临的问题，这些需求和问题可能很明确，也可能很含蓄。创业者可能识别它们，也可能忽略它们。问题分析可以首先问“什么才是最好的”。一个有效并有回报的解决方法对创业者来说是识别机会的基础。

李维斯的创始人李维斯就是一个非常善于发现问题并且预测可能出现的问题的人。淘金热盛行的时候，李维斯和很多淘金者一起去西部淘金，被大河挡住去路的李维斯想到了他的第一个生意——租船做摆渡，解决了面临的第一个问题，在淘金梦想的驱使下，没有人会在乎摆渡费用，于是生意很好；但是一段时间后，更多人开始做摆渡生意，李维斯的摆渡生意开始清淡。他决定放弃，并继续前往西部淘金。西部黄金不缺，但似乎自已无力与人争雄：西部缺水，可似乎没什么人能想到解决它。发现了存在的问题之后，他开始卖水，不久他卖水的生意便红红火火。慢慢地，也有人参与了他的新行业，再后来，同行的人已越来越多。他又开始分析可能会出现的问题，他发现来西部淘金的人，衣服极易磨破，同时又发现西部到处都有废弃的帐篷，于是他又有了一个绝妙的好主意——把那些废弃的帐篷收集起来，清洗干净，就这样，他缝成了世界上第一条牛仔裤！从此，他一发不可收拾，最终成为举世闻名的“牛仔大王”。

（三）通过创造获得机会

这种方法在新技术行业中最为常见，它可能始于明确的拟满足的市场需求，从而积极探索相应的新技术和新知识，也可能始于一项新技术发明，进而积极探索新技术的商业价值。通过创造获得机会比其他任何方式的难度都大，风险也更高。同时，如果能够成功，其回报也更大。这种情况下所产生的创新在人类所具有的重大影响的创新中，居于压倒性的主导地位。

苹果的创始人乔布斯正是依靠不断创新——从手机功能到外形的创新，才使得苹果公司走出低谷，并在 2012 年市值超过 500 亿美元，成为世界上最值钱的公司；乔布斯使得手机不仅仅是一个传统的通信工具，而且成为我们生活中不可或缺的一个社交工具集合体，我们用它上网聊天、玩游戏、导航，等等。苹果手机的创新不仅为公司创造了价值，也为客户提供了更多乐趣。

七、创业机会识别的能力培养

发现创业机会是不容易的事情，但也不是高不可攀的。创业者可以在日常生活中有意识地加强实践，培养和提高这种能力。

（1）要有良好的市场调研习惯。发现创业机会的最根本一点是深入市场进行调研。要了解市场供求状况、变化的趋势，顾客的需求是否得到了满足。了解竞争对手的长处与不足。

（2）多看、多听、多想。人们常说见多识广，识多路广。每个人的知识、经验、思维以及对市场的了解不可能做到面面俱到。多看、多听、多想，能使我们广泛获取信息，及时从别人的知识、经验、想法中汲取有益的东西，从而增强发现机会的可能性和概率。

(3) 要有独特的思维。机会往往是被少数人抓住的。我们要克服从众心理和传统的习惯思维的束缚，敢于相信自己，有独立见解，不人云亦云，不为别人的评头论足、闲言碎语所左右，才能发现和抓住被别人忽视或遗忘的机会。

(4) 用积极的心态去发现创业机会。前面所说“牛仔大王”李维斯，总是将问题当作机会，最终实现了致富梦想，得益于他有一种乐观、开朗的积极心态。著名成功学大师拿波伦·希尔说：“一切成功，一切财富，始于意念。”一个想创业的朋友，如果你暂时还没发现机会或抓住机会，你不要怨天怨地怨别人，先想一想自己的态度是否积极，思想观念、思维方式是否正确。

八、创业机会识别的过程

广义的识别过程，是机会的潜在预期价值以及创业者自身能力反复权衡的过程，包括机会搜寻和机会评价两个环节。通过搜寻、评价的反复作用，创业者对创业机会的战略定位也越来越明确，最终决定机会的开发。

在机会搜寻阶段，创业者对整个经济系统中可能的创意展开搜索，机会的最初状态是“来精确定义的市场需求或未得到充分利用的资源和能力”，在该阶段，创业者利用自身的能力对潜在的创业机会进行感知，若发现潜在的商业机会，就对该机会进行评价。创业机会的识别过程是很复杂的，一般认为，创业机会的识别分为三个阶段。

(1) 机会的搜寻阶段。创业机会以不同形式出现，多好的商业机会并不是突然出现的，而是对于“一个有准备的头脑”的一种“回报”。在机会搜寻阶段，创业者需要弄清楚机会在哪里和怎样去寻找。

(2) 机会的识别阶段。对机会的识别源自创意的产生，而创意是具有创业指向和创新性的想法。在创意没有产生之前，机会的存在与否意义并不大。有价值潜力的创意一般会具有以下基本特征：独特、新、难于模仿。要从创意中筛选合适的机会，这一过程包括两个步骤：第一步是通过对整体的市场环境以及一般的行业分析，判断机会是否在广泛意义上属于有利的商业机会；第二步是考察对于特定的创业者和投资者来说，这一机会是否有价值，也就是个性化的机会识别。

(3) 机会的评价阶段。主要针对创业机会的市场与效益进行评估，要认真分析我们企业的市场定位、市场结构、市场占有率、产品成本构成，毛利率、资本回报率等诸多因素。在此基础上，对机会进行综合评价。

将创业机会转化为创业行为，需要付出成本。当把握机会的成本大于机会带来的价值，那这个机会并不是一个有价值的创业机会。一个创业机会可能有巨大的价值，但是出于种种主客观的原因，无法实现创业，那这个机会就不是一个可行的创业机会。当一个创业机会诞生，部分人几乎同时发现该机会，但只有极少数人成功地抓住了机会，其主要原因是成功者有抓住该创业机会的优势资源。所以，分析一个创业机会是否适合创业者，创业者是否有能力抓住它，是十分必要的。

【课堂活动】

1. 通过主题游戏，引出创新在创业中的重要性，创新对发现创业机会的重要意义。2元钱1罐可乐，2个空可乐罐可以换一罐可乐，你手里有6元钱。问：你可以喝到几罐可乐？喝到罐数最多的人胜出。并请喝到罐数多于6的团队分享其方法。

2. 测验填表3-1，测你是否具有创业的素质和能力，说明：

(1) 要实事求是地填写此表。

(2) 填写每一项能力或个人素质时，先阅读说明，然后再评价你在这方面有长处还是有弱点。

(3) 把你的创业构思讲给一位家庭成员或与你关系比较密切的朋友听。请他们对你进行评价，然后把他们对你的评价填入表格中。

(4) 数一数你总共有多少长处，有多少弱点（先打√，再计数）。

表3-1　创业素质和能力测试表

个人素质	自我评估 长处　弱点	家庭成员或朋友的评估意见 长处　弱点
	(　)(　)	(　)(　)
承诺——为了创业成功，你需要对你的企业做出承诺。承诺意味着你愿意把你的企业放在最重要的位置上，也意味着你有长期经营企业的打算，你愿意用自己的钱冒创业的风险（你肯这样做，就是你的长处）	(　)(　)	(　)(　)
动机——为什么你打算创办自己的企业？如果你确实想成为成功的企业业主，那么，你的企业很有可能成功（你有这样的动机，便是你的长处）	(　)(　)	(　)(　)
诚实——如果你对自己的员工、供应商和客户不诚实，你将有损于自己的信誉。名声不好对生意不利（如果你不是如此，这是你的长处）	(　)(　)	(　)(　)
健康——经营企业是一项十分艰苦的工作，它要求创业者有良好的身体（你如果身体好，也是一项长处）	(　)(　)	(　)(　)
承担风险——没有绝对可靠的企业构思，企业存在倒闭的风险。创办企业时必须愿意承担风险，当然仅限于合理的、深思熟虑的风险（你如果认为如此，就是一项长处）	(　)(　)	(　)(　)

3. 做“把握机会”游戏。通过一起玩“抓手指”的游戏，一方面可以集中学生注意力，提高教学效果；另一方面学生总结的时候，会自然意识到抓住的不仅仅是手指，还有机会，顺利引出机会识别的重要性。

游戏内容：可以将学生随机分成几个团队，每个团队的学生围成一圈。每个同学伸出自己的左手，掌心朝下，伸出自己右手的食指，指尖向上，用自己右手食指的指尖顶到位于自己右侧的同学左手手掌心的下面。强调指尖必须挨着掌心。教师会数1，2，3三个数，等3数完时，所有同学右手指尖迅速逃离，同时用自己的手掌抓住左方同学的手指，被抓住的同学在游戏结束后要表演节目。连续进行 2～3 次，分别统计每次被抓住的同学个数，从抓手指引出抓机会，总结抓机会的技巧。

4. 每组在规定时间内最少产生 50 个创意，将创意写在活页挂纸上，或拍照传到课程群，并总结其来源。

【本节要点回顾】

本节阐述了创业机会的含义、特征、内涵与要素；创业机会识别的过程、因素与技巧；创业机会识别的能力培养。

1. 创业机会是指有利于创业的一组条件的形成。其至少包括四类要素，即某个细分市场存在或新形成了某种持续性需求；拟创业者开发了或持有有助于满足前述市场需求的创意；创业者有能力、有资源，可实施所持有的创意；创业者将自己的创意转变为具体的产品或服务，不需要大规模的资金（所谓轻资产）和大的团队（所谓小团队）。当这四个要素都得到满足之时，才可认为客观上存在或形成了某种创业机会。

2. 创业机会识别过程分为机会的搜寻阶段；机会的识别阶段；机会的评价阶段。

【延伸阅读】

一、秸秆做成“罐头”卖

河北广平县有玉米地 16.6 万亩，每年的玉米产量是 5.9 万吨。平均每千克玉米产生的秸杆是 4 千克，这就意味每年有 23 万吨的玉米秆产生。每当玉米丰收时，这剩下的 23 万吨秸秆就成为最令人头疼的问题。这些秸秆对农民来说一点用也没有，基本全部焚烧。

曹爱民是跑运输的，一次偶然的机会，他听邯郸的朋友说，现在有种设备能把秸秆做成供奶牛吃的饲料，生产商都叫它秸秆罐头。曹爱民听后隐约感觉到自己也许发现了一个巨大的商机。

接下来的 6 个月时间里，曹爱民开始四处打听有关加工秸秆饲料的工厂，有时候还混进厂里，看设备。那时购买一套秸杆饲料加工的设备需要三四十万元，对他来说还真不是一笔小数目。曹爱民认识了在广平最早做秸杆饲料的郭进军，了解了饲料的整个制作过程和销售路径。不久，曹爱民顺利地引进了生产设备，并开发了销售渠道，将秸秆变废为宝，投入到了秸秆罐头的生产中。

二、斯里兰卡的象粪纸

斯里兰卡有一家“大象孤儿院”，孤儿院里收容了这个国家几百头走失的大象。众多大象的到来，给大象孤儿院带来了麻烦和难题，其中最头疼的事情便是每天堆积如山的大象粪便。

与大象孤儿院比邻而居的是一家造纸厂，这家造纸厂的原材料主要是挨家户收购得来的废纸和稻草。由于造纸原料的供应量不稳定，造纸厂常常出现“无米下锅”的窘境。

有一天，造纸厂的厂长正好碰到了大象孤儿院的负责人，这个正为大象粪便而苦恼的负责人半开玩笑地对厂长说，要是大象粪也能造纸就好喽，说者无心，听者有意，这句话让正为原料供应不足而发愁的厂长茅塞顿开。他二话没说，背了一筐象粪回到厂里，抱着试试看的态度让工人们加工一下，看看能不能造出纸来。

工人们把这些大象粪过滤清洗，粉碎打浆，筛浆脱水，再经压榨烘干和压光。结果大象粪经过全部制作程序后发生了脱胎换骨的变化——它们变成了亮柔韧的白纸！

象粪造纸的成功让厂长看到了无限商机，他立刻决定把自己的造纸厂注册成为一个纸业公司，专门生产象粪纸。象粪纸的出现，不仅给大象孤儿院减轻了负担，为当地带来可观的经济收益，而且还为整个斯里兰卡赢得了殊荣。2006 年，在荷兰举办的“世界挑战”大赛中，象粪纸以其人与自然和谐共处、有效利用和保护野生动物资源的超人创意一举夺冠。

如今，象粪纸已成为斯里兰卡人引以为荣的国宝，它们被斯里兰卡政府包装成精美的国礼，赠送给国外友人。象粪纸还远销到欧美和日本等国家，为这个国家赚取了大量的外汇。

世上本没有绝对无用的东西或失败的事物，只是利用的方式不同罢了，同一种事物，在不同人的眼里，或者在不同的际遇里，往往会有不同的价值，关键还是看你怎么去运作和经营。

【创业实训】

1. 团队采用头脑风暴的方式，在规定的时间内产生尽可能多的创意，可先将注意力放在某一个较小的范围内聚焦。然后每组由一个代表发言，教师最后做总结，回到创业机会的要素、内涵和来源等知识点上。

2. 通过马云起步创业时的机会或其他案例，由学生讨论创业机会识别的影响因素，请一个学生团队发言，其他团队补充，由教师做最后总结。

第二节　创业机会评价

【创业语录】

独出心裁追求天时地利：在别人想不到或还未想到的地方下功夫。　——藤田田

出身贫苦，不可骄傲；创业艰难，不可奢华；努力不懈，不可安逸。　——车耀先

在他握有意志的完全自由去行动时，他才能对他的这些行为负完全责任。——马克思

【案例导入】

默巴克与“硬币之星”

1989 年时，默巴克是美国斯坦福大学的一名普通学生。他学习成绩很好，每年都能拿到奖学金。他父母都是小职员，孩子又多，生活特别拮据，为了减轻父母的压力，默巴克利用闲暇时间承包了打扫学生公寓的工作。

第一次打扫学生公寓时，默巴克在墙脚、沙发缝、学生床铺下扫出了许多沾满灰尘的硬币，这些硬币有1美分、2美分和5美分的，每间学生公寓里都有，默巴克将这些硬币还同学们时，都没有表现出丝毫的热情："一把硬币装在钱包里，买不来多少东西，这些都是我们故意扔掉的。"

钱还有故意扔掉的？经历这件事情后，默巴克给财政部和央行写信，反映小额硬币被人白白扔掉的事情，财政部很快给默巴克回信说："每年有310亿美元的硬币在全国市场上流通，但其中的105亿美元正如你所反映的那样，被人随手扔在墙脚和沙发缝中睡大觉。

105亿美元！默巴克震惊了，这硬币常常散落在沙发缝、地毯下、抽屉角落里等地方，如果能使这些硬币流通起来，利润多么可观啊！他从此开始收集关于硬币的资料，从资料中他知道，硬币的寿命长达30年，这期间流通的硬币市值约为2 559亿美元，其中仅美分就达1 741亿美元。如果能有效督促这些硬币不再躲在角落里睡大觉，让它们滚动起来，这样既能解决人们为手中硬币的出路而发愁的烦恼，又能为自己带来可观的利润，这可是一举两得的好事啊，默巴克开始着手准备起来。

1991年，从斯坦福大学毕业的默巴克成立了自己的"硬币之星"公司，推出了自动换币机，顾客只要将手中的硬币投进机器，机器会自动点数，然后打出收条，写出硬币的面值总计。顾客凭收条到超市服务台领取现金。自动换币机收取约9%的手续费，所得利润公司与超市按比例分成。

默巴克的"硬币之星"很快声名远播，美国各地的超市纷纷同默巴克的公司联系，要求合作。5年内，"硬币之星"公司在美国8 900家主要超市连锁店设立了10 800台自动换币机，并成为纳斯达克的上市公司。一文不名的穷小子默巴克一夜暴富，成了令人瞩目的亿万富翁，人们都称他是"一分钱垒起的亿万富翁"！

自2012年11月在北京街头出现以后，2013年12月5日上午，北京硬币兑换自助服务网络已经初步建成，首批42台自助硬币兑换机全面"上岗"。

【案例思考】

1. 默巴克的"硬币之星"是不是一个好的创业机会？
2. 一个好的创业机会应该具有哪些特征？

【理论阐释】

成功地进行创业机会识别后，便进入创业机会的评价阶段。某种创业机会并非是所有的创业者的最佳机会。对创业者来说，一方面，市场机会的评价类似于投资项目的评估，这对投资能否取得收益无疑是十分重要的；另一方面，也帮助创业者从另一角度来分析其创意是否具有继续发展成为一个企业的实际价值。事实上，大约有60%～70%的创业计划在其最初阶段就被否决，就是因为这些计划不能满足创业投资者的评价准则。如果创业者能先以比较客观的方式进行评估，那么许多悲剧结局就不至于一再发生，创业成功的概率也可以因此而大幅提升。因此，创业者在利用创业机会之前要对创业机会进行科学评估，分析创业机会的可行性，以客观的、现实的态度评估自己的风险、倾向和能力等个人要素，然后做出科学的决策。

一、有价值创业机会的基本特征

（1）有吸引力。美国百森商学院有“创业教育之父”称号的蒂蒙斯教授认为，好的机会需要有需求旺盛的市场和丰厚的利润，而且还容易赚钱。

（2）持久性。好的创业机会一般具有可持久开发的潜力，并且能够为企业带来持续的竞争优势。

（3）及时性。这些机会需要很快满足某项重大的需要或愿望，或者尽早帮助人们解决一些重大问题。

（4）价值性。机会应依附于为买者或终端用户创造或增加价值的产品、服务或业务。好的创意必须能为顾客带来价值和利益。所以，无论创业的形式表现为产品、服务还是业务，都必须能为顾客带来实实在在的价值。

对于创业者来说，关键在于如何能够从众多机会中寻找出真正有价值的创业机会，并采取快速行动来把握机会。

二、创业机会的评价方法

怎么对创业机会进行合理的评价和选择？针对这个问题，国内尚无一套比较全面的评价体系。一般来说，对创业机会进行分析和评价的方法分为定性分析评价方法和定量分析评价方法两类。

（一）定性分析评价方法

定性分析评价方法是指从以下 5 个方面来选择创业机会：机会的原始市场规模；机会将存在的时间跨度；预期特定机会的市场规模将随时间增长的速度；好机会所具备的特点；特定机会对特定创业者的现实性。

定性分析评价方法分为 5 个步骤：第一步，判断新产品或新服务的价值、障碍、市场认可度等；第二步，分析风险、机会；第三步，在产品生产中如何保证生产批量和产品质量；第四步，结算新产品的初始投资额，使用何种融资渠道；第五步，如何控制和管理可能遇到的所有风险。

（二）定量分析评价方法

大家公认的创业机会的定量分析评价方法有 6 种：标准打分矩阵、Westinghouse 法、Hanan Potentionmeter 法、Baty 选择因素法、Howard Stevenson 法、Longenecker 法。

1. 标准打分矩阵

通过选择对创业机会成功有重要影响的因素，并由富有经验的创业者、专家小组对每个因素进行分级打分，进行极好、好、一般三个等级打分，最后求出每个因素在各个创业机会下的加权平均分，从而对不同的创业机会进行比较，如表 3 - 2 所示。这种方法比较简单实用，也是目前使用最广的一种方法。

表 3-2　标准打分矩阵法（以某家快餐店的创业标准打分为例）

标准	评审小组打分			加权平均分
	很好（3 分）	好（2 分）	一般（1 分）	
易操作性	8	2	0	2.8
市场接受度	6	2	2	2.4
追加资本的能力	7	2	1	2.6
投资回报	5	1	4	2.1
专利状况	9	1	0	2.9
市场总量	7	2	1	2.6
广告潜力	6	3	1	2.5
质量和便捷维护	8	1	1	2.7

2. Westinghouse 法

Westinghouse 法是为了计算和比较各个机会的优先级。计算公式如下：

机会优先级＝技术成功概率×商业成功概率×平均年销售数量×(价格－成本)×投资生命周期/总成本

式中，技术和商业成功的概率是以百分比表示；平均年销售数是以销售的产品数量计算；成本是以单位产品成本计算；投资生命周期是指可以预期的年均销售数保持不变的年限；总成本是指预期的所有投入，包括研究、设计、制造和营销费用。特定的机会优先级越高，该机会成功的概率也就越大。

3. Potentionmeter（普坦辛米特）法

Potentionmeter 法是对不同的因素进行评分，预先设好权重值，计算所有因素得分的汇总得到最后的总得分，用于评估成功的潜力。不同选项的得分区间为－2～2，总分越高，说明创业机会成功的潜力越高。低于 15 分的创业机会应该被淘汰，而高于 15 分的可以做深入研究和分析。Potentionmeter 法见表 3-3。

表 3-3　Potentionmeter 法

因素	得分
对于税前投资回报水平的贡献	
预期的年销售额	
生命周期中预期的成长阶段	
从创业到销售额高速增长的预期时间	
投资回收期	
占有领先者地位的潜力	
商业周期的影响	
为产品制定高价的潜力	
进入市场的容易程度	
市场试验的时间范围	
销售人员的要求	

4. Baty（巴蒂）选择因素法

Baty选择因素法通过11个选择因素的设定来对创业机会进行判断。如果某个创业机会只符合其中的6个或更少，那么这个机会不可取；相反，如果符合7个或更多，那么这个机会成功的希望非常大。Baty选择因素法见表3-4。

表3-4　Baty选择因素法

1	这个创业机会到现在是否只有你一人发现？
2	初始的产品成本是否可以承受？
3	产品是否有高利润回报的潜力？
4	是否可以预计产品投放市场达到盈亏平衡点的时间？
5	潜在市场是否巨大？
6	你的产品是否是一个高速成长的产品家族的第一个成员？
7	你是否拥有一些现成的初始用户？
8	你是否可以预计产品的开发成本和开发周期？
9	是否处于一个成长中的行业？
10	金融界是否能够理解你的产品和顾客对它的需求？

5. Howard Stevenson（霍华德·史蒂文森）法

Howard Stevenson法，认为可以从以下5个方面来评价创业机会：①机会的大小，存在的时间跨度以及成长性；②潜在的利润是否可以用来弥补资本、时间和机会成本的投入，并获得令人满意的收益；③机会是否开辟了额外的扩张、多样化或综合的商业机会选择；④在可能的障碍面前，收益是否会持久；⑤产品或服务是否真正满足了真实的需求。

6. Longenecker（隆杰内克）法

Longenecker法认为，以下5个方面对一个创业机会的评价至关重要：①对产品有明确界定的市场需求，推出的时机也是恰当的；②投资的项目必须能够维持持久的竞争优势；③投资必须具有一定程度的高回报，从而允许一些投资中的失误；④创业者和机会之间必须互相合适；⑤机会不存在致命的缺陷。

三、结合其他因素的评价方法

所有的创业行为都来自于绝佳的创业机会，创业团队与投资者均对于创业前景寄予极高的期待，创业家更是对创业机会在未来所能带来的丰厚利润满怀信心。以上方法的缺陷是忽视了创业机会的开发者、创业者及团队的作用。其实，好的创业者及其团队善于发现别人发现不了的机会，甚至可以为自己创造发展的机会。好的机会只能与适当的创业团队相匹配才能取得良好的创业绩效。著名的创业学研究学者第莫斯在经过大量研究之后，提出了如下的创业机会评价框架。

（一）行业与市场

评估的项目包括客户、附加价值、市场结构、市场规模、可达成的市场占有率等。一个好的创业机会，必然具有特定市场利基，专注于满足客户需求，同时能为顾客带来增值的效果。因此，评估创业机会的时候，可由市场定位是否明确、顾客需求分析是否清晰、顾客接触是否通畅等，来判断机会可能创造的市场价值。新事业能带给顾客越高的价值，创业成功的机会也就越大。

1. 市场定位

评估创业机会的时候，可由市场定位是否明确、顾客需求分析是否清晰、顾客接触通道是否流畅、产品是否持续衍生等来判断创业机会可能创造的市场价值。创业带给顾客的价值越高，创业成功的机会也就越大。

2. 市场结构

对创业机会的市场结构进行分析：进入障碍、供货商、顾客、经销商的谈判力量、替代性产品的威胁和市场内部竞争的激烈程度，由此可知，该企业在未来市场中的地位，及可能遭遇竞争对手反击的程度。

3. 市场规模

市场规模大者，进入障碍相对较低，市场竞争激烈程度也会略为下降。若要进入的是一个十分成熟的市场，那么利润空间会很小，不值得再进入；若是一个成长中的市场，只要时机正确，必然会有获利的空间。

4. 市场渗透力

对于一个具有巨大市场潜力的创业机会，市场渗透力评估将会是非常重要的。应该知道选择在最佳的时机进入市场，也就是市场需求正要大幅增长之际。

5. 市场占有率

一般而言，要成为市场的领导者，最少需要拥有20%以上的市场占有率，若低于5%的市场占有率，则这个新企业的市场竞争力不高，自然也会影响未来企业上市的价值。尤其是处在具有赢家通吃特点的高科技产业，新企业必须拥有成为市场前几位的能力，才比较有投资价值。

6. 产品的成本结构

从物料与人工成本所占比重之高低、变动成本与固定成本的比重，以及经济规模产量大小，可以判断企业创造附加价值的幅度以及未来可能的获利空间。

(二) 经济因素

1. 合理的税后净利

一般而言，具有吸引力的创业机会，至少需要能够创造15%以上税后净利。如果创业预期的税后净利是在5%以下，那么这就不是个很好的投资机会。

2. 达到损益平衡所需的时间

合理的损益平衡时间应该在两年之内达到，如果3年还达不到，恐怕就不是个值得投入的创业机会了。当然，有的创业机会确实需要经过比较长的耕耘时间，通过前期投入，创造进入障碍，保证后期的持续获利，这样的情况可将前期投入视为投资，才能容忍较长时间的损益平衡时间。

3. 投资回头率

考虑到创业面临的各种风险，合理的投资回报率应该在25%以上，而15%以下的投资回报率是不值得考虑的创业机会。

4. 资本需求

资本需求量较低的创业机会，投资者一般会比较欢迎，资本额过高其实并不利于创业成功，甚至还会带来稀释投资回报率的负面效果。通常，知识越密集的创业机会，对资金的需求量越低，投资回报反而会越高。因此在创业开始的时候，不要募集太多资金，最好通过盈余积累的方式来创造资金，比较低的资本额，将有利于提高每股盈余，并且可以进一步提高未来上市的价格。

5. 毛利率

毛利率高的创业机会，相对风险较低，也比较容易取得损益平衡。反之，毛利率低的创业机会，风险则较高，遇到决策失误或市场产生较大变化的时候，企业很容易就遭受损失。一般而言，理想的毛利率是40％。当毛利率低于20％时，这个创业机会就不值得再予以考虑。软件业的毛利率通常都很高，所以只要能找到足够的业务量，从事软件创业在财务上遭受严重损失的风险相对会比较低。

6. 策略性价值

能否创造新企业在市场上的策略性价值，也是一项重要的评价指标。一般而言，策略性价值与产业网络规模、利益机制、竞争程度密切相关，而创业机会对于产业价值链所能创造的加值效果，也与它所采取的经营策略与经营模式密切相关。

7. 资本市场活力

当新企业处于一个具有高度活力的资本市场时，它的获利回收机会相对也比较高。不过资本市场的变化幅度极大，在市场高点时投入，资金成本较低，筹资相对容易。但在资本市场低点时，投资新企业开发的诱因则较低，好的创业机会也相对较少。不过，对投资者而言，市场低点的成本较低，有的时候反而投资回报会更高。一般而言，新创企业活跃的资本市场比较容易创造增值效果，因此资本市场活力也是一项可以被用来评价创业机会的外部环境指标。

8. 退出机制与策略

所有投资的目的都在于回收，因此退出机制与策略就成为一项评估创业机会的重要指标。企业的价值一般也要由具有客观鉴价能力的交易市场来决定，而这种交易机制的完善程度也会影响新企业退出机制的弹性。由于退出的难度普遍要高于进入，所以一个具有吸引力的创业机会，应该要为所有投资者考虑退出机制以及退出的策略规划。

（三）收获条件

评价的项目包括潜在的附加价值、价值评估模式、退出机制和策略、资本市场环境等。所有投资的目的都在于回收，因此退出机制与策略就成为一项评估新创业机会的重要指标。企业的价值一般要由具有客观鉴别能力的交易市场来决定，而这种交易机制的完善程度也会影响新创企业退出机制的弹性。由于退出困难程度普遍要高于进入，所以一个具有吸引力的新创业机会，应该要为所有投资者考虑退出机制以及退出的策略规划。

（四）竞争优势

评估的项目包括固定及变动成本、进入障碍等。由产品的成本结构，也可以反映该项新事业的前景是否光明、例如，由物料与人工成本所占比重之高低、变动成本与固定成本的比重以及经济规模产量的大小，可以判断这项新事业能够创造附加价值的幅度以及未来可能的获利空间。

（五）管理团队

评估的项目包括创业团队、产业及技术经验、正直性、个人诚信等。由具有卓著声誉的创业者领军，结合一群各具专业背景成员所组成的创业团队，加上紧密的组织凝聚力与共同的价值观，这种所谓最佳团队组合可以被视为新创企业成功的最佳保障。因此，评价新创业机会绝对不可忽视创业团队组合的成分以及团队整体能够对外发挥的程度。

创业者与他的团队成员对于所要投入产业的相关经验与了解程度的多寡，也影响新事业是否获得成功的概率，一般可以由产业内专家对于创业团队成员的背景经验与专业能力的评价，来获得这项信息。再好的新创业机会，如果创业团队不具备相关产业经验或专业背景，则对于投资者恐怕就不会具有任何吸引力。

创业者的人格特质也是一项会影响新事业成败的关键因素，尤其是针对创业者的人品与道德观，在世界具有良好声誉的重视诚信、正直、无私、公平等基本为人处事的创业者、对于评价新创业机会通常都具有显著加分的效果。

（六）创业者的个人标准

评估的项目包括目标和适合性、机会成本、正面与负面相关议题、风险与报酬承受程度、压力承受度等。创业过程中承受的困难与风险极大，有必要了解创业者的动机，以利于判断他愿意为创业活动付出代价的程度。一般认为，新创业机会与个人目标的契合程度越高，创业者投入意愿与风险承受意愿自然也会越大，新创业目标最后实现的概率也相对越高。因此，一个具有吸引力的新创业机会，一定是一个能充分与创业者个人目标相合的创业计划。

（七）理想与现实的战略性差异

评估的项目包括适应程度、团队、弹性、科技等。一个具有吸引力的新创业机会，常需要具有某些特色，而这些特色往往能够成为新创建的未来成功的企业战略性影响因素。发掘新创业机会的优点与特色，也是新创业机会评估不可或缺的工作。

（八）致命的缺陷

在后续的研究中，第莫斯又增加了另一个重要的指标，也就是具有致命的缺陷。致命的缺陷，一般会因新创业机会的内涵与创业者风险承担能力的高低而有所差异，如下的致命缺陷必须注意：创业者的动机不良，尤其是在人格特质上具有明显的瑕疵；创业团队缺乏相关产业经验与企业管理能力，创业试验期长，导致风险成本太高；新事业看不到市场利基、无法显示创造顾客价值的能力，在市场竞争中也不具有明显优势；新事业的市场机会不明显、市场规模不大或市场实现时间还遥遥无期；新事业的资源能力有限，无法达到可以形成竞争优势的经济规模；看不出来能获得显著利润的机会，包括毛利率、投资报酬率、损益平衡时间等指标，无法达到合理的底线目标；新事业无法具备市场控制能力，关键资源与渠道均掌握在他人手中，随时都有陷入经营危机的风险。

在创业实践中，从指标大类的评价结果来看，除了创业者的个人指标一类外，资深创业者对其他指标的重要性评分结果都高于管理者的评分，分值差距在0.10～0.31，这说明资深创业者对这些指标的认识更为全面，第莫斯机会评价框架更适用于创业者。

四、影响创业机会评价的因素

创业机会除成败之间有不可控制的机遇之外，还有创业者不能客观评估机会的原因。能够影响机会评估的要素是多种多样的，主要有以下几种。

（一）创业者的价值观念

创办企业的经历，创办企业的经验，具有管理层甚至决策层职务的经历等都是能够直接影响创业者识别、开发创业机会的重要因素。创业者的价值判断应该是与众不同的，这样才有抢占市场先机，占据市场空间的机会。

（二）创业者的机遇

某些看似前景不好的机会，过了一段时期却有了超乎人们想象的结果。这就是人们所说的“机遇”，本质上是市场机会的价值与时间的关系。并非每个时候对创业者都是公平的，机会也不会永远等待某一位固定的创业者。创业者需要判断一个创业机会是否有足够的获利的时间长度，用于分析是否能够收回成本。

美国风险投资业内的一项调研表明：当机会窗口时间短于3年时，新创业的失败率高达80%以上；如果机会窗口时间超过7年，几乎所有的投资都能获得丰厚的回报。

（1）创业者的创业经历。很多研究指出，创业者和管理者的个性特征有差异。有研究认为，创业者和管理者在信息处理方式上存在显著差异。所以，在机会评价标准的经验分析上，有创业经历的管理者的意见比没有创业经历的管理者的意见更值得重视。

（2）创业者的工作年限。Timmons在研究中指出，企业工作经验对创业者能否做出正确判断有重要影响作用。他认为“具有至少10年或10年以上的企业经验，才能识别出各种商业行为，并获得创造性的预见能力和捕捉商机的能力”。因此，在机会评价标准的经验分析上，企业工作年限超过10年的创业者的意见比工作年限较短的创业者和管理者的意见更值得重视。

（3）创业者的管理经验。在进行机会识别和评价时，创业者的事前知识结构起到重要的影响作用。担任高级管理职务，意味着其可以掌握更多的决策经验和资源控制能力。因此，在机会评价标准的经验分析上，担任企业高层管理职务的创业者的意见比担任中层管理职务的创业者的意见更值得重视。

五、创业机会的把握

创业者不仅要善于发现机会，评估机会，更需要正确把握并果敢行动，将机会变成现实的结果，这样才有可能在最恰当的时候出击，获得成功。把握创业机会，应好好注意以下几点。

（1）着眼于问题把握机会。机会并不意味着无需代价就能获得，许多成功的企业都是从解决问题起步的。问题，就是现实与理想的差距。顾客需求在没有满足之前就是问题，而设法满足这一需求，就抓住了市场机会。

（2）利用变化把握机会。变化中常常蕴藏着无限商机，许多创业机会产生于不断变化的市场环境。环境变化将带来产业结构的调整、消费结构的升级、思想观念的转变、政府政策的变化、居民收入水平的提高。人们透过这些变化，就会发现新的机会。

（3）跟踪技术创新把握机会。世界产业发展的历史告诉我们，几乎每一个新兴产业的形成和发展，都是技术创新的结果。产业的变更或产品的替代，既满足了顾客需求，也带来了前所未有的创业机会。

（4）在市场夹缝中把握机会。创业机会存在于为顾客创造价值的产品或服务中，而顾客的需求是有差异的。创业者要善于找出顾客的特殊需要，盯住顾客的个性需要并认真研究其需求特征，这样就可能发现和把握商机。

（5）捕捉政策变化把握机会。中国市场受政策影响很大，新政策出台往往引发新商机，如果创业者善于研究和利用政策，就能抓住商机，站在潮头。

（6）弥补对手缺陷把握机会。很多创业机会是缘于竞争对手的失误而“意外”获得的，如果能及时抓住竞争对手策略中的漏洞而大做文章，或者能比竞争对手更快、更可靠、更便宜地提供产品或服务，也许就找到了机会。

【课堂活动】

1. 从创业机会识别课上产生的50多个创意中，寻找出团队的创业项目，总结选择的理由和团队的评价标准。准备15分钟。每组发言时间不超过3分钟。

2. 将创业机会识别与评价相应的知识点填写在表3-5中，并在组内分享；两分钟的黄金静默时间，让准备发言的成员整理思路。再由一组学生发言，其他小组补充。并将还没有解决的疑惑留作课后思考题。

表3-5

我记住的四个关键词	我的三个感受	我的两个行动	一个还没解决的疑惑

【本节要点回顾】

本节主要阐述了有价值创业机会的特征、评价方法、影响创业机会评价的因素、创业机会的把握。创业者应当能够辨别、评价创业机会。

1. 有价值创业机会的基本特征：有吸引力、持久性、及时性、价值性。
2. 创业机会的评价方法：定性分析评价方法、定量分析评价方法。

【延伸阅读】

超级课程表90后CEO余佳文

2014年，超级课程表CEO余佳文在中国首档青春分享节目《青年中国说》中分享自己的青春故事。余佳文是一名90后，在节目中霸气放言“明年发一亿利润给员工开心一下”，被网友冠以“史上最霸道总裁”。一夜之间，网络上流出的余佳文演讲一天之间阅读量近 10 万次，人气之高令人咋舌。

据悉，超级课程表是广州超级周末科技有限公司旗下一款针对大学生的最实用校园应用。应用通过快速登录高校教务系统，自动录入课表到手机，收录千万节课程信息，可以实现校内跨院系任意蹭课。并且可以通过应用学习外语，充实学生的课余生活。2012 年 8 月开始，不断获得阿里巴巴集团领投，红杉资本以及策源创投数千万美元的天使投资。

余佳文在《青年中国说》上的演讲实录：

我要做一个不一样的人

大家好，我是一个 90 后的 CEO。很多人说 90 后很散漫很自由，工作不负责任，我觉得其实这跟年龄没有很大的关系。我来自于一个很不富裕的家庭，我爸妈是在市场上卖猪肉的，我从小特别讨厌猪肉味、市场那个臭味。我爸说，佳文，如果你不好好努力的话，你这辈子就跟我一样，在市场上卖猪肉。所以从小到大我都比别人花出十倍二十倍的努力，我要做一个不一样的人。

我 14 岁就出来做生意了，那年我高一。当身边很多小伙伴们都还沉浸在单纯的校园生活的时候，我就做了一个高中生的交友网站。高二那年我赚得了我人生的第一桶金：100 万人民币。高三那年我突然觉得如果我每天沉浸于这种小钱的话，我一辈子不会有很大的长进，所以我觉得我应该考上大学，去认识更多的朋友。当我来到大学的时候，开始我的二次创业。我从小到大都是一个不太招人喜欢的人，所以没有人会喜欢我，这让我很孤独。但有时候孤独让我成长得特别快，因为我知道只有靠我自己，我才能很努力、很努力地跑下去。

在我们这家公司，员工的所有医疗费用是免费的，他们父母的医疗费用也是免费的。我把公司人力资源部砍掉，我让员工薪水自己开。我懒得跟你讲你薪水多少。所以这种情况下我们公司特别野，也毫无章法，但是我们业绩跑得特别特别快。外面同样一家公司获取一个互联网用户的成本是 8 块钱，我 3 毛钱就拿到了。所以我认为一家企业的文化其实是老板的性格，国内没有一家企业的老板敢像我这么做，因为他们没有我这种魄力。很多人说 90 后不能吃苦，甚至有些人说，余佳文，你今天成功了，是因为你运气好。对，我确实小小年纪，我就实现财务自由，我爸妈不用再做生意了。大家说是你们家风水好、祖宅好、运气好，其实没有这回事的，我也经历过很多痛苦的事情。

去年 8 月份我公司破产了，投资人打了个电话跟我说，余佳文，我要撤资，我不投你了。就这么一下子，100 多个员工的工资我都发不起；物业管理费、一个月十几万的租金，我完全交不起。要交 6 个月的续租期，所以我被物业追债，公司东西全被没收了。真是“屋漏偏逢连夜雨”，我去医院检查被医生诊断我得了淋巴癌。那时候我特别怕死，我很怕，我说我丢了这么多烂事我一定要解决，不解决好我怎么能死？所以我把我基本所有的事列成一件一件的小事，每件去做。我第一件事是我需要 20 万，我觉得只要 20 万或许我能翻身。然后我把手机通讯录所有的电话打了一遍，没有一个人愿意借我 20 万，甚至身边所有所谓的好朋友也没有人愿意借我。最后是一个跟我关系最糟糕的朋友，拿了 20 万借我。拿着这 20 万，我找了一个特别破旧的场地，连桌子都是我拿木板盖上去的，盖个桌布就上班了。我跟全公司 100 多个员工讲，一、我发不起工资，可能未来两个月、三个月、甚至半年，我都发不起工资，但是如果你们愿意陪我熬，我会给你们一个很好的、更好的生活条件。我的员工答应我了，都陪着我，陪我每天吃炒面、配白粥，我们就这样干。我们特别特别疯狂，那时候我一方面需要筹集资金，一方面需要跟投资人谈判，一方面要处理债务，一方面处理公司这么多乱七八糟的事：电脑、网线什么的，全得我一个小朋友搞。然后我还得去医院看病，你知道吗？很幸运的是，真的，我在两个月的时间里把公司业绩翻了足足两倍，让我的投资人目瞪口呆了，觉得这家公司也太可怕了吧。然后我拿到了医院的检查报告，发现是误诊的时候，其实我心里特别平静。我心里只有一句话：余佳文，你真牛！

2018 年，重回大众视野的余佳文俨然一副“佛系少年”模样，爱泡茶，推崇“善护念”。像大多数的 90 后一样，爱玩，泡吧喝酒摇骰子样样精通。自称自己“纯粹好学”“什么都要会一点，什么都要超过别人”。因为喜欢音乐学习了吉他弹唱，也因此结识了音乐人董明。两人产生了一个大胆的想法——让每一位热爱音乐的人和喜欢唱歌的人，根据个人的心情喜好，去唱一首属于自己创作的歌。这就是“闪歌”这一产品的原型。闪歌为每一位音乐爱好者和喜欢唱歌的人提供了强大的音乐创作平台，尊重用户的创作唱作版权成果，给予用户个性化的创作体验，承载着要让每一个人都拥有一首歌的宗旨。

超级课程表与闪歌的目标用户都是在校大学生，产品定位也都是以酷炫好玩为主。对于拥有 3 600 万大学生用户的超级课程表来说，未来会考虑增加“闪歌”入口，既可以增添产品的趣味性也可以增加用户黏性。而对于刚起步的闪歌来说，可以起到导流的正面作用。当然我们也期待这两个公司未来会有更多合作的机会，给用户带来更大的惊喜。

【创业实训】

评价创业机会需要采用科学的方法。美国百森商学院的蒂蒙斯教授提出的创业机会评价基本框架是比较完善的创业机会评价指标体系。蒂蒙斯教授认为，创业者应该从行业和市场、经济因素、收获条件、竞争优势、管理团队、致命缺陷问题、个人标准、理想与现实的战略差异 8 个方面评价创业机会的价值潜力，并围绕这 8 个方面形成 53 项指标，见表 3－6。

表 3－6　蒂蒙斯的创业机会评价框架

行业和市场	1. 市场容易识别，可以带来持续收入。 2. 顾客可以接受产品或服务，愿意为此付费。 3. 产品的附加价值高。 4. 产品对市场的影响力高。 5. 将要开发的产品生命长久。 6. 项目所在的行业是新兴行业，竞争不完善。 7. 市场规模大，销售潜力达到 1 千万元到 10 亿元。 8. 市场成长率在 30%～50%甚至更高。 9. 现有厂商的生产能力几乎饱和。 10. 在五年内能占据市场的领导地位，达到 20%以上。 11 拥有低成本的供货商，具有成本优势

续表

经济因素	1. 达到盈亏平衡点所需要的时间在 1.5～2 年。 2. 盈亏平衡点不会逐渐提高。 3. 投资回报率在 25％以上。 4. 项目对资金的要求不是很大，能够获得融资。 5. 销售额的年增长率高于 15％。 6. 有良好的现金流量，能占到销售额的 20％～30％。 7. 能获得持久的毛利，毛利率要达到 40％以上。 8. 能获得持久的税后利润，税后利润率要超过 10％。 9. 资产集中程度低。 10. 运营资金不多，需求量是逐渐增加的。 11. 研究开发工作对资金的要求不高
收获条件	1. 项目能带来附加价值，具有较高的战略意义。 2. 存在现有的或可预料的退出方式。 3. 资本市场环境有利，可以实现资本的流动
竞争优势	1. 原定成本和可变成本低。 2. 对成本、价格和销售的控制较高。 3. 已经获得或可以获得对专利所有权的保护。 4. 竞争对手尚未觉醒，竞争较弱。 5. 拥有专利或具有某种独占性。 6. 拥有发展良好的网络关系，容易获得合同。 7. 拥有杰出的关键人员和管理团队
管理团队	1. 创业者团队是一个优秀管理者的组合。 2. 行业和技术经验达到了本行业内的最高水平。 3. 管理团队的正直整洁程度能达到最高水准。 4. 管理团队知道自己缺乏哪方面的知识
致命缺陷	不存在任何致命缺陷问题
个人标准	1. 个人目标与创业活动相符合。 2. 创业家可以做到在有限的风险下实现成功。 3. 创业家能接受薪水减少等损失。 4. 创业家渴望进行创业这种生活方式，而不只是为了赚大钱。 5. 创业家可以承受适当的风险。 6. 创业家在压力下状态依然良好
理想现与实的战略差异	1. 理想与现实情况相吻合。 2. 管理团队已经是最好的。 3. 在客户服务管理方面有很好的服务理念。 4. 所创办的事业顺应时代潮流。 5. 所采取的技术具有突破性，不存在许多替代品或竞争对手。 6. 具备灵活的适应能力，能快速进行取舍。 7. 始终在寻找新的机会。 8. 定价与市场领先者几乎持平。 9. 能够获得销售渠道，或已经拥有现成的网络。 10. 能够允许失败

雅诗兰黛的细节市场

目前，在美国销售量最好的 4 个香水品牌都是来自雅诗兰黛香水公司，最好的 10 种化妆品中就有 7 种是雅诗兰黛的产品，在 10 个最畅销的护肤品中就有 8 个是雅诗兰黛的品牌。

为什么很少有化妆需求的消费者不知道雅诗兰黛？是因为雅诗兰黛公司把它的顾客群体（就是目标市场）根据不同品味、不同年龄、不同性别进行了细分市场，根据不同的偏好生产不同的产品，然后再分别满足每个细分市场的需求。雅诗兰黛就是通过目标营销和细分市场，用他们细心而周到的服务，对不同消费偏好的顾客设计不同的产品和服务，从而赢得了市场份额。

请借鉴雅诗兰黛的分析经验，针对上节创业机会识别“创业实训”环节中，各组认为有可能成为创业机会的项目进行认真调研，然后填写表 3－7，会对创业者分析目标客户会有帮助。

表 3－7　雅诗兰黛细分市场表

序号	步骤	问题
1	信息需要	我应该了解顾客的哪些问题？ 我的销售对象是哪类人？ 目前市场上有哪些同类服务？ 我应该了解竞争对手的哪些情况？ 我应该对公司驻地周围做些什么调查？ 我应该了解本行业的哪些情况？
2	信息渠道	从哪里可以得到信息数据？ 在哪里可以找到创业导师？ 哪些数据库和市场报告分析是对我有用的？
3	顾客情况分析	怎样了解顾客对我的经营项目的反应？
4	竞争情况分析	怎样对竞争对手进行分析？ 调查分析中的哪些结论是对我有用的？
5	经营场地分析	如何选择合适的经营场地？ 我怎么知道这个场地对我是否适合？
6	总体分析	预计经营项目的市场潜力如何？
7	结论	从市场分析中可以得出什么结论？
8	备注	

第三节　创业风险识别

【创业语录】

世界上有许多做事有成的人，并不一定是因为他比你会做，而仅仅是因为他比你敢想敢做。

——培根（英国唯物主义哲学家、思想家、科学家）

要留神任何有利的瞬时，机会到了莫失之交臂！明智的人总是抓住机会，把它变成美好的未来，而这需要不怕可能的风险。过分审慎，就会坐失良机。等待没有风险的机会无异等待月光变为金银。

——歌德（德国科学家、小说家、编剧、诗人）

是机会，就有风险！创业者要善于识别风险，搞清可能的风险收益，并敢于承担风险。阅遍中国的创业大佬，还没有发现没有遇到过风险的人。

——黄维学（创业者、北京和力记易公司董事长）

【案例导入】

亿唐网

不少人还记得 2000 年北京街头出现的大大小小的亿唐广告牌“今天你是否亿唐”——这句仿效雅虎的广告词，着实让亿唐风光了好一阵子。亿唐想做一个针对中国年轻人的包罗万象的互联网门户。他们自己把中国年轻人定义为“明黄 e 代”。1999 年，第一次互联网泡沫破灭的前夕，刚刚获得哈佛商学院 MBA 的唐海松创建了亿唐公司，其“梦幻团队”由 5 个哈佛 MBA 和两个芝加哥大学 MBA 组成。凭借诱人的创业方案，亿唐从两家著名美国风险投资 DFJ、Sevin Rosen 手中拿到两期共 5 000 万美元左右的融资。亿唐宣称自己不仅仅是互联网公司，也是一个“生活时尚集团”，致力于通过网络、零售和无线服务创造和引进国际先进水平的生活时尚产品，全力服务年龄介于 18～35 岁的所谓“明黄 e 代”、定义中国经济和文化未来的年轻人。亿唐网一夜之间横空出世、迅速在各大高校攻城略地，在全国范围快速“烧钱”：除了在北京、广州、深圳三地建立分公司外，亿唐还广招人手，并在各地进行规模浩大的宣传造势活动。2000 年年底，互联网的寒冬突然来临，亿唐融资的钱花费了大半，仍然无法盈利，此后的转型也一直没有取得成功，2008 年亿唐公司只剩下空壳，昔日的“梦幻团队”在公司弹尽粮绝后也纷纷选择出走。

【案例思考】

亿唐失败的最大问题就是没有明确定位，这也是大部分互联网创业公司的问题。浮夸，不愿意沉下心帮用户解决实际问题，而是幻想凭借钱就可以砸出一个互联网集团来。亿唐对中国互联网可以说没有做出任何值得一提的贡献，也许唯一的贡献就是提供了一个因忽视创业风险而导致失败的创业案例。

【理论阐释】

一、创业风险的概念

风险是指一定环境、一定时间段内，影响决策目标实现的不确定性，或是某种损失发生的可能性。发生损失的可能性越大，风险就越高。它可以用不同结果出现的概率来描述，结果可能是好的，也可能是坏的，坏结果出现的概率越大，风险就越高。

创业风险是指在创业过程中，由于创业环境的不确定性，创业机会与创业企业的复杂性，创业者、创业团队的能力与实力的有限性，而导致创业活动偏离预期目标的可能性及后果。

二、创业风险的构成

创业风险是客观存在的，是不以创业者的意志为转移的。创业风险由哪些方面构成呢？

（1）风险因素。风险因素指能够引起或增加风险事件发生机会或影响损失严重程度的因素，是风险事件发生的潜在条件，一般又称为风险条件。

（2）风险事件。创业风险事件是导致创业风险的可能性变成现实，以致引起损失后果的事件。风险事件是风险因素综合作用的结果，是产生风险损失的直接原因，也是风险损失产生的媒介物。

（3）风险损失。创业风险损失是指由于风险事件的出现给创业者或创业企业带来的能够用货币计量的经济损失。风险损失是指非故意的、非预期的、非计划的利益减少，这种减少可以用货币来衡量。风险损失包括直接损失和间接损失。

三、创业风险的分类

（一）按内容分

按内容分，创业风险可分为机会选择风险、环境风险、人力资源风险、技术风险、市场风险、管理风险、财务风险等。

（1）机会选择风险是指创业者由于选择创业而放弃自己原先所从事的职业，所丧失的潜在晋升或发展机会的风险。

（2）环境风险是指由于创业活动所处的社会、政治、经济、法律环境等变化，或由于意外灾害导致创业者或创业企业蒙受损失的可能性。如战争、国际关系变化或有关国家政权更迭、政策改变，宏观经济环境发生大幅度波动或调整，法律法规的修改，或者创业相关事项得不到政策许可，合作者违反契约等给创业活动带来的风险。

（3）人力资源风险是指由于人的因素对创业活动的开展产生不良影响或偏离经营目标的潜在可能性。创业者自身的素质和能力有限、创业团队成员的知识和技能水平不匹配、管理过程中用人不当、关键员工离职等因素是人力资源风险的主要诱因。

（4）技术风险是指由于技术方面的因素及其变化的不确定性而导致创业失败的可能性。技术成功的不确定性，技术前景、技术寿命、技术效果的不确定性，技术成果转化的不确定性等，都会带来技术风险。

（5）市场风险是指由于市场情况的不确定性导致创业者或创业企业损失的可能性。市场风险包括产品市场风险和资本市场风险两大类。市场供给和需求的变化、市场接受时间的不确定性、市场价格变化、市场战略失误等原因会给创业活动带来一定的市场风险。

（6）管理风险是指管理运作过程中因信息不对称、管理不善、判断失误等影响管理水平而形成的风险。管理风险可能由管理者素质低下、缺乏诚信，权力分配不合理，不规范的家族式管理或决策失误等引起。

（7）财务风险是指创业者或创业企业在理财活动中存在的风险。对创业所需资金估计不足，难以及时筹措创业资金，创业企业财务结构不合理、融资不当、现金流管理不力等可能会使创业企业丧失偿债能力，导致预期收益下降，形成一定的财务风险。

（二）按影响程度分

按影响程度分，创业风险可分为系统创业风险和非系统创业风险。

（1）系统创业风险是指源于创业者或创业企业之外的，由创业环境变化带来的风险，如产品市场风险、资本市场风险等，创业者或创业企业无法对其进行控制或施加影响。

（2）非系统创业风险是指源于创业者或创业企业本身的商业活动和财务活动而引发的风险，如团队风险、技术风险、财务风险等，创业者或创业企业可以通过一定的手段进行预防和分散。

（三）按产生原因分

按产生原因分，创业风险可分为主观创业风险和客观创业风险。

（1）主观创业风险是指在创业阶段，由于创业者的身体与心理素质等主观方面的因素导致创业失败的可能性。

（2）客观创业风险是指在创业阶段，由于市场的变动、政策的变化、竞争对手的出现、创业资金缺乏等客观因素导致创业失败的可能性。

（四）按创业与市场和技术的关系分

按创业与市场和技术的关系分，创业风险可分为改良型风险、杠杆型风险、跨越型风险和激进型风险。

（1）改良型风险是指利用现有的市场和技术进行创业所存在的风险。这种创业风险最低，经济回报有限，即风险虽低，但要想生存和发展，获取较高的经济回报也比较困难。一方面，会遭遇已有市场竞争者的排斥或进入壁垒的限制；另一方面，即便进入，想要占有一定的市场份额也非常困难。

（2）杠杆型风险是指利用新的市场、现有的技术进行创业所存在的风险。这种创业风险稍高，对一个全球性公司来说，这种风险往往是地理上的，常见于挖掘未开辟的市场，如彩电行业利用原有技术进入农村市场。

（3）跨越型风险是指利用现有市场、新的技术进行创业所存在的风险。这种创业风险稍高，主要体现在创新技术的应用方面，往往反映了技术的替代，常见于企业的二次创业，领先者可获得一定的竞争优势，但模仿者很快就会跟上。

（4）激进型风险是指利用新的市场和技术进行创业所存在的风险。这种创业风险最高，如果市场很大，可能会带来巨大的机会，对于第一个行动者而言，其优势在于竞争风险较低，但是知识产权保护力度很弱，市场需求不确定，确定产品性能有很大的风险。

四、创业风险管理

创业风险管理的基本程序一般包括风险识别、风险评估和风险应对三个阶段。

（1）风险识别。风险识别是创业人员对创业过程中可能发生的风险进行感知和预测的过程。

（2）风险评估。风险评估包括风险估计和风险评价。

（3）风险应对。风险应对是创业者在风险评估的基础上，选择最佳的风险管理技术，采取及时有效的方法进行防范和控制，用最经济合理的方法来综合处理风险，以实现最大安全保障的一种科学管理方法。

常用的风险应对方法有风险避免、风险自留、风险预防、风险抑制和风险转嫁等。

不同的风险应对策略矩阵如表 3－8 所示。

表 3－8　风险应对策略矩阵

	高频率	低频率
高程度	风险避免 风险抑制 风险转嫁	风险避免 风险抑制
低程度	风险避免 风险预防	风险自留

五、创业风险分析与防范

（一）创业风险分析

大学生有理想与抱负，但容易“眼高手低”，对具体的市场开拓缺乏相关的经验与知识，在这种情况下大学生创业就会遇到各种不可预见的问题和风险。

（1）经验缺乏，资源不足。大学生的年龄、阅历、心理等与有社会经验的人相比处于劣势。大学生创业的资源相对来说也是不足的，大学生创业很多起始于好的创意，但是大多数学生都缺乏创业必备的技术资源、资金资源、人才资源、社会关系资源等。缺乏技术资源，很多大学生创业从事的都是服务性产业，技术门槛较低，竞争激烈，创业更容易失败；缺乏资金资源，“巧妇难为无米之炊”，再好的创新技术也难以转化为现实的生产力；缺乏人才资源，无法把好的创意落实为实施方案，把实施方案执行下去。

（2）纸上谈兵，对市场缺乏了解。缺乏对市场的了解是目前大学生创业中普遍存在的问题，不少大学生创业者没有对其产品或项目做市场调查的意识，而只是进行理想化的推断。例如，有个大学生在估算防盗手机链的销售量时是这样计算的：目前使用手机的人群大概有 10 亿，就算有 0.1％的人群购买我们的产品，每件产品只赚 1 元，我们也有 100 万元的利润。这种推断方法看起来很保守，其实压根站不住脚，因为如果产品设计针对性不强，目标人群定位不准，有再多手机用户，也不能说明你的产品会有市场。大学生在创业初期一定要做好市场调研，一些可行性研究也可委托专业机构进行，在了解市场的基础上创业，才能长久。

（3）盲目扩张。当创业者初尝创业甜头后，往往急于求成，想更快地收回成本或创造盈利，从而盲目扩张企业规模、经营领域或项目，造成企业不能与自身能力、市场需求相协调，这样是极具风险性的。

（4）承受挫折能力不足。很多大学生创业者的经历是一帆风顺的，没有经历过挫折与失败，所以抗挫折能力较差，加上对创业一厢情愿，没有做好迎接困难、面对挑战的心理准备，当遇到问题时，很容易心灰意冷，停滞不前。

（5）管理风险。优良的企业管理是一个企业存活的关键。大学生在创业初期，由于初涉商场，知识单一，又缺乏实践经验，往往容易出现决策随意、信息不通、理念不清、患得患失、用人不当、忽视创新、急功近利、盲目跟风、意志薄弱等现象，从而给企业的发展带来不利影响。

（二）创业风险防范

1. 系统风险的防范

系统风险是由全局性的共同因素引起的，创业者或创业企业本身控制不了或无法施加影响，并难以采取有效措施予以消除。对于系统风险，创业者或创业企业可以从以下方面做好风险的防范。

(1) 正确预测。创业风险中，有些是可以预测的，有些是不可预测的。创业者应尽可能运用所学知识和所掌握的资源，采用科学的方法对那些能够预测的风险进行深入分析，通过和团队成员探讨、请教外部专家等方法来预测创业环境的可能变化，以及变化会给创业企业带来的影响，尽量对创业的系统风险做到心中有数，以便制定相应的应对策略。

(2) 谨慎分析。创业者应对其所处的创业环境进行深入了解、谨慎分析。目前，我国实施更加积极的就业政策，贯彻鼓励创业的方针，在自主创业税费减免、小额担保贷款、创业地落户及场地、项目、技术、培训等方面，为大学生创业提供了一系列优惠和鼓励政策，创造了更为宽松的创业环境。创业者首先应对创业环境进行正确的认识和了解，对创业环境进行合理评估，通过层层细化、逐级分析来熟悉创业的宏观环境和微观环境等，以求准确深入地解释创业过程中可能遇到的系统风险。

(3) 合理应对。由于系统风险的不可分散性，创业者只能通过谨慎分析和正确预测来制定合理的应对措施，巧妙规避并尽可能降低系统风险发生对创业者自身或创业企业的不利影响。例如，预测到市场利率上升则尽量筹集长期资金，预测到未来经济低迷则尽可能持有较多现金等。

2. 非系统风险的防范

非系统风险是由特定创业者或创业企业自身因素引起的，只对该创业者或创业企业产生影响。因此，创业者或创业企业可以在某种程度上对其进行控制，并通过一定的手段予以预防和分散。

(1) 人力资源风险的防范。人力资源是创业活动中的重要资源，由此产生的风险对创业企业来说往往也是致命的风险，所以一定要予以充分关注。首先，创业者应不断充实自己，持续提高个人素质，使自己的知识和能力与创业活动相匹配；其次，通过沟通、协调、激励、奖惩、评价、目标设定等多种手段管理团队，并在创业团队发展的不同阶段确定相应的管理内容，科学合理地对成员进行绩效评价；最后，招聘那些具有良好职业道德和团队合作意识、拥有与岗位相匹配的技能的员工，通过在合同中明确权利义务关系和适当授权，以及通畅的人力资源管理系统，使关键员工的工作管理与非工作管理相结合。

(2) 管理风险的防范。通过提高管理者的素质，改变管理和决策方式，可以有效应对创业企业的管理风险。具体来说，可以采取以下措施：第一，努力提高核心创业成员的素质，树立其诚信意识和市场经济观念，并以此为基础搞好领导层的自身建设，建立能够适应企业不同发展阶段变革的组织机构；第二，实行民主决策与集权管理的统一，合理分配企业的执行权，避免不规范的家族式管理影响创业企业的发展；第三，明确决策目标，完善决策机制，减少决策失误。

（3）机会选择风险的防范。机会选择风险是一种潜在风险，是由于选择创业失去其他发展机会所可能带来的最大收益。因此，创业者在创业准备之初就应该对创业的风险和收益进行全面权衡，将创业目标和目前的职业收益进行比较，结合当下的创业环境、自己的生涯规划进行权衡分析。如果认为创业时机已经成熟，刚好有一个绝佳的商业机会可以转化为创业项目，而且该项目又可以和自己职业的生涯规划相吻合，就要狠下决心，立即着手创业。否则就不要急于创业，而是先就业或者继续从事目前的工作，边工作边认真观察，学习所在公司各层领导的工作方法和技巧，并用心学习所在公司开拓市场的技巧，同时学会利用自己的工作机会建立良好的关系网络，待时机成熟再开始创业。

（4）技术风险的防范。技术创新能够给创业者带来丰厚的回报，但掌控不好也可能会使创业者颗粒无收。因此，创业者一定要注意技术风险的防范。第一，应加强对技术创新方案的可行性论证，减少技术开发与技术选择的盲目性，并通过建立灵敏的信息预警系统，及时预防技术风险；第二，通过组建技术联合开发体或建立创新联盟等方式减少技术风险发生的可能性；第三，提高创业企业技术系统的活力；第四，高度重视专利申请、技术标准申请等保护性措施的采用，通过法律手段减少损失出现的可能性。

（5）财务风险的防范。筹资困难和资本结构不合理是很多创业企业明显的财务特征和主要财务风险的来源。有效规避财务风险要求做到以下几点：第一，创业者要对创业所需资金进行合理估计，避免筹资不足影响企业的健康成长和后续发展；第二，要学会建立和经营创业者自身和创业企业的信用，提高获得资金的概率；第三，创业者或团队一定要学会在企业的长远发展和目前利益之间进行权衡，设置合理的财务结构，从恰当的渠道获得资金；第四，管理创业企业的现金流，避免现金断流带来的财务拮据甚至破产清算的局面。

六、创业者风险承担能力和机会风险收益的估算

创业有风险，这是必然的。理性的创业者必须结合对机会风险的估计，探明规避和降低风险的关键点，就特定的创业机会，分析和判断创业风险的具体来源、发生概率、预期主要风险因素，测算冒险创业的“风险收益”，估计自己的风险承受能力，进而进行风险决策。

（一）充分了解应规避和降低的主要风险

第一步，借助表 3 - 9，罗列、穷尽特定创业机会所对应的风险来源。

第二步，将每类风险来源下的风险具体化。

第三步，客观估计各类风险因素发生的概率。

第四步，剔除发生概率小的风险因素，揭示发生概率大的风险因素。

第五步，在发生概率大的风险因素中，揭示一旦发生将造成较大损失的风险因素。可行的方法是，先估算创业活动的净现值（NPV）或内部收益率（IRP），然后就各种风险因素进行“不确定性分析”，据此测算如某些风险因素发生，创业者可能遭受的损失。

表 3－9　创业机会的风险分析表

两类风险	一级风险因素	二级风险因素
系统风险	商品市场风险	新产品市场多是潜在、待开发、待成长的
		很难确定市场接受新产品的具体时间
		很难预测新产品的市场需求成长速度
		很难预测未来同行市场竞争的实际态势
	要素市场风险	资本市场的资金可得性多是不确定的
		技术市场的技术可得性、实用性是不确定的
		人力资源市场存在“趋存而流”的不确定性
		上游产品市场供应商往往存在机会主义行为
	法律及政策规制风险	法律或政府政策的出台有可能超出创业者的预期
		政府许可也具有不确定性
非系统风险	技术风险	新产品研发能否成功是不确定的
		相关行业能否提供技术配套是不确定的
	财务风险	新产品研发的资金需求极难判定
		新产品市场开发的资金需求是不确定的
	团队分化风险	团队成员缺乏共识的利益、目标、规则等
		部分成员的“畏惧心理”和机会主义
		没有形成领袖人物造成的团队风险

（二）创业者需要估计自己的风险承受能力

在分析前述问题，特别是在揭示了发生概率大的风险因素中，一旦风险实际发生将造成损失较大的风险因素后，创业者即需要估计一下自己的风险承受能力。尤其应估计创业者对于那些发生概率较大、可能导致较大损失的风险因素的承受能力。

（三）创业者需要进行机会选择的风险决策：风险收益估计

估计了各项风险因素的发生概率和可能造成的损失后，即需要测算特定创业机会的风险收益，依此判断是否值得“冒险创业”，通常，只有创业机会的风险收益足够大，创业者才值得冒险去利用这个机会而创业。

一般而论，可按以下关系式测算特定机会的风险收益：

$$FR=\frac{(M_t+M_b)\cdot B\cdot P_s\cdot P_m}{C_d+J_d}S$$

其中，FR 表示特定机会的风险收益指数；M_t 表示特定机会的技术及市场优势指数；M_b 表示创业者的策略优势指数；B 表示特定机会持续期内的预期收益；P_s 表示技术成功概率；P_m 表示市场成功概率；S 表示创业团队优势指数；C_d 表示利用特定机会创业的有形资产投资总额；J_d 表示利用特定机会创业的无形资产投资总额。需要注意的是，当且仅当 $FR \geqslant R$（创业者的期望值）时，创业者才值得冒某些风险去利用特定的创业机会。

【课堂活动】

一、投掷游戏

（一）游戏准备

（1）在地上放两个干净的垃圾筐（目标物），准备 3～4 个直径大约 3～4 寸（约 10～13.3 厘米）的软塑料球备用。

（2）把垃圾筐放到教室前面或室外的空地上，确定最远投掷位和目标物之间有 3 米的距离。然后，在最远投掷位和目标物之间分 10 个等距离，每个等距离为一个投掷位，共 10 个投掷位，用粉笔或者白板笔在地面上画横线表示每个投掷位，或者用白板笔在白纸上标明 1～10 不同的数字，将纸按照从大到小的顺序，依次粘贴在距目标物从远到近的投掷位上。距投掷位最近地方贴的白纸上的数字为 1，最远的白纸上的数字为 10，投掷游戏布局如图 3－1 所示。

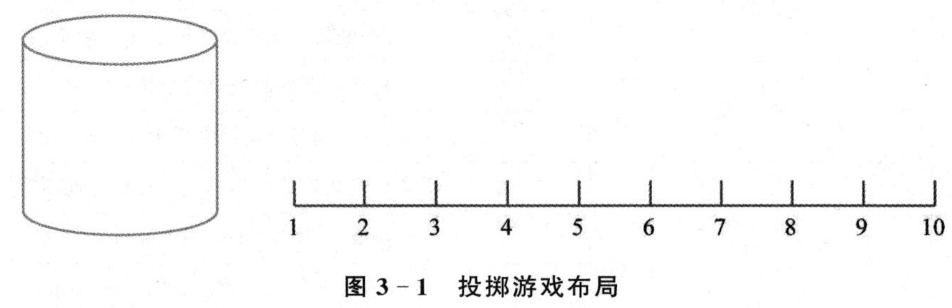

图 3－1　投掷游戏布局

（3）活动开始前可以根据学生人数，将全体学生分成 3～4 个小组（10 人左右为一小组），要求每个小组选出 3～4 人参与投掷，讲清投掷的规则：参与者站位基本与地面垂直，不能过度前倾，除脚之外身体的其他部位不能接触地面，以保证科学的投掷距离，给学生 5～10 分钟的准备时间，准备时间小组成员可以试投。

（4）教师确定好奖物（钱或其他东西）及奖励办法。

（二）投掷开始

共投掷 3～4 个轮次（每个小组有几名学生参加就投掷几个轮次，但一般不要超过 4 个轮次，以利于课堂控制），每个学生共可以投掷 3 次，并在一个轮次中一次完成。

在投掷过程中，学生可自行选择距离目标物的远近，可以调整站位。但是，每轮次每个小组只可以有一位学生参加，且每个学生只能参加一次；在 3 个轮次的投掷过程中需要调整小组的出场顺序。例如，第一个轮次第一小组先出场，第一小组的一名同学投掷 3 次后，换第二小组的一名同学，然后是第三及第四小组的一名同学进行投掷；第二个轮次，可以从第二小组开始然后第三小组、第四小组、第一小组；第三个轮次则从第三小组开始，然后是第四小组、第一小组、第二小组，依次类推，通过变换各小组出场顺序，强调游戏的公平性。

在投掷过程中，教师需要对每位学生、每个小组的得分情况选行记录，站在几的位置投，投进记几分，投不进记 0 分，投进后又弹出的可以记一半分值（若有小数位期向下取整，如 7 的一半记 3 分），并加计每位同学的总得分及小组的总得分，得分最高的小组胜出。

以下以每组 4 人参加投掷，投掷 4 轮为例，给出计分表，如表 3－10 所示。

表 3－10　投掷游戏得分及汇总

小组	站位	得分	合计	小组	站位	得分	合计	小组	站位	得分	合计	小组	站位	得分	合计
1				2				3				4			
1				2				3				4			
1				2				3				4			
1				2				3				4			
总计															

（三）游戏总结

游戏结束之后，先让表现不一般的同学进行分享，如得分最高、最低者，站位保持不变者，站在 10 分位置上的同学，站在 3 分之前位置上的同学等，了解其决策过程及其想法，以便和后面的知识点评相结合。

教师需要至少从以下几个方面进行点评。

（1）游戏的目的。创业过程中会有各种不同的风险，如信息收集风险、决策风险、人员管理风险、市场选择风险等。创业者需要提前做好应对规划，以降低风险、提高收益。

（2）对各队的表现进行总结分析。

①得分高的参与者和团队是如何做到的？在他们开始游戏之前收集了哪些信息？投掷过程中做了哪些调整？各个团队成员之间是什么样的关系？距自己设定的目标有无，距离，若有最大的障碍，在什么地方？

②得分低的参与者或团队问题出在什么地方？

③得分居中的队在参加过程中做了哪些决策？如果再来一次要做什么样的调整？如果时间允许，可以在点评之后再来一次，看整体成绩有无改进，继而分析决策的影响因素及优化过程。

点评的时候，教师应将游戏中出现的情况和创业活动相联系，分析创业可能面临的风险。其一，团队建设风险：游戏开始前投掷人员的选择决策及其风险。其二，项目选择风险：每个人的站位选择及其风险。其三，目标及计划制订风险：不同目标在制订时是否做了充分的市场调研，如其他团队的投掷得分、人员实力等；本组的团队成员是否进行了试投；决策的制定是否和目标一致等。其四，决策机制：群体决策对个人决策的影响。其五，风险控制措施：有没有采用风险回避策略，如避免站在10分位；风险自留，如站在4分位和5分位；进行损失控制，不断向前调整站位等，引出下风险管理方法。其六，胜出的方法：是有能力，还是善于分析、总结、调整等。

二、请根据下面的题目，进行风险承受态度和承受能力测试。回答“是”和“否”即可

A. 风险承受态度测试

(1) 你能够接受钱吗?

(2) 在压力之下，你是否仍然能够表现较好?

(3) 你性格是否乐观，可以免于过度忧郁?

(4) 你对于自己的决定是否从来都很有信心?

(5) 在意外损失出现时，你能否控制住自己的情绪?

(6) 你去看魔术表演，魔术师请观众上台表演、你会立刻上台吗?

(7) 某大公司想邀请你任职部门主管，薪金比现在多20%，但你对这个行业一无所如，你愿意接受这个职务吗?

B. 风险承受能力测试

(1) 你父母都是工薪阶层吗?

(2) 你家庭的月收入为中等以上水平吗?

(3) 爸妈为你购买疾病及养老保险了吗?

(4) 你父母或近亲友中有经商的吗?

(5) 一旦你创业失败或者丧失了主要经济来源、你依然能够体面的生活吗?

(6) 你有需要归还的较大数的借款吗?

请统计你的答中“是”的个数

A是态度测试：如果你的答案超过5个都是“是”的话，那么说明你属于激进型，如果经营得当，你将成为非凡的商界成功者。不过，这个测试只能告诉你自己属于哪一类人。

要成为真正合格的商人，最关键的因素，还在于自己对于风险的承受能力和B测试的结果相结合。

B是能力测试：如果你的测试答案全部为“是”，那就说明你是一个抵抗风险能力极强的人。假若你的性格也是激进型的，可以说你有较强的风险承受能力，如果能够利用好风险背后的商业机会，你会获得创业成功。相反，倘若你的答案大部分都是“否”，而你又是一个激进的人，那么创业对于你而言可能需要再次慎重考虑一下。

【本节要点回顾】

1. 创业风险是指在创业过程中，由于创业环境的不确定性，创业机会与创业企业的复杂性，创业者、创业团队的能力与实力的有限性，而导致创业活动偏离预期目标的可能

性及后果。

2. 创业有风险，这是必然的。理性的创业者必须结合对机会风险的估计，探明规避和降低风险的关键点，就特定的创业机会，分析和判断创业风险的具体来源、发生概率、预期主要风险因素，测算冒险创业的“风险收益”，估计自己的风险承受能力，进而进行风险决策。

【延伸阅读】

尽量避免风险，保住本金

华尔街股神巴菲特从1959年的40万美元到2004年的429亿美元的这45年中，可以算出巴菲特的年均收益率为26%。也有的人说他创造了投资39年连续盈利的辉煌业绩，最高年度的收益率达59%，资产从100美元起家到获利429亿美元财富的投资神话。从某一单个年度来看，很多投资者对此也许会不以为然。但没有谁可以在这么长的时期内保持这样的收益率。这是因为大部分人都为贪婪、浮躁或恐惧等人性弱点所左右，成了一个投机客或短期投资者，而并非像巴菲特一样是一个真正的长期投资者。

巴菲特成功的秘诀就是“尽量避免风险，保住本金。”

开心网的兴衰

开心网由北京开心人信息技术有限公司创办，核心用户定为中国社会财富和主流文化的缔造人群——白领群体，帮助白领和真实好友在开心网平台上搭建起庞大而活跃的线上社交圈。开心网在国内率先推出“朋友买卖”“争车位”“种菜”等多款热门社交游戏，网站流量一路狂飙。开心网提供的优质产品和服务深受用户的欢迎，先后获得“网民最喜欢的SNS类社区”“2009年度最有价值网站（社交类）”等多项奖励。但就是这匹创造了如此优异业绩的互联网黑马，在流量达到高峰之后，便一路下滑，一年半时间，开心网的每日用户量跌去约70%。曾经盛极一时的互联网黑马，如今慢慢被漂白，被抛弃。之后，开心网调整了团购模式，将旗下的团购产品与客户服务全部移交给团购网站F团，未来只提供第三方平台服务，但业界对此并不认同，其失败原因是运营违背了SNS的精髓和互联网的精神。

史玉柱的两次创业

史玉柱的两次创业是极为典型的创业案例。第一次是创建巨人集团：史玉柱1989年研究生毕业后“下海”，在深圳研究开发M6401桌面中文电脑软件，获得成功。1992年，史玉柱率100多名员工，落户珠海。珠海给了史玉柱的巨人集团很多照顾：高科技企业税收全免，破例审批出国；户口一时转不过来，给新办一个珠海户口。巨人集团一下子发展起来，资产规模很快接近2亿到3亿。但巨人集团电脑还没做扎实，史玉柱又看上了财务软件、酒店管理系统，其他还有服装和化妆品。巨人集团的摊子一下铺到了六七个事业部。1994年史玉柱开始卖楼花，1996年巨人大厦资金告急，史玉柱贷不到款，决定将保健品方面的全部资金调往巨人大厦。保健品业务因资金“抽血”过量，再加上管理不善，迅速盛极而衰，脑黄金卖不动了。1997年年初，巨人大厦未按期完工，国内购楼花者天天上门要求退款。媒体也“地毯式”报道巨人财务危机。得知巨人现金流断了之后，“巨人三个多亿的应收款收不回，全部烂在了外面”。不久，只建至地面三层的巨人大厦停工，巨人集团名存实亡。由于巨人集团的倒下，一文不名的史玉柱个人向朋友借了50万元，带领着十几名忠实的追随者转战江浙、东北，开始二次创业的历程。1998年5月，脑白金问世，首战告捷之后，史玉柱于1999年3月在上海成立了一家新的公司——上海健特生物制品有限责任公司。之后，作为网游玩家的史玉柱在2004年开始做网游，其代理的《征途》网游在公测阶段便已经开始盈利。

【案例思考】

1. 巨人集团失败的原因有哪些？如果是你，如何避免？

2. 史玉柱在做网游前，进行了哪些工作，这对于其成功有什么作用？

3. 根据案例提供的材料，你认为征途网络在创业过程中可能面临哪些风险？应如何防范？

4. 谈谈风险管理的重要性。

能拿投资，还得会管理

Mysee是国内最早进行P2P视频直播技术研发的公司，是集视频直播、点播、互动娱乐、无线等服务于一体的宽带视频娱乐服务平台。

2005年2月，高燃创立Mysee.com，蒋锡培投资100万元人民币。2006年初，Mysee又获得北极光和赛伯乐等机构一共200万美元的投资。公司曾联合各大门户网站、电信运营商为国内外50余次的大型活动进行了网络直播。但Mysee烧钱的速度太快了，几十个人，每个月要烧掉100多万元人民币，光办公室装修就花去100多万元人民币，还要花大量的资金购买视频内容。另外，作为创始人和公司总裁，高燃总是默许媒体夸大事实，融资200万美元变成了融资1 000万美元。8个月时间，200万美元的投资款，消耗殆尽。

思考讨论：

1. Mysee在财务管理上出现哪些问题和失误？

2. 企业应当怎样进行财务管理风险的防范？

张兰痛失餐饮名企俏江南

俏江南是一家知名高端餐饮品牌，曾经承办过北京奥送会和上海世博会的中餐服务。为了在3～5年内开办300～500家俏江南餐厅，2008年俏江南的张兰与鼎晖投资签订了股份回购条款，称如果俏江南无法在2012年底之前上市，鼎晖有权以回购的方式退出俏江南。

俏江南先是计划A股上市：2011年3月向证监会报材料，但到2012年1月上了终止审核名单。无奈之下，2012年4月份赴港申请上市。因为受中央八项规定的影响，所有高档餐饮遇拐点，行情不被看好。虽然俏江南通过了港交所的聆讯，但潜在投资人出的估值非常低，张兰想等行情好的时候再上市，可行情越等越差，最终俏江南没能在2012年实现上市，按照条款，俏江南必须双倍价格购鼎晖的股份。可在当时的经营情况下，企业根本拿不出这么多钱来。鼎晖就启动了“领售权条款”。也就是说，鼎晖可以出售公司股权来变现投资。所以鼎晖就找到欧洲一家最大的私募股权基金CVC，鼎晖转让了10.53%的股份，张兰出售72.17%的股份，一共是82.7%，出售股份的钱要优先保障鼎晖2倍的回报，鼎晖顺利退出了。后来受市场的影响，俏江南不能靠自己的现金流支付银行的款，CVC最终放弃这部分股权。放弃的股权都被银行接管。至此，CVC和张兰都从董事会出局了。

思考讨论：

1. 张兰的风险来自哪里？是内部是外部？

2. 张兰的风险可以如何管控？

柯达的陨落

柯达公司胶卷业务曾经被认为是抢钱的买卖，是跟印美钞一样的暴利生意。柯达彩色胶卷一盒的销售价格是16～22元，而生产成本才几毛钱，分掉研发成本和推广成本后，利润惊人。柯达公司每年依然有数万项技术专利规模，世界上鲜有企业可以与之相比。但恰恰是这样一个技术发明者，它错误判断了“感光胶卷向数码相机”转变的速度，未及时进入数码相机领域。数年之间，人们就不用胶卷了，一个巨大的市场几乎烟消云散了，柯达公司也从天堂掉到了地狱——年亏损达到10亿美元。

柯达公司总裁曾经有过一句非常有名的话：“我左脚踩在创新的油门之上，右脚在传统的刹车之上，我一会儿踩刹车，一会儿踩油门，我也不知道我该怎么办了。”这并不是柯达总裁一人面临的风险与困惑，诺基亚帝国的倒塌也是如此。

郑州亚细亚集团不重视风险管理的教训①

1989年，由中原不动产公司和河南建设银行共同组建的大型零售商场诞生不久，就挑起了一场全国商界瞩目的“郑州商战”。

以不遗余力的形象战和广告战闻名全国——“中原之行哪里去——郑州亚细亚！”成为90年代初认知率极高的广告语。

从1993年到1996年，亚细亚集团以中国百货业前所未有的速度在全国各地建立了20多家连锁店。

1997年，亚细亚总经理王遂舟辞职，河南各地的亚细亚连锁店和全国各地的“仟村百货”连锁店以平均每4个月一家的速度倒闭。

1998年5月，亚细亚五彩购物广场宣告停业。

2000年9月，郑州市中级人民法院裁定其破产还债。

【分析】

亚细亚失败的最大原因在于忽视了风险管理。

原郑州亚细亚集团总经理，对以往的经营失误总结了6条教训，其中4条涉及对风险的认识和把握问题。

“对市场认识不足，对形势认识不足。”“在我们前进的过程中，不但遇到了国内商业同行的压力，而且国外零售业的大举进入也给我们造成很大的冲击，导致我们认为的较先

① 案例资料来源：高寒松，韩复龄. 全面风险管理规范解析及案例分析. 中国时代经济出版社.

进的经营模式一下子被冲得体无完肤。”

“过于自信、乐观、想当然，其结果是骄兵必败。”

“面对零售业艰难的状况，我们应变能力差，整个经营进入死胡同，最后到了山穷水尽的地步。”

“抗风险能力差，一遇事阵脚就乱了。”

从风险管理的角度来看，该公司存在下述问题。

（1）产权关系与组织结构混乱。上市不成功，埋下了一个巨大的资金隐患，形成了产权关系的混乱局面；董事会及职责分配，或处于瘫痪，或形同虚设，总经理成了国王；人事政策，随意用人，任人唯亲。

（2）集团管理层的思想中缺乏风险概念，盲目扩张；没有设置匹配的风险管理机制，因此，抗风险能力极低。

（3）公司的政策程序未得以充分遵守及执行，随意入贷，大额费用的支出和使用缺乏监督。

（4）信息收集几乎不存在，信息成为管理层的话筒。

（5）无全面彻底的审计，内部审计发现的问题不了了之，内部审计人员缺乏监督发言权。

从这个案例中，可汲取的教训有下述几点。

（1）忽视风险管理，盲目学习外企的某些做法，是“亚细亚”倒台的根本原因、应吸取的教训。

（2）应该重视经营者的品行、操守、价值观。

（3）加强董事会的职能。

（4）理清企业的产权关系及组织结构，避免资金隐患。

（5）应该健全企业的人事政策，提高员工素质。

（6）建立一个良好的信息与沟通系统，提高内部控制和效率。

（7）建立健全企业的政策和程序并监督其实施。

（8）确保企业内部审计职责的独立性和地位，充分发挥内部审计的监督功能。

【创业实训】

1. 分析政府为什么限制某家企业的新产品销售。

某家养殖类高新技术企业培育了转基因的鱼苗，但向当地政府“报喜”后，政府却下发红头文件，限制这种鱼今后达到食用重量后在市场销售。试分析，政府为什么要做出这一限制？这家企业面对这种情况应该怎么办？

2. 分析系统风险与非系统风险二者的差异。

国家法律及政府政策规制的不确定性带来的风险属于系统风险，创业团队溃散的不确定性带来的风险属于非系统风险。引导学生分析讨论，创业者没有预期到的政府某项致策急剧变化之后，创业者可能持有的态度；以及为防范创业团队溃散，创业者可能持有的态度。

3. 请针对团队的创业机会分析可能面临的风险。1～2 组分享。

第四节　商业模式开发

【创业语录】

阿里巴巴集团在英国很有名，它正在以独特的商业模式改变全世界做生意的方式。

——托尼·布莱尔（英国前有相）

今天的商场上已经没有什么秘密了，秘密不是你的核心竞争力，团队和商业模式才是你的核心竞争力。最优秀的商业模式往往是最简单的商业模式、最容易与其他商业形成差别且易于实施的商业模式。　——马云（阿里巴巴集团创始人）

都说创业投资经理最看重的是团队，其实，我们既看创业团队，又看商业模式。多数情况下，我们更看重商业模式。一个看似优秀的团队，如果没有独特的商业模式，其实这个团队的优秀程度已经很值得怀疑了。　——吴永刚（中国台湾创业投资经理人）

今天企业的竞争已不是产品的竞争，而是商业模式的竞争。　——彼得·德鲁克

【案例导入】

“滴滴出行”的商业模式

“滴滴出行”APP改变了传统打车方式，其独特的商业模式，让每一个用户只需要点击一下手机就能够找到一辆出租车，车辆会在最短的时间内到达用户的所在地点，并且将用户送至他们想去的任何地方。

传统出租汽车公司所存在的问题：早前的时候，人们要想打车，就必须站在街上，而且还要做到“眼快手快腿快”，即发现空车、马上招手，然后尽快上车，免得被其他人“捷足先登”。这种打车的方式给所有人造成了不方便，例如长时间等待，而且很多出租车还存在车费过高的问题，这种问题困扰着每一个有打车需求的人。究其根本，就是出租车数量过少，而且出租车公司定价过高。出租车的定价高，且缺少监管和控制，但是人们又没有其他的选择。除此之外，还有另一个问题更加让人难以忍受，那就是在一些高峰时间段，例如上下班时段，在马路上找到空车基本就是一件不可能的事情。

滴滴成立于2012年，仅仅6年，估值已达800亿美元（约合人民币5 040亿元）。根据滴滴出行公布的2017数据，2017年全年平台为全国400多个城市的4.5亿用户，提供了超过74.3亿次的移动出行服务，已然成为全球最大科技“独角兽”企业之一。滴滴打车的诞生更是改变了传统打车市场格局，颠覆了路边拦车概念，利用移动互联网特点，将线上与线下相融合，从打车初始阶段到下车使用线上支付车费，画出一个乘客与司机紧密相连的O2O闭环，最大限度优化乘客打车体验，改变传统出租司机等客方式，让司机师傅根据乘客目的地按意愿“接单”，节约司机与乘客沟通成本，降低空驶率，最大化节省司乘双方资源与时间。

价值闭环：

从价值闭环上来看，滴滴目标用户主要是普通乘客、企业和司机三大类人群，通过一

键叫车、价格提前预估、安全中心、多元化出行矩阵等方案解决普通乘客打车不方便、价格不透明、安全存隐患、缺少优质服务等核心痛点；针对于企业则是通过用车规范制度解决企业出行报销监管困难，减少员工不合规打车，私用公报的情况；针对于司机人群，提供分期服务、大数据订单调配，解决司机、准司机缺钱买车，获客难等痛点。传播方式上从一开始的补贴大战，逐渐过渡到企业品牌的塑造，多以情感式内容营销为主，再加上日常用户转发红包等方式，激活和召回用户。在用户关系维系上，滴滴会员积分和优惠券起到很关键的作用，企业资金的充值和滴滴司机押金也会起到维系和制约的作用，这也是滴滴长久运营上的考虑。

资源闭环：

公司资源闭环一侧则背靠 BAT 等投资机构，在充足资金的支持下，联合各金融公司、出行企业等打造生态圈，数据上显示全国 1.4 亿网约车用户中有 1.2 亿用户是滴滴的，足以感受到滴滴行业上的独角兽地位，同时，在技术壁垒上滴滴也深入研究，公司内 7 000 员工中有一半是技术人员，算法大数据等已是其核心竞争。

财务闭环：

到目前为止，滴滴已初步完成了自身出行生态的构建，收入类型上主要是服务订单收取的提出、广告收入、第三方服务抽成、投资收益等；成本类型上主要是人力资源成本、平台研发成本、运营成本、推广成本，以及补贴和优惠成本等。

【案例思考】

1. 从以上的描述中，你理解的商业模式是什么？
2. 从这个案例中你还得到哪些启示？

【理论阐释】

一、商业模式的内涵和结构

（一）商业模式的内涵

在大众创业、万众创新的浪潮中，千千万万的创客们前赴后继地投入进来，然而成功者依然是少数。到底是什么因素决定了创业的成败？富有经验和眼光独到的投资者们说，他们最看重的因素有两个，一个是人（创业者及其团队），一个是商业模式。在各种创业大赛中，评委们关心的核心问题往往也是商业模式。2014 年北大全球金融论坛上，软银亚洲投资基金首席合伙人、软银亚洲信息基础投资基金总裁阎炎说，好的企业的评判标准，应该包括商业模式的可扩充性和清晰的盈利模式。前时代华纳 CEO 迈克尔·邓恩认为，“在经营企业过程当中，商业模式比高技术更重要，因为前者是企业能够立足的先决条件。”巴黎商学院关于企业经营的黄金法则：“经商最重要的不是资金，不是人才，而是模式。”

资料显示，当今中国创业企业的失败，23%是因为战略失败，28%是执行出现问题，而高达 49%是没有找到适合自己的持续盈利的商业模式。2000 年左右，互联网行业遭遇到前所未有的寒冬，网易、搜狐、新浪等网络明星企业遭受重创。但是，他们迅速调整了商业模式，网易暂时放弃新闻，主攻短信和网络游戏；搜狐转走广告和网游结合之路，才逐渐从低迷中走出，保持了一种真实的繁荣。腾讯当年在推出QQ后，迅速占领了市场，但由于通信软件都是免费的，无法找到盈利切入点。后来马化腾及时调整了思路，建立高级会员制，为那些愿意付费的VIP会员提供更多的功能。这个调整使得腾讯既保留了原有的免费客户，更借机为自己的收入创造了一个可观的契机，这是商业模式之功劳。市场千变万化，竞争激烈万分，失败的企业有各种原因，成功的企业一定离不开经得起市场和时间检验、及时调整和升级的适合自己的商业模式。

商业模式以价值创造为核心，描述了企业如何创造价值、传递价值和获取价值的基本原理。商业模式就是一个企业如何赚钱的故事，商业模式是创业者开发有效创意的重要环节，是新企业盈利的核心逻辑。新企业只有开发出有效的商业模式，才会激发足够多的顾客、供应商等参与合作，创建成功的新企业才更具有可行性。

（二）商业模式的内在结构

Viscio（1996）认为，商业模式是由核心业务、管制、业务单位、服务、连接五者构成的。

Timmers（1998）认为，商业模式是由产品/服务、信息流结构、参与主体利益，收入来源四者及其联系构成的。

Markides（1999）认为，商业模式是由产品、顾客关系、基础设施管理、财务四者及其联系构成的。

Donath（1999）认为，商业模式是由顾客理解、市场战术、公司管理、内部网络化能力、外部网络化能力四者及其联系构成的。

Hamel（2001）认为，商业模式是由核心战略、战略资源、价值网、顾客界面四者及其联系构成的。

Chesbrough（2000）认为，商业模式是由价值主张、目标市场、内部价值链结构、成本结构和利润模式、价值网络、竞争战略六者及其联系构成的。

Gordijn（2001）认为，商业模式是由参与主体、价值目标、价值端口、价值创造、价值界面、价值交换、目标顾客七者及其联系构成的。

Linder（2001）认为，商业模式是由定价模式、收入模式、渠道模式、商业流程模式、基于互联网的商业关系、组织形式、价值主张七者及其联系构成的。

Petrovic（2001）认为，商业模式是由价值模式、资源模式、生产模式、顾客关系模式、收入模式、资产模式、市场模式七者及其联系构成的。

Afuah等人（2001）认为商业模式是由顾客价值、范围、价格、收入、相关行为、实施能力、持续力七者及其联系构成的。

Weill（2001）认为，商业模式是由战略目标、价值主张、收入来源、成功因素、渠道、核心能力、目标顾客、IT技术设施八者及其联系构成的。

Osterwalder（2005）认为商业模式是由价值主张、目标顾客、分销渠道、顾客关系、价值结构、核心能力、伙伴网络、成本结构、收入模式九者及其联系构成的。

商业模式最为基本的是由四个要素及其联系构成的：一是价值体现，即企业拟为客户创造并传递的价值；二是价值创造方式；三是价值传递方式；四是企业的盈利方式。其中，价值体现是基础，价值创造和传递方式是过程性手段，盈利方式是创业得以生存的根本。新创企业如果不能发现客户所需要的价值，那就不能为客户创造出他们所需要的价值。价值创造和传递方式，是新创企业将自己的价值构想变为现实，并为客户传递价值的"过程性手段"。在为客户创造并传递价值的同时，新创企业也不能忘记"自己的盈利方式是什么"，否则，新创企业很可能难以实现正的现金流。至于不少同行提到的其他要素，不过是这四个要素的次一级、次二级要素。同时需要注意的是，要素之间的不同联系方式及具体特点不同，相同要素构成的也会是不同的商业模式。

商业模式的构成要素之间的关系如图 3－2 所示。

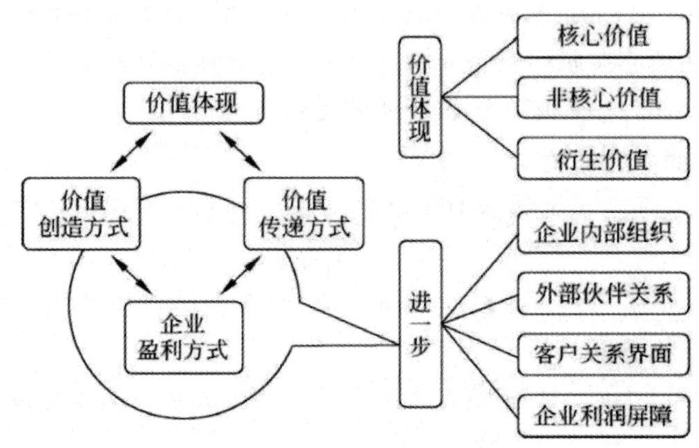

图 3－2　商业模式的构成要素

二、商业模式开发的特点

（1）商业模式设计的目的是把做不成的事变为可以做成的事。创业本身就是要将他人或自己此前做不成的商业，转变为自己可以做成的商业，这首先要靠商业模式的设计来实现。商业模式设计是创业机会开发的重要环节。

（2）理想的商业模式设计至少有两个特征。短期地看，理想的商业模式应有助于新创企业尽快实现"正的现金流"；长期地看，理想的商业模式应有助于新创企业用尽可能少的资源做成尽可能大的商业，从而使整个创业活动为创业者带来"最大化的利润"。不过，短期内能使新创企业实现正的现金流的商业模式，并不一定就是未来能使新创企业利润最大化的商业模式，这主要是因为利润最大化的实现是由更多因素决定的。这一点创业者一定要充分予以重视。

（3）商业模式设计是一个反复试错、修正的过程。对创业者而言，针对特定的创业活动，要设计出理想的商业模式，并不能一蹴而就，而是需要反复试错和修正。首先需要分别设计每个要素；其次需要使四种要素处于相互协调匹配的状态。只有当四个要素分别是可行的，且四者达到协调匹配状态时，这样的商业模式才可能是较为理想的商业模式。

（4）商业模式开发是企业战略设计的基础。创业不但要有理想的商业模式，还要有持续努力的总体战略。商业模式决定创业的启动与实施，战略则决定创业的持续，决定新创企业未来的可持续成长。就二者的关系而言，商业模式通常先于战略，是战略生成的基础，战略则是在商业模式基础上新创企业对于自己长期拟走道路的选择。因此，创业者要为新创企业设计理性的战略，首先需要开发、设计理想的商业模式。否则，所设计的战略即成为无根之树，自然难以具体实施。

三、设计商业模式的思路和方法

如何为具有可行性的技术创意设计一套既切实可行，又具有独特竞争优势的商业模式，是所有创业者在创建企业前都必须做的一项工作。因此，在对商业模式的内涵具有一定了解的基础上，我们有必要学习如何具体去设计它。瑞士的亚历山大·奥斯特瓦德和比利时的伊夫·皮尼厄写了一本名叫《商业模式新生代》的书，将商业模式的设计变成了简洁易懂的可视化版式，以绘图形式将其比喻成了一个个商业模式画布，要求创业者在设计商业模式时，要将画布中的每一个部分厘清，同时还举了很多例子来讲解商业模式设计的过程。其设计的商业模式画布有 4 个方面和 9 个构造块，如图 3 - 3 所示。

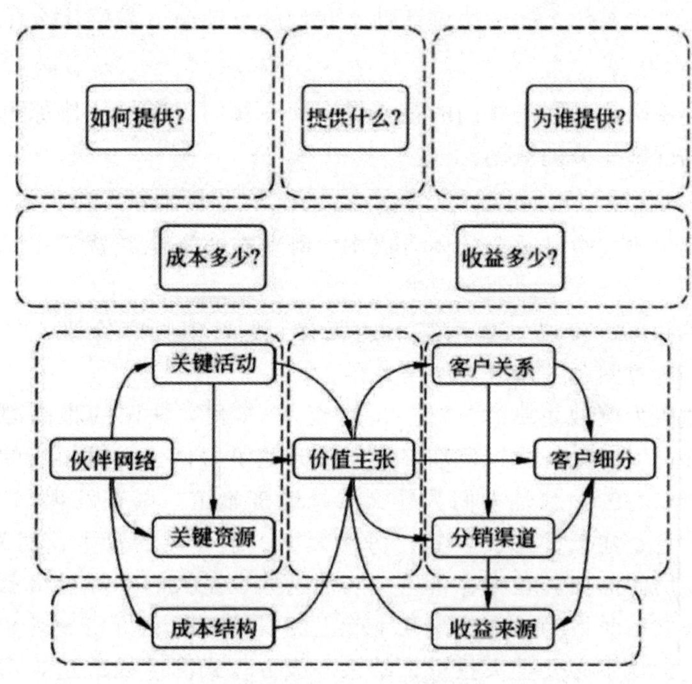

图 3 - 3　商业模式画布

设计商业模式时要考虑的四个方面：客户、提供的产品和服务、基础设施和财务。

商业模式的 9 个构造块分别包括以下内容。

构造块 1：客户细分

我们正在为谁创造价值？谁是我们最重要的客户？

构造块 2：价值主张

我们该向客户传递什么样的价值？我们正在帮助客户解决哪一类难题？我们正在满足哪些客户需求？我们正在提供给客户细分群体哪些系列的产品和服务？

构造块 3：分销渠道

通过哪些渠道可以接触客户的细分群体？如何接触他们？如何整合渠道？哪些渠道最

有效？哪些渠道成本效益最好？如何把我们的渠道与客户的例行程序进行整合？

构造块 4：客户关系

哪些关系已经建立了？这些关系成本如何？如何把它们与商业模式的其余部分进行整合？

构造块 5：收益来源

什么样的价值能让客户愿意付费？他们现在付费买什么？他们是如何支付费用的？他们更愿意如何支付费用？每个收入来源占总收益的比例是多少？

构造块 6：关键资源

我们的价值主张需要什么样的关键资源？我们的分销渠道需要什么样的关键资源？

构造块 7：关键活动

我们的价值主张需要什么样的关键活动？我们的分销渠道需要什么样的关键活动？

构造块 8：合作伙伴

谁是我们的重要伙伴？谁是我们的重要供应商？我们正在从伙伴那里获得哪些核心资源？合作伙伴都执行哪些关键活动？

构造块 9：成本结构

什么是我们商业模式中最重要的固有成本？哪些核心资源花费最多？哪些关键业务花费最多？

设计商业模式并不一定必须要回答上述所有问题，但顾客价值、分销渠道、顾客关系、收入及成本结构等问题一般是需要考虑的。

下面以快捷酒店为例做简单的分析。20 世纪 90 年代，法国的雅高酒店集团旗下有一级方程式酒店品牌，属于经济旅馆范畴。为了提升竞争力，公司对酒店的经营做了认真调查研究，其中一个核心的问题是人们为什么选择经济旅馆？调查发现，主要有 10 个方面的因素，分别是饮食、建筑美感、大堂、房间大小、服务员的水平、房间设备和舒适度、床的质量、卫生、房间的安静程度、价格。当然这些也是人们选择星级酒店所考虑的主要因素，但选择经济旅馆时最为关心的是几个晚上的安静睡眠和价格。既然如此，其他因素就没那么重要，自然也不必要加大投资，结果一级方程式酒店被改造，房间变小了，服务员减少了，取消了大堂，代之以简单便捷的接待，不提供早餐了，房间的床变大了，床垫变得舒适了……顾客不关心的地方减，顾客关心的地方增，结果是成本降低了，顾客用接近一星的价格享受到了超过二星的服务，生意很快红火起来。这样的改变不仅改变了一级方程式酒店，更改变了人们长期以来对酒店的固定认识，快捷酒店这种经营模式很快兴起。近年来，快捷酒店快速向连锁方向发展，集中采购，分展自我品牌，不断降低成本，提高质量。

【课堂活动】

1. 试评价联想集团前后两种商业模式的有效性

联想集团创立初期的商业模式是“技—工—贸”，即自己研发技术，生产自有技术产品，销售自有技术产品。但此种模式下，联想集团生存艰难。后来，联想集团将商业模式调整为“贸—工—技”，即先代理或销售国外产品做贸易；待对国外PC及相关产品熟悉之后，再做产品组装；待对相关产品技术熟悉之后，再开发具有自主知识产权的技术和产品。

试对联想集团前后两种商业模式进行“客户价值实现的程度、客户价值实现的可靠性、客户价值实现的效率”的评价。

2. 试分析阿里巴巴集团“双11购物节”的商业模式构成要素。

【本节要点回顾】

1. 商业模式以价值创造为核心，描述了企业如何创造价值、传递价值和获取价值的基本原理。商业模式就是一个企业如何赚钱的故事，商业模式是创业者开发有效创意的重要环节，是新企业盈利的核心逻辑。

2. 商业模式最为基本的是由四个要素及其联系构成的：一是价值体现，即企业拟为客户创造并传递的价值；二是价值创造方式；三是价值传递方式；四是企业的盈利方式。

【延伸阅读】

微软公司是如何打败苹果公司的

长期以来，微软公司与苹果公司各自开发的操作系统互不兼容，自成一体。早在20世起80年代末，苹果公司最早把图形用户界面操作系统应用到个人电脑，并在这种新颖、直观的操作系统技术上领先于其他对手。苹果公司的图形化操作系统依靠其时尚的外形、出众的操作体验，引领了当时相关领域技术发展的潮流。

然而，一段时间内，苹果公司作为一个技术领先者，拥有竞争对手所不具备的“好技术”，但却没有赢得市场，苹果公司在个人电脑操作系统市场中败给了多年后才步苹果公司后尘推出图形化操作系统的微软公司。当微软公司在1995年推出成熟的图形化的视窗系统——“Windows 95”之后，在短短两年间，全世界将近90%的个人计算机都装上了微软公司的视窗系统，而苹果电脑的技术优势却逐渐消失殆尽。

除了技术之外，微软公司的成功在很大程度上得益于其非凡的商业模式创新。当时微软公司开创了极具创新性的商业模式——“OEM”销售模式，即微软公司不是面向最终个人用户，而是事先向微机厂商销售预装视窗操作系统许可。微机厂商卖出多少台微机，就为微软公司卖出了多少份操作系统。微软公司只要把握最主要的几十家微机厂商，就几乎拉制了整个微机操作系统市场。之后，微软公司的拳头产品Windows 98/NT/2000/XP/Server 2003等一次又一次地成功占领了从PC到商用工作站甚至服务器的广阔市场，为微软公司带来了丰厚的利润，创造了神话般的“微软帝国”。在IT软件行业流传着一句话：“永远不要去做微软公司想做的事情。”

无疑，现在微软公司已在个人电脑软件王国建立了遥遥领先的技术优势，但除了其技术之外，我们还不得不思考其成功的商业模式。沃伦·巴菲特曾这样评论比尔·盖茨：“如果他卖的不是软件而是汉堡，他也会成为世界汉堡大王。”可见，商业模式创新对于像微软这样的技术型公司来说，其重要性一点儿不亚于技术上的创新。

（资料来源：雷家骕．技术创新管理［M］．北京：机械工业出版社，2011.）

小米、华为与联想，背后隐含的三种商业模式

联想是经典的经营管理派。这一派的基本逻辑是做同样的东西时，通过管理优化，我就是比你做得快、做得好，成本做得低。对于产业中的后发者，往往需要借助这类手法对现有体系中的引领者进行超越。这在很多传统的产品中，比如复印机、相机、PC 已经得到了体现。联想在 PC 中通过这样的方式最终成了市场的老大。

华为是技术派。这一派的基本逻辑是，我就是要技术领先，做出你做不出来的东西，最终通过这个产生产品差异，拉开和对手的距离，所以华为有自己的芯片。

小米是平台派。这一派的基本逻辑是，手机不再是单纯的娱乐与通信中心，还是整个生活的中心。这样一来，就可以使空气净化器、盒子、电视、路由器等纷纷上阵，每上阵一个都等于给手机增加了一份附加值。

华为和联想的商业模式比较传统，它需要依赖于硬件来赚钱，小米的模式则和互联网公司比较类似，入口可以不赚钱，如果生态起来了，入口也就是手机甚至还可以免费。

《中国好声音》的商业模式创新

商业模式创新一：舍弃恶俗，回归好声音

《中国好声音》不以貌取人，只用声音打动人，而明星导师们选取学员的标准也一律以“好声音”为评判。抵制了国内的选秀节目以“恶俗、毒舌、冷酷、拜金、富二代、造假”等吸引观众眼球节目形式，它显得更贴近生活、朴实无华的感动。中国整个流行乐陷入低迷，新生代好歌手好作品匮乏，急需注入一股振奋人心的力量，越想振奋人心，越需要正本清源。

《中国好声音》就是在打开正本清源，回归好声音的一扇窗户……

商业模式创新二：创造性的制播分离

《中国好声音》是中国电视历史上真正意义的首次制播分离。中国到目前为止卫视的“制播分离”划分了三种模式。

第一种模式是电视台的劳务输出。电视台把一部分工作交给电视台以外的人来做，但是总的控制权在电视台，有时还会下派导演负责。它只是把一些纯粹劳务，包括剪辑师、编导等基层工作请外人完成，但核心技术和节目内容都是电视台掌控的。

第二种模式是电视台负责审查、付费和播出，制作公司全职生产，是目前的主流。由某制作公司负责创意、理念、制作，独立完成一档节目。制作公司先拿出一个样片，交由电视台的审片委员会审查，他们会预估这个节目的收视率和广告吸附力，再考虑是否购买。

第三种模式是《中国好声音》创新的一种新颖的制播分离模式。《中国好声音》在商业模式创新中就体现了在制播的分离与分成方面。制作方和电视台共同投入，共担风险，共享利润。根据报道，制作方和电视台之间有一道线的约定，低于这道线，制作方赔偿，高于这道线，二者分红。制作方为了更高的收视率，必须提高节目的品质，必须请到非常专业的明星、制作人员。这种制播分离的模式，制作成本上不会吝啬，而是想办法把节目质量做高。

商业模式创新三：导师们当股东，享受分红

《中国好声音》那英、刘欢、庾澄庆、杨坤四位导师的收入模式是技术入股，彩铃分红。它不同于以往请嘉宾过来按场报价，来一场算一场的劳务报酬模式。而是把整个导师团队跟节目后期的市场开发捆绑在一起，导师在节目当中的参与和投入作为投资。制作方与中国移动有很好的合作，尝试把音乐类的后期开发，把所有学员的现场演唱制作成彩铃，提供给全国的手机用户来下载。学员们的收入也将来自彩铃下载，学员通过彩铃下载得到认可之后，还可以从中分红，形成良性循环，共赢互利。

商业模式创新四：广告、付费下载、产业链深挖

《中国好声音》开播的前三期节目收视率分别为超过1.5%，2.8%，3.093%。据保守统计，浙江卫视十场《中国好声音》的软、硬广告收益约在2.508 8亿到2.708 8亿人民币之间。

制作方和电视台除了传统的广告收入分成、向视频网站征收的版权费之外，还把目光投向了整个音乐产业链。制作方把选手签约这一环以及签约后的商业演出等项目也收归自己所有。加上一系列为选手定制的商业演出、活动（国内大型连锁酒吧的定期室内演唱会，国内、国际商业演出，音乐剧以及中国移动付费彩铃下载），不仅延长了选秀选手的生命力，也建立了《中国好声音》的持续赢利能力。

结论：在竞争高度激烈的市场下，唯有进行商业模式创新与重构才能在一片红海里坚壁清野，乘风破浪！

【创业实训】

请针对团队的创业机会设计可行的商业模式。1～2组分享。

第四章

创业资源

【本章学习目标】

1. 了解创业过程中的资源需求和资源获取途径，特别是创造性整合资源的途径。
2. 认识创业资金筹募渠道和风险。
3. 掌握创业资源管理的技巧和策略。

【创业语录】

“企业只有一项真正的资源人。营造和谐的氛围，让员工保持快乐，提升员工的幸福指数，是新思想管理当中重要的衡量因素，这直接影响着工作效率和企业的持续发展。”

——现代管理大师彼得·德鲁克

没有什么忌讳的，你们公司的核心竞争力就是你和你的团队，不要有什么难为情，别人问我最早阿里的竞争力是什么，我说别人可以拷贝我的模式，但是不能拷贝我的苦难，不能拷贝我不断往前的激情，这才是竞争力，这就是资源。

——马云（阿里巴巴集团创始人）

小胜凭智，大胜靠德。 ——牛根生（蒙牛乳业集团创始人）

第一节　创业资源概述

【案例导入】

案例一

李建波——儒商行课程研发者、博仁良知人文机构董事长、致良知教育研究院创办人、山东省儒商经济文化促进中心培训部主任、中国儒商文化研究会理事、山东培训基地首席导师（见图 4－1）。

他践行与传承中国传统文化的精华阳明心学并完美结合生活践行的体验，用最通俗的语言让学员领悟最深奥的哲理，用最简单的方法支持学员有效实现目标，从而令学员内在心无挂碍，外在心想事成。

图 4-1 博仁良知人文机构董事长
李建波

他从事领导力，阳明心学、儒商行的教育工作 15 年，一直秉承笃定做印证，无我去付出的理念，致力于提升个人和企业的价值与幸福指数，支持企业家成为新时代的儒商，用心将圣贤文化带给全世界。带着创造自省、利他、致良知的积极生态圈，为中华民族伟大复兴努力奋斗的使命坚定前行。

2007 年他创办素质教育公益品牌“爱在成长中”累计举办中学版、大学版公益课程 40 场，直接间接累计受益人数几万人。

2012 年他成立致良知教育研究院，致力于让身边多一位致良知的中国人！成为每个中国人提升心灵品质的家园。至今阳明心学公益课程累计线上线下学员超过 5 000 多人，在线学习人数近 1 500 人，每月的线下学习都有 200 人以上参加。通过学习阳明心学，启动内心良知；提升心灵品质，经营圆满人生；开启致良知的伟大力量！为中华民族伟大复兴的中国梦努力奋斗。

2013 年研发的培养儒商的系统课程“儒商行”是博仁老师十年一剑的成果结晶，现已举办 78 期。培养了一大批自省、利他、致良知的企业家榜样。他们是自律担当、诚信利他、知行合一的印证者，儒商行毕业的企业家已成为社会上的一股清澈的正能量。

2014 年创立“致良知儒商行公益论坛”现已举办十八届，每届参加人数约 500 人，受益人数近一万人。爱与良知的种子还在不断播撒。他热心公益，2014 年捐款 100 多万在滨州惠民和临沂援建两所博仁希望小学，并持续援建博仁书屋，捐助体育器材，为教育事业贡献着自己的力量。

2017 年 9 月 2 日，山东省慈善总会、博仁良知人文机构，致良知教育研究院，在 100 多位儒商行心学班同学的见证下，“山东省慈善总会·致良知慈善基金”正式成立。博仁良知人文机构捐赠创始基金 10 万元，同时积极倡导儒商行同学、内部员工、合作伙伴等向本基金定向捐赠。致良知慈善基金以“关爱孤老及留守儿童；救助危难；环境保护；社区服务；良知教育”为重点开展公益慈善活动。

案例二

“习近平两会上点赞过的追梦人”“党的阳光，照亮了妇女的就业创业之路”
——山东济南阳光大姐服务有限责任公司董事长、总经理卓长立

“我们都在努力奔跑，我们都是追梦人。”2019 年全国两会即将开幕之际，人民网聚焦习近平总书记十八大以来在全国两会上点赞过的代表委员，展现他们履职中的新作为和工作生活中的新变化，书写新时代广大干部群众团结一心、奔跑逐梦的精气神儿，彰显追梦与奋斗的时代新气象。

春节刚过，济南阳光大姐服务有限责任公司又恢复了往日的热闹：一楼大厅，总服务台的工作人员热情地招待着从各地前来咨询的姐妹们，为她们讲解节后招工用工行情。

还是那身橙红色工装，还是一头干练的齐耳短发，安排好手头的要紧事儿，阳光大姐“掌门人”卓长立笑盈盈地走到记者跟前。

“习总书记走进来的时候，我激动得心都快跳出来了，恨不能把自己的心声一股脑地讲给总书记听。”回忆当时的场景，卓长立依然难掩内心的欣喜和激动（见图4-2）。

图4-2　2018年3月8日，习近平总书记参加十三届全国人大一次会议山东代表团的审议与卓长立亲切握手

2018年3月8日，习近平参加十三届全国人大一次会议山东代表团的审议。卓长立在发言中讲到自己带领的“阳光大姐”家政服务团队健康发展，家政服务员的腰包越来越鼓，越来越自信。总书记听了很高兴。他表示，在我国目前发展阶段，家政业像“阳光大姐”这个名字一样是朝阳产业，既满足了农村进城务工人员的就业需求，也满足了城市家庭育儿养老的现实需求，要把这个互利共赢的工作做实做好，办成爱心工程。

如今，2019年全国两会即将开幕，卓长立准备就推动家政诚信平台的落地应用整理意见建议，并计划长期在员工中开展“雷锋伴我行，阳光进万家”活动，借此引领全行业深入践行社会主义核心价值观，推动家政服务行业高质量发展。

“党的阳光，照亮了妇女的就业创业之路”从第一眼见到卓长立，她一直面带笑容。这让记者很难想象面前的“阳光大姐”，曾经历过下岗之痛以及两次艰辛创业。

1992年下岗后，卓长立承包宾馆开始首次创业；2003年，凭着敏锐的嗅觉，她领衔“阳光大姐”开启了二次创业，这一干，就是16年。

卓长立创业整合资源，创业初期，卓长立坚信就算没有任何资源依然可以做大事情，没有资源可以创造资源，就像工厂生产一样，没有品牌可以先借助别人的品牌，没有工厂可以先借助别人的工厂。卓长立本着这种对资源的坚定信念，经历了16年的艰苦奋斗，卓长立带领“阳光大姐”班子和全体工作人员，坚持“责任+爱心”的服务理念，不断解放思想、开拓创新、科学管理、促进社会和谐发展。“阳光大姐”先后培训下岗失业人员3.8万人，安置就业17万人次，为8.3万户家庭、35万人依次提供了家政服务，为服务员创造收入近8 000万元。

图4-3　卓长立向家政行业姐妹讲解国家对家政服务的政策资源

为提升服务质量，卓长立格外注重员工培训，开展“保姆变人才”工程，创新方法，增强姐妹们的学习兴趣（见图4-3）。

由于学员大多来自农村，为让她们安心学习，卓长立给外地的安排住宿，住在济南郊区的学员她每天开车接送，风雨无阻。四五十里路，卓长立与姐妹聊家常、讲理念，建立了深厚情谊。

过去一年，公司加强了培训，每天都开课，并且都是免费的。2018 年，阳光大姐共培训了 2.67 万人，安置就业 22 万人次，服务家庭 20 万户，占济南市场的 70%。

不仅如此，"阳光大姐"还建立起包含社会信用和职业信用两个维度的家政服务员诚信档案，开发出包括用户、家政服务员、家政机构、政府部门四方面在内的济南市家庭服务诚信管理平台。

经过多年打拼，如今的卓长立对家政服务业有了越来越清晰的认识。在她看来，家政行业不仅是巨大的消费市场，也是服务行业的就业"洼地"。这其中，家政服务业可以充分发挥桥梁纽带作用，在满足人民群众对美好生活追求方面，应该有更大的发挥空间。

采访结束，卓长立送记者出门。走过大厅服务台，卓长立指着"阳光大姐"的商标幸福地说："党的阳光，照亮了妇女的就业创业之路。我们就好像一棵小树苗，在党的呵护下，终于长成了一棵树、一片树林。追梦路上，我们愿竭尽所能为姐妹们遮风挡雨。"

【案例思考】

结合案例一与案例二，引起了你怎样的思考呢？致良知教育研究院创办人李建波与"阳光大姐"卓长立创业成功的关键资源是什么，为什么？

【理论阐释】

一、创业资源的内涵与种类

（一）创业资源的内涵

资源就是任何主体在向社会提供产品或服务的过程中，所拥有或所能支配的有助于实现自己目标的各种要素以及要素的组合。创业资源是企业创立以及成长过程中所需要的各种生产要素和支撑条件，是新创企业在创造价值过程中所需要的特定资产，包括有形资源与无形资源。

（二）创业资源的种类

根据资源基础理论，常用的创业资源有如下分类。

1. 创业资源按性质分类

创业资源按性质可以分为人力资源、财务资源、物质资源、技术资源和组织资源五种。

人力资源不仅包括创业者及创业团队的知识、训练和经验等，也包括团队成员的专业智慧、判断力、视野和愿景，甚至创业者本身的人际关系。

财务资源主要是指货币资源。

物质资源是创业和企业经营所需要的有形资源，如建筑物、设施、机器和办公设备、原材料等。一些自然资源如矿山、森林等有时也会成为新创企业的物质资源。

技术资源包括关键技术、制造流程、作业系统、专用生产设备等。通常，技术资源包含三个层次：一是根据自然科学和生产实践经验而发展成的各种工艺流程、加工方法、劳动技能和诀窍等；二是将这些流程、方法、技能和诀窍等付诸实施的相应的生产工具和其他物资设备；三是适应现代劳动分工和生产规模等要求的对生产系统中所有资源进行有效组织和管理的知识、经验和方法。

组织资源一般指企业的正式管理系统，包括企业的组织结构、作业流程、工作规范、信息沟通、决策体系、质量系统以及正式或非正式的计划活动等，有时候组织资源也可以表现为个人的技能或能力。

2. 创业资源按存在形态分类

创业资源按其存在的形态可以分为有形资源和无形资源。

有形资源是具有物质形态的、价值可用货币度量的资源，如组织赖以存在的自然资源以及建筑物、机器设备、原材料、产品、资金等。

无形资源是具有非物质形态的、价值难以用货币精确度量的资源，如信息资源、关系资源、权力资源以及企业的信誉、形象等。无形资源往往是撬动有形资源，使有形资源更好发挥作用的重要手段。

3. 创业资源按参与程度分类

按照资源要素对创业过程的参与程度，创业资源可以分为直接资源和间接资源。

直接资源是直接参与企业战略规划的资源要素，如财务资源、管理资源、市场资源、人才资源、科技资源等。

间接资源是不直接参与创业战略制定和执行的资源，如政策资源、信息资源等，他们对于创业的影响更多是提供便利和支持，对于创业战略的规划起一种间接作用。

4. 创业资源按重要性分类

创业资源按照其对企业核心竞争力影响的重要性，分为核心资源与非核心资源。

核心资源主要包括技术和人力资源。这些资源涉及新创企业有别于其他企业的核心竞争力，是创业机会识别、筛选和运用三大阶段的主线。非核心资源主要包括资金、场地和环境资源。这些资源是新创企业成功创办和持续经营的基本资源。

5. 创业资源按来源分类

创业资源按来源可分为内部资源和外部资源。

内部资源是创业者或创业团队自身所拥有的可用于创业的资源；外部资源来自外部机会的发现，是创业者从外部获取的各种资源。内部资源的拥有状况（特别是技术和人力资源）会影响外部资源的获得和运用。

（三）战略性资源

战略性资源是能够建立竞争优势的资源，是与普通资源相对应的资源。资源基础理论认为企业拥有并且利用具备以下特征的资源和能力时，企业就可以建立持久的竞争优势。

1. 稀缺性

资源的稀缺性是在供求不平衡的状态下产生的，供应不足就意味稀缺。如果一种资源不能被竞争对手广泛获取，那它就是稀缺资源。如我国由于近些年经济持续较快增长，对能源和原材料资源产生了巨大的市场需求，使得原材料和能源变得稀缺。创业中可以被视作稀缺的资源主要有有优势的地段，被看作卓越领导者的管理人员，以及对独特物质资源的控制。实际上，某些行业的准入资格往往也属于稀缺性资源。

2. 价值性

从管理学的角度讲，当某种资源能够帮助新创企业提高其战略实施效果和效率时，它就是有价值的。在新创企业运作过程中，有价值的资源具有非常重要的作用，有助于创业者更好利用环境中的机遇，使环境中的威胁最小化。战略资源“有价值”的特点意在提示创业者要注重挖掘资源价值，从价值创造的角度分析资源，而不是一味地追求资源占用的数量。有价值的资源和能力包括财产、装备、人员以及诸如营销、融资和会计上的独特技能等，由于这些资源的普遍存在性，因此，战略性资源要有价值，还需要同时具备其他某些特点。

3. 不可替代性

如果某种资源不能被其他资源所替代，即不能以类似方式或不同的方式进行替代，则该资源具有不可替代性。由于大多数资源之间都具有相互替代的关系，如计算机信息系统对管理者工作的替代，机器设备对一般劳动者劳动的替代等，因此，拥有不可替代的资源对新创企业持久竞争力的形成和保持具有非常重要的意义。

4. 难以复制性

有些稀缺资源在某些价位上可能会变得不再稀缺，或者由于价位过高会使该资源的优势消耗殆尽。如果某种资源难以模仿，或者竞争者需要付出极大代价才能复制，则这种资源便具有难以复制的特性。多林格（Dollinger）认为，由于新创企业都是在独特的历史条件下创办的，创业者的能力和其创业背景、个人特质紧密相关，因此，伴随组织诞生的那些初始资源就具有一定的独特性而难以复制；由于企业运用资源的能力和企业持续竞争优势之间的关系错综复杂，即使亲身参与创业与成长过程的人员也很难清晰地陈述其中关键的成功因素，其他人更是难以进行复制或模仿；由于管理者、顾客和供应商之间复杂的社会关系，以及新创企业形成的独特的组织文化，使得在特定社会网络关系中诞生的企业的人力资源、声誉资源或组织资源难以被模仿或复制。

创业者在获取这些资源的时候要强调前瞻性和动态性。创业者若能先行一步获取战略性资源，加以培养和部署，就会获得一定程度的竞争优势；若能保护好这些资源并很好地保持资源的上述品质，则将具备长久的竞争优势；即使新创企业成立时只具备其中一些特征，也会具备短期或较小的竞争优势。所以，创业者要建立新创企业的持续竞争优势，就需要控制、整合和充分利用战略资源。

二、创业资源与一般商业资源的异同

创业资源与一般商业资源既有相同点，也有一定差别。

创业资源是商业资源，但不是所有的商业资源都是创业资源，因为只有创业者可以利用的资源才是创业资源。比如，一座无人开采的价值巨大的矿山是一种商业资源，但该矿山不一定是创业资源。因为创业活动多数具有轻资产、小团队的特征，一般人没有能力通过开发一座价值连城的矿山开始创业。

创业资源更多表现为无形资源，一般商业资源则更多表现为有形资源。

创业资源的独特性更强，创业者的个人能力和社会网络资源是其中最为关键的资源；一般商业资源中，规范的管理和制度则是企业取得成功的基础资源。

三、社会资本、资金、技术及专业人才在创业中的作用

创业资源的筹集和运用是创业成功的关键，社会资本、资金、技术和专业人才则在创业过程中起着非常重要的作用。

（一）社会资本在创业中的作用

社会资本是基于人际和社会关系网络形成的资源。这种资源可以是人力资源的一部分，或者说是特殊的人力资源。“社会联系较多者创业的个人成本较低”是一个公认的事实。社会资本能使创业者有机会接触大量的外部资源，有助于通过网络关系降低潜在的风险，加强合作者之间的信任和信誉。

来自中国的调查数据显示，社会交往面广、交往对象趋于多样化、与高社会地位个体之间关系密切的创业者，更容易发现创新性更强的创业机会。

（二）资金在创业中的作用

资金不仅是企业生产经营过程的起点，更是企业生存发展的基础。据国外文献记载，倒闭破产的企业中有85%是盈利情况非常好的企业，这些企业倒闭的主要原因是由于资金链的断裂。企业可能不会由于经营亏损而破产清算，却常常会因为资金断流而倒闭。资金对企业，尤其是初创期的企业来说有着至关重要的地位。

（三）技术在创业中的作用

技术资源是新创企业存在和发展的基石，是生产活动和生产秩序稳定的根本，包括关键技术、制造流性、作业系统，专用生产设备等。企业只有不断开发新技术、新产品，建立充裕的技术储备和产品储备，才能在市场竞争中立于不败之地。在创业初期，创业资金需求基本满足的情况下，创业技术是最关键的资源。

由凯文（Kevin）创办的 Instagram 公司，在收购前的历史只有不到两年时间，员工不到 20 人，而且他们首先发布的 iOS 版本，直到 2012 年 4 月才登录 Android（安卓）平台，但是，在两年的时间内 Instagram 却从无到有到迅速增长至 3 000 万用户，并且在 2012 年 4 月以 10 亿美元的价格被全球第一的社交网络 Facebook 收购，这不得不说是一个传奇，也是技术在高科技企业重要性的一个很好例证。

另一个相似的例子是英国 17 岁少年尼克的故事，尼克制作的一个“超级摘要”（Summly）的应用程序 APP，是一款在 iOS 上运行的新闻阅读类应用，Summly 利用自然语义方面的算法，可将新闻内容提炼为不足 400 词的摘要文章，上线后深受欢迎，跻身 2012 年最佳 iPhone 应用之列，在 2013 年 3 月 25 日，以 3 000 万美元的价格卖给雅虎之前，它的下载量已达近 100 万次。

（四）专业人才在创业中的作用

人是创业活动的主体，在创业活动中起着决定性作用。创业者及创业团队的知识、训练和经验等是成功创业最为核心的资源，“一流团队比一流项目更重要”已成为一个不争的事实。因此，高素质人才的获取和开发，是新创企业可持续成长的关键，特别是高科技新创企业，专业人才资源更为重要。

四、影响创业资源获取的因素

资源获取是在确认并识别资源的基础上，得到所需资源并使之为创业服务的过程。创业资源的获取对创业成功非常重要。资源获取不仅决定着能否把创业设想转化为行动，而且决定着企业这一契约组织的形成方式。影响创业资源获取的因素有创业导向、商业创意的价值、资源配置方式、创业者管理能力和社会网络等。

（一）创业导向

创业导向是一种态度或意愿，这种态度或意愿会导致系列创业行为。创业导向会通过促进机会的识别和开发，进而促进对资源的获取。因此，创业者要注重创业导向的培育和实施，充分关注创业者特质、组织文化和组织激励等影响创业导向形成的重要因素，采取有效的方式获取资源，并在资源的动态获取、整合和利用过程中，注意区分不同资源，充分发挥知识资源的促进作用。

（二）商业创意的价值

创业的关键在于商业创意。商业创意为资源获取提供了杠杆，但获取资源还有赖于创意的价值被资源所有者认同的程度。换言之，只有被资源所有者认同的、有价值的商业创意，才有助于降低创业者获取资源的难度。

提到有商业价值的创意，不得不提近两年火热的知识付费软件——微课传奇。下面就是关于微课传奇的故事。

知识付费的创奇

微课传奇是由济南龙智信息科技有限公司研发的，一款帮助国人学习成长的学习教育类 APP，发布于 2018 年 1 月。微课传奇 APP 中的每堂课程，都以视频、音频、图文等多种形式呈现，方便用户学习阅读。著名导师杨红岩、段尊胜、段鹏、颜石、李凤霞、冯绍茹等集体入驻，为你提供权威、可落地的知识。更有听见板块，内容包括创业、心理学、文化、职场等。其公开课、必修课、专业课，涵盖了八大板块，岩讲、听见、亲子关系、亲密关系、美丽时尚、健康养生、九型人格。其中，【岩讲】每天 5 分钟红岩导师智慧分享。【听见】一首歌、一句话、一段情。【亲子关系】如何教育孩子，如何跟孩子拉近距离，走进孩子的内心世界。【亲密关系】维持好亲密关系让内心不再孤独，充满深深的归属感。【健康养生】关注健康，倡导健康养生意识，让生活规律合理。微课传奇 APP 旨在帮助国人用少的资金、短的时间来学习，帮助每一位会员成长，让会员通过知识的传播来改善自我，实数一款造福社会的学习平台。

（三）资源的配置方式

由于资源的异质性、效用的多维性和知识的分散性，人们对于同样资源往往具有不同的效用期望，有些期望难以依靠市场交换得到满足，因此，如果通过资源配置方式创新，能够开发出新的效用，使之更好地满足资源所有者的期望，创业者就有可能从资源所有者手中获得资源使用权，以开展生产经营活动。

农具博物馆就是很好地通过资源配置方式创新获得成功的案例。

农具博物馆

2003 年，山西省长治市张庄村农民王金红从村党支部书记的位子上退下来之后，他把别人扔在地窖里、塞在门楼上的农具收拢起来，一件一件擦抹干净，贴上标签，编号入座，依序排列，自己筹集资金办起一个农具博物馆，前后收藏并展出农具10余种共268件。

张庄农具博物馆其实就建在王金红自家的小院里。小院里架起一个棚子，地上摆着错落有致的农具，墙上也是排列整齐的农具，空中悬挂着各式各样的农具，种类繁多，琳琅满目。那些农具中间，还点缀着用水泥堆捏、用石头雕琢、用金属打造、用木头制作的一些人物和禽兽模型，既古朴厚重，又充满生气，使你享受到一种既淳朴又高雅的农业文化。

漫步于王金红创办的农具博物馆，你会觉得自己游历于中国农耕文化悠悠历史的长河中，感悟到中国农民的聪颖智慧和无穷的创造，从心底里喷发出对劳动者的崇敬和感激之情。

截至2009年5月份，已有14个国家的客人来农具博物馆参观考察过，2009年前博物馆仅5个月就接待了300多位参观者，其中还有英国一个电视台的记者。

（四）创业者的管理能力

创业者的管理能力是企业软实力的主要表现，管理能力越高，获取资源的可能性越大。创业者的管理能力可以从其沟通能力、激励能力、行政管理能力、学习能力和协调能力等多方面予以衡量。创业者通过管理能力获取必要资源的同时，能为企业创造良好的发展环境。

（五）社会网络

社会网络是机构之间及人与人之间比较持久的、稳定的多种关系结合而成的网络关系。由于创业资源广泛存在于各种资源所有者手中，这些所有者又处于一定的社会网络之中，而且人们对于商业活动的认识参与，客观上会受到自己所处网络及在网络中地位的影响，所以，社会网络对于创业资源的获取具有重要意义。不同的社会网络和网络地位，为人们之间的沟通协作提供了不同渠道。在社会网络中处于优势地位的创业者，具有较好的社会关系依托，可以有选择地了解不同对象的效用需求，有针对性地对不同对象传递商业创意的不同方面，有目的地获取不同资源所有者的理解和信任，最终成功地从不同网络成员那里获取所需资源，为自己进行资源配置方式创新提供基础。

充分利用社会网络帮助创业成功的例子很多，这儿有一个朋友的例子。有一个农业大学毕业的学生去当村官，为帮助一方农致富，该村官就想利用自己的专业知识做些什么，于是就张罗着栽培平菇。在他的劝说下，有几家农户同意和他一起栽培。为解决平菇大棚所需的资金问题，他们将项目提交到（Youth Business China，中国青年创业国际计划）当地的办公室，通过审核后，YBC给了他们免息贷款的资金支持，资金问题解决了，平菇如何才能更好地实现销售呢？他们又找到了YBC的指导教师，在导师的指导下，在平菇开始采摘之后，他们将平菇菌盖大小比较均匀和菌柄长短整齐的平菇采摘装盒，以大学生创业为特色和突破进行宣传，起到了意想不到的效果和很不错的销售业绩，当年就取得了不小的收益。后来，更多的村民开始和村官一起栽培平菇，有了产量，就有了采购商自动上村收购，解决了后续的销售问题。

另外，创业者的资源辨识能力和外部社会环境等也会对创业资源的获取产生一定影响。例如，在创业教育开始较早，创业文化浓厚的美国，创业者获得创业资源就相对容易；我国由于国家和各级政府层面对于创业的高度重视和大力支持，创业者获取创业资源也较原来有了很大改变，创业相对容易了很多。

五、创业资源获取的途径与技能

（一）创业资源获取的途径

获取创业资源的途径分为市场途径和非市场途径两大类。当创业所需要的资源有活跃的市场，或者有类似的可比资源进行交易时，可以采用市场交易的途径；其他情况下则可以采用非市场交易的途径。

1. 通过市场交易途径获取资源

通过市场途径获取资源的方式包括购买和联盟。

购买是指利用财务资源通过市场购入的方式获取外部资源，主要包括购买厂房、设备等物质资源，购买专利和技术，聘请有经验的员工及通过外部融资获取资金等。需要注意的是，诸如知识，尤其是隐性知识等资源虽然可能会附着在非知识资源之上，通过购买物质资源（如机器设备等）得到，但很难通过市场直接购买，因此，需要新创企业通过非市场途径去开发或积累。

联盟是指通过联合其他组织，对一些难以或无法自己开发的资源实行共同开发。这种方式不仅可汲取显性知识资源，还可汲取隐性知识资源。但联盟的前提是联盟双方的资源和能力互补且有共同的利益，而且能够对资源的价值及其使用达成共识。

西安蓝晶生物通过技术联盟方式不仅保证了技术的先进性，而且降低了研发成本。

西安蓝晶生物科技有限公司的技术开发

生物专业毕业的王亚宏敏感地意识到生物领域将在未来成为新兴行业，通过对专业的了解和市场调查，王亚宏把眼光聚焦在多肽合成上。于是，王亚宏倾尽所有积蓄开始创业，经过几年筹划，2004 年，蓝晶生物科技——这个致力于多肽系列产品合成方法和制备工艺等的技术引进、吸收和创新的高科技企业诞生了。几年打磨之后，从申请专利到资金到位，王亚宏完成了公司的初步框架。公司的产品由于成本低、质量好，在高校和科研单位受到广泛的好评。

但是，做多肽合成的研发，需要一些昂贵的实验设备，这对于蓝晶生物科技这样的初创企业来说，实在难以企及。没有好的实验设备，小公司怎么搞研发？王亚宏想到要整合社会各种资源。“高科技企业的发展必须把科研开发放在首位”王亚宏说。于是，公司与西安多个高校共同建立实验室，使用高校实验室的仪器资源来共同从事科研开发，既节省了研发成本，也有利于新产品更快更好地推出。

其实，与高校合作并不仅限于在仪器的使用上，更主要是在人力资源和技术领域的有效开发。高校拥有众多的专业人才，包括一些权威博导，他们在技术研发上具有一定的前瞻性和实践性，王亚宏经常抽空与他们探讨科研上的问题。虽然王亚宏对有些深奥的问题并不太懂，但他一定会记在心上，回家之后查阅资料，彻夜研读，深入理解问题，等下次再和教授们探讨时就会受益匪浅，而教授们也容易得到新的启发。这样，通过分享将人脉资源有效整合产生的巨大生产能量，给蓝晶生物带来了企业高速健康发展的机遇。

2019年2月西安蓝晶生物科技有限公司发表论文——多肽在解决皮肤问题方面的应用，致力于护肤品领域，活性多肽在美容方面的成功应用，突破了传统护肤品界限，显示出巨大的潜力，是美容学领域的一次革命。西安蓝晶生物科技有限公司多年来的不断壮大展现出了联盟方式发展的优越地位。

2. 通过非市场途径获取资源

非市场途径获取资源的方式主要有资源吸引和资源积累等。

资源吸引指发挥无形资源的杠杆作用，利用新创企业的商业计划、通过对创业前景的描述、利用创业团队的声誉等来获得或吸引物质资源（厂房、设备）、技术资源（专利、技术）、资金和人力资源（有经验的员工）。

资源积累指利用现有资源在企业内部通过培育形成所需资源，主要包括自建企业的厂房、设备，在企业内部开发新技术，通过培训来增加员工的技能和知识，通过企业自我积累获取资金等。

海信的"中国芯"就是通过资源积累方式获取资源的较好例证。

海信中国"信芯"破壳而出

2005年7月2日，当装有"信芯"的彩电在青岛海信破壳而出时，中国彩电产业掀开了一个新的篇章。它被称为中国民族彩电第一芯。在"中国制造"广泛进入国际市场却遭遇越来越多技术壁垒的今天，"信芯"在核心技术上的突破可谓"壮举"。"信芯"完全采用自主设计，拥有全部自主知识产权。目前，"信芯"设计已经达到了SOC级的超大规模集成电路设计水平——采用国际先进的0.18微米制程，采用CMOS制造工艺，内部集成了近200万个逻辑门、700多万个晶体管，包括9项发明专利在内的30多项技术专利，充分表明"信芯"在国际芯片界的技术水准。

中国"信芯"自主开发成功，集中反映了海信的创新能力与整体竞争力。

人们忘不了1999年的那一幕：海信集团董事长周厚健召集了一次内部专题会议，把当时海信技术中心的负责人夏晓东与一批做电视电路开发的人召集到一起，讨论的话题只有一个，"我们现在涉足芯片可能性怎么样?"包括战嘉瑾在内的技术人员的回答是，只要企业能够投入，只要能给出时间，按照海信技术人员的素质，芯片是可以开发成功的。

随后海信成立了集成电路项目筹备组，2000年，上海的"专用集成电路设计所"加盟海信集团技术中心，海信将"信芯"的研发基地设在了上海。数字电视常用的核心芯片主要有三种：接收与解调芯片、解码芯片以及数字视频处理芯片。其中数字视频处理芯片不仅在开发设计上最见功夫，也是最有开发意义、分量最重的一款芯片。海信确定的芯片核心技术突破口恰恰选择了这一款。

这群平均年龄只有28岁的年轻人，都有着一颗攻克技术难关的执着心。大家充分利用上海相对优越的行业环境，贪婪地汲取相关知识，迅速成长为一支优秀的芯片设计团队。密布着艰辛和寂寞的开发之路持续了四年多，沿着这条并不平坦的创新之路一步一步地走了下来，他们体会着一点点胜利的喜悦。2002年年底，他们终于完成了包括从算法到电路的全部液晶显示器电路的FPGA实现项目。这是在集成电路设计上的一个重大事件。

2003年，他们以已经完成的项目为基础，开始了数字视频处理器的正式产品级芯片的开发。这项工作一直持续了两年多时间，直到2004年11月27日，完成MPW流片，获得成功。两周后，该芯片成功地应用在支持1080P高清显示格式的电视机上，其效果达到同类芯片的国际先进水平。2005年2月12日，采用该芯片的整机，完成可靠性加速试验；2005年3月1日，完成工程批芯片生产，3月7日完成工程批样片整机应用验证工作。

从2005年2月开始，该芯片反复数次进行装机的工程批生产和验证，并与国际同类产品进行严格的比较试验。结果显示，运用该芯片的电视整机产品与采用国际先进芯片的电视相比，技术性能毫不逊色。

为了充分表达此次自主创新的胜利带给中国企业和中国工业的意义，该芯片被命名为"HIVIEW信芯"。

正像用心脏比喻芯片在电子信息产业甚至国家经济中的重要性一样，海信自主研发的芯片已经完全可以替代国际同类芯片，并达到了国际先进科技水平。装备了"信芯"数万台海信电视已经上市，更为重要的是，当"信芯"打破了中国彩电芯片被外国产品一统天下的局面时，芯片这种原材料供应就开始步入国内外企业共存的竞争层次，从而给中国企业在采购成本上带来整体效益。

海信"信芯"的诞生，不仅为海信自身发展赢得主动权，也帮助中国彩电行业摆脱了依赖国外芯片过日子的局面。

通过市场途径还是非市场途径取得资源，主要依赖于资源在市场的可用性和成本等因素。若证明快速进入市场能够带来成本优势，则外部购买可能就是获取的最佳方式。

获取资源贯穿创业的全过程，在创业的初始阶段，它具有更加重要的作用。对于多数新创企业来说，由于初始资源禀赋的不完整性，创业者需要取得资源供应商的信任来获取资源。但无论如何，采用多种途径同时获取不同资源总是正确的选择。根据Laurence Capron and Will Mitchell（2010）的研究结果，与采用单一途径的企业相比，通过多种方式获取资源的企业更有优势：它们在未来5年内继续经营的概率比那些主要依赖联盟的企业高46%，比专注于并购的企业高26%，比坚持内部研发的企业高12%。

2019年2月21日，海信与PPTV、苏宁易购、长虹在南京启动了2019激光电视客厅换新行动，成立中国第一个激光电视联盟，并制定了年销售10万台激光电视的目标。

（二）创业资源获取的技能

为了及时足额并以较低的成本获得创业所需要的资源，创业者需要掌握一定的创业资源获取技巧。

1. 充分重视人力资源的获取

人力资本在创业资源中的决定性作用要求创业者必须充分重视人力资源的获取。创业者一方面应努力增强自身能力的培养，另一方面应充分重视创业团队的建设。一支知己知彼、才华各异、能力互补、目标一致和彼此信任的团队是创业资源中最为重要的资源，也是创业成功必不可少的保证。

上海中科合臣股份有限公司正是通过对于姜标等高技术人才的引进和重视，引发了"姜标现象"，取得了不少收益。

上海中科合臣的“姜标现象”

上海中科合臣股份有限公司是2000年9月29日，上海中科合臣化学公司联合上海联和投资有限公司、上海科技投资公司和上海市普陀区国有资产经营有限公司等法人单位及5名自然人共同发起设立的股份有限公司。第一大股东上海中科合臣化学公司的前身成立于1959年，是曾经为我国“二弹一星”的研制做出重要贡献的中国科学院有机化学研究所的实验工厂，1985年成为独立经营的企业法人。2003年6月，在上海证券交易所挂牌上市。

1996年以前，中科合臣处在一盘散沙的状态，到了濒临破产的边缘。直面市场经济下的困境，1996年，公司领导层毅然决定，引进人才，发挥人才资源的积聚效应，重振中科合臣的往日雄风。公司首先邀请精于医药、农药等科研产品开发的姜标从美国杜邦公司新药研究中试基地回来担任科研和产品开发的副总经理。姜标临危受命，凭借自己在这一领域多年研究的积累和对国际市场的了解，很快就组建起公司的医药、农药开发基地，并开发、生产出可供出口的高品质的医药和农药中间体。

1998年，以姜标为核心的项目组仅用一年时间就开发出两类高科技医药中间体，创造了800多万美元的产值，为中科合臣带来了巨大的经济效益。

在中科合臣这被称之为“姜标现象”，即“引进一个人才，带动一个产业”。基于“姜标现象”的样板效应，中科合臣加快了顶尖人才的引进步伐，加大了人才资源整合的力度，先后引进多名硕士、博士和博士后，整个专业技术人员数量占到职工总数的30%左右。在这支可观的专业技术队伍中，涌现了一批“姜标式”的人物，开发了一批高质量的高科技产品。

中科合臣成功的关键在于引进培养了以姜标为代表的一批具有专业知识的高层次复合型科技领军人才，从而中科合臣工程中心从无到有，组建起一支完整的科研开发队伍，建立了一套完整的、均衡发展的产业化体系，并开发出一系列高科技产品，挽救了企业并使之走上了高新技术产业化之路。至此，人才产生的“链式反应”已充分显现出来。

中科合臣吸引、留住人才的方法主要是在尊重人才的价值上下功夫。一是用好人才，按照人才的才能和特长，安排适当的领导岗位、聘任技术职务，使人才有价值“认可感”“信任感”；二是给任务压担子，让人才攻关键、解难题，使人才有“成就感”；三是表彰奖励有重大贡献的人才，使人才有“光荣感”；四是待遇从优，使人才有“幸福感”“满足感”。

2013年5月18日，公司中文名称变更为“鹏欣环球资源股份有限公司”。

2. 以能用和够用为原则

不是所有的资产都是企业的资源，创业者在筹集资源时应坚持能用的原则，只有满足自己需求的，自己可以支配并使其充分发挥作用的资源，才是需要筹集的资源。

资源的使用是有代价的，因此，在筹集创业资源时应该本着够用的原则，而不是多多益善。一方面资源的有限性使创业者难以筹集过多的资源；另一方面，当使用资源的收益不能弥补其成本时，资源的使用并不能给企业带来效益。

刘博文作为国内某知名高校的高材生，在计算机编程方面颇有天赋。其在大学期间就研究开发了一套电脑内存的优化软件，能够较好地对计算机内存进行管理，优化电脑的使用性能，而且其开发的软件使用便捷，占用电脑空间较小。于是，刘博文便以此软件为契机着手参加了全国创业计划大赛，在大赛进行过程中，刘博文的软件得到很多人的好评。有家软件公司主动找上门拟以一个较高的价格购买其软件，但刘博文毅然拒绝了，因为他看到了其中的商机，想自己创办企业将项目付诸实施。刘博文在参赛过程中结识的一位风险投资商愿意出80万元资金资助其创办企业，但是要求拥有企业30%的股权，刘博文觉得该投资商想占的股份有些过多，正在其犹豫不决时，另一位看到创业大赛信息的投资商也找上门来，愿意出50万元的资金，但只要求占15%的股份。刘博文觉得后者的出资与所占的股权比例较前者相比具有明显的优势，而且如果公司发展后，另外15%的股份价值肯定会超过30万元，于是就选择后者作为自己的风险投资商。

但接下来出现的情况却不像刘博文想象的那样顺利：投资商初期投入的50万元资金很快就在广告宣传和相关产品研发方面消耗殆尽，产品初期的销售状况又不太乐观，资金回流不像想象中的那样多。尽管企业的前景依然不错，公司的日常运营也依旧良好，但在企业资金濒于断流的情况下筹集资金却比原来难了许多，而且刘博文也很难在较短的时间内再找到愿意合作的合作者，企业只好在开业的半年后解体。

3. 尽可能筹集多用途资源和杠杆资源

资源自身的特性决定了其用途的不同，有的资源可能在不同场合具有不同用途，筹集具有多种用途的资源可以帮助创业者应付创业过程中出现的意外；在知识社会，具有独特创造性的知识是现代社会的高杠杆资源，对于杠杆资源的合理利用，有助于创业者取得一定的杠杆收益，达到事半功倍的效果。

【课堂活动】

1. 轻柔按摩

学员面对面站成两排，前排的学员先向后转，由后排的学员帮其按摩肩部并轻捶后背；然后两排学员集体向后转，做同样的动作。

教师总结：创业者在创业之初不可能拥有创业所需要的所有资源，也不需要拥有创业所需要的资源，只要能够借力，整合到足够的资源为企业所用就好。

2. 抛球记名字

目的：十几分钟的时间内记住大多数学员的名字，同时营造一种非常热闹的氛围。

操作步骤：

(1) 传统的小组介绍结束后学员全部入座，把台卡摆到自己的前面。

(2) 培训师事先准备好一个纸球，大小及轻重以方便学员抛接为宜。请全体学员起立，培训师把球抛给右边第一学员，并要求学员接到球后大声说出自己的名字，说完后把球传给自己右手边的学员。如此循环一圈，球再次回到培训师的手中。

(3) 培训师宣布新的规则：持球的人必须大声叫出一位学员的名字（自己左右边的学员除外），同时把球抛给对方，对方接到球后必须在5秒种内说出一位学员的名字同时把球抛给对方。

(4) 说错名字的、超时未出球的或抛错球的学员在上面的游戏结束后一起来表演一个小节目。

小提示：事先准备的球可以是纸球也可以是网球等别的球类，最后表演的小节目如果学员一时想不出来培训师也要事先准备几个以备用。

【本节要点回顾】

1. 创业资源是企业创立以及成长过程中所需要的各种生产要素和支撑条件，是新创企业在创造价值过程中所需要的特定资产。

2. 本节学习了创业资源的内涵及种类分类、创业资源与一般商业资源的异同、社会资本、资金、技术及专业人才在创业中的作用、影响专业资源获取的因素以及创业资源获取的途径与技能。

3. 学会应用创业资源的获取途径与技能，包括通过市场途径和非市场途径，并要重视人力资源的获取和以能用和够用为原则减少资源不必要的浪费。

【延伸阅读】

资源整合的相关研究

资源整合是创业过程中至关重爱的一个环节，国内学者关于资源整合的研究大多与企业绩效相联系，通过实证研究的方式证明资源整合能力对企业绩效的影响。如彭学兵等（2016）将相同类型资源的整合称为创业资源内聚，将不同类型的资源整合称为创业资源耦合。其研究表明，创业资源内聚与创业资源耦合都对新创企业绩效具有显著的正向影响。资源整合越好，能够识别和选择的资源越丰富，获取与配置的资源越有效，激活和整合资源越成功，新创企业绩效越好。李凯（2008）致力于研究创业资源整合与创业企业核心竞争力的关系，其研究表明创业资源的整合对企业具有重要的支持作用，创业者必须了解并充分发挥创业资源对于创业的重要作用。易朝辉（2010）通过文证研究得出以下结论：资源整合能力对创业绩效产生了导向的影响，创业导向在创业绩效和资源整合能力之间架起了联系的桥梁，新创企业的创业导向与企业绩效正相关。

部分学者从创业过程的角度分析资源整合，认为资源整合是创业的一个过程。如刘奉谷（2015）从新创企业的角度分析资源整合能力对企业能力的影响，他认为在资源汲取过程中，创业者利用有形资源杠杆和无形资源杠杆来获取资源，并识别创业资源的价值。林嵩（2007）认为整个创业过程都涉及创业资源的获取与整合，个体要识别有效的资源的同时利用企业的各方力量对资源进行整合和利用，发挥企业的竞争优势，促进企业的发展。他提出的创业资源构建模型，将创业资源分为直接和间接资源。他认为政策、信息和科技这三类资源要素对于创业成长的影响并不是参与战略的制定和执行，而是为创业提供方便和支持，因此对于创业战略的规划是一种间接作用。而资金资源、管理资源、人才资源则是直接参与企业战略规划的资源要素，被定义为直接资源。董保宝、葛宝山（2011、2012）及工侃（2011）等学者致力于新创企业资源整合过程与动态能力关系的研究，通过构建理论模型和假设，并经过系统的论证，他们认为企业构建动态能力的基础是资源。而动态能力的构建需要经过资源的获取、整合及利用三个阶段。蔡莉、柳青（2007）在总结前人的基础上重新构建了新创企业资源整合过程模型，从资源管理的角度对新创企业的资源识别、获取和开发过程进行了研究，他们认为新创企业的资源整合过程就是一个将各类分散的、不同类型的资源转变为组织资源的一个动态反馈过程，过程中各个环节相互联系，相互影响，新企业的组织资源是通过不断的积累而形成的，如图 4-4 所示。

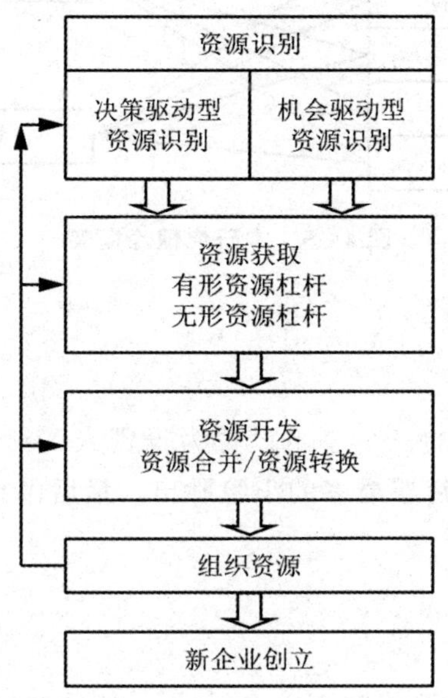

图 4-4　新创企业资源整合过程

从新创企业资源整合模型可知，资源整合过程是一个将各种不同类型的资源进行配置整合的动态过程。新企业的形成过程是一个资源积累的过程，通过资源识别、资源获取、资源开发利用三个步骤，逐渐形成企业的组织资源，而组织资源的形成会对企业的发展产生影响，从而影响企业资源整合的各个过程。资源整合过程就是一个动态反馈的过程，而组织资源是日积月累的结果。资源识别是资源整合过程的起始阶段，不同动机的创业者具有不同的创业过程，国外学者将创业动机分为决策驱动和机会驱动。决策驱动指创业者先决定创业，再对创业机会进行识别，而机会驱动恰好相反，创业者先识别到机会才决定创业。与此对应，本文借鉴蔡莉、柳青（2007）的观点将资源识别分为决策驱动型资源识别和机会驱动型机会识别过程。

分析框架构建

我们将影响机会识别和资源整合的因素分为个性特质、先前创业经验、创业警觉性、风险感知、社会网络等五类。本文将通过以下分析这五个因素分别对创业机会识别和资源整合的影响，并揭示机会识别和资源整合之间的联系。研究理论框架如图 4-5 所示。

图 4-5 说明，机会识别和资源整合的影响因素分为五个，分别是个性特质、先前创业经验、创业警觉性、风险感知和社会网络，他们分别对机会识别和资源整合产生影响。创新型认知风格的创业者更容易识别创业机会；主动性人格的创业者在人力资源管理中起着关键的作用。机会识别可分为机会发现型和机会创造型，以上所研究机会识别的主要是指机会发现型的机会识别。机会识别和资源整合在创业过程中又存在一定的联系，二者既相互影响，又相互作用。

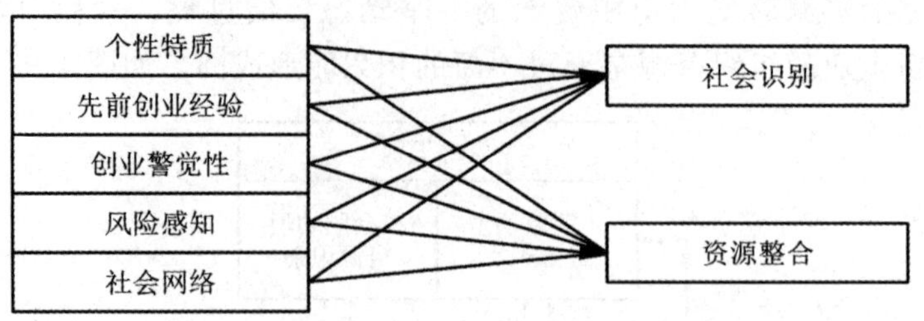

图 4－5　本研究理论框架

【创业实训】

将本节课课堂参与最积极的三个小组设置为投资人，其余小组用 3 分钟打动投资人，争取到投资人的支持，拿到支持票最多的小组胜出。最后由投资人分别进行点评，选择支持投资的原因。

【创业语录】

这个时代给了我们这一代人前所未有的机会。我们要抓住这个机会，要有梦想。但是，这个梦想，要从做开始。

——张朝阳

当一个新生事物出现时，只有 5％的人知道时赶紧做，这就是机会，做早就是先机；当有 50％的人知道时，你做个消费者就行了；当超过 50％时，你看都不用去看了！

——李嘉诚

第二节　创业融资

【案例导入】

郑海涛创业融资的故事

郑海涛，1992 年清华大学硕士毕业后，在中兴通讯公司工作了 7 年，不满足于平稳安逸的工作，于 2000 年，带着自筹的 100 万元资金，在中关村创办北京数码视讯科技有限公司。

100 万元资金很快用完，郑海涛只得四处寻找投资商，一连找了 20 多家，都吃了“闭门羹”。投资商的理由是郑海涛目前属于创业初期，未来收益不确定，投资风险太大。2001 年 4 月，公司研制的新产品问世，第一批风险投资也有了着落，多家投资公司共投入资金 260 万元。

2001 年 7 月，国家广电总局对包括郑海涛的公司在内的四家允许生产数字电视设备的编码、解码器的公司进行测试，结果郑海涛的公司质量最好，导致投资者蜂拥而至，又收到各项投资 450 万元。

在公司取得快速发展之后，郑海涛已经开始筹划第三次融资，计划融资 2 000 万元人民币。郑海涛认为，一个企业要想得到快速发展，产品和资金同样重要，产品市场和资金市场都不能放弃。

【案例思考】

1. 郑海涛的公司获得资金的渠道有哪些？
2. 试分析郑海涛前两次融资为什么成功。
3. 他的第三次融资要想成功还有哪些办法？
4. 从上述故事中你学到了什么？

【理论阐释】

一、创业融资分析

(一) 创业融资的概念

从狭义上讲，融资（Financing）即是一个企业的资金筹集的行为与过程。企业采取一定的方式，通过相关渠道获得经营所需的资金，即为资金的融入。广义来说，融资也被称为金融，即货币资金的整合与资源配置，各方通过信贷或抵押向金融市场筹集或出借资金的行为。创业融资（Start - up Financing）是指创业企业在设立与发展期间利用多种方式获得创业所需资本的行为表现，所融资金关系到企业的创立与成长，对企业的发展具有重要意义。

(二) 创业融资的现状

在经济持续发展的今天，社会就业形势并不乐观。尤其是在“大众创业、万众创新”的号召下，创业的人数已达到顶峰。通过对有关创新创业问题研究的调查，可以发现“创业融资”问题是如今认为决定创业项目成败的关键因素之一，然而导致资本融资存在诸多问题的原因又有很多，这些因素特征使这类群体在融资过程中显然不同于社会企业家与资深创业者，这显著增加了自主创业的不确定性和风险性。

1. 融资渠道狭窄，获取资金方式单一

创业这一过程是与具有高风险性、不确定性的市场环境息息相关的，创业者在这一环境中不断发掘创业机会，同时受到市场环境中资金条件的制约。而资金来源的良好组合不仅可以降低融资成本和融资风险，还可以满足公司企业在开始阶段以及成长阶段的资金需求，并为其他创业资源的聚集和整合创造条件。但从融资能力和中国目前的风险投资环境来看，高校创业者很难从社会上独立获取充足的资金，他们的资金来源主要是向家人、亲戚和朋友借款获取。即使有部分人能获得国家的小额信贷资金支持，但这也只占启动资金的一小部分。融资渠道制约着融资方式，创业者的主要融资方式是人脉借款，间或获得国家小额信用贷款，这些有限的融资方式不仅限制了他们所获得的资金数量，极易引发后续资金不足的潜在风险，更会影响到其他社会资源的培养与获取，如人力资源和社会资源，这给企业的成长带来了巨大的挑战与风险。

2. 融资数量不足，创业专项资金有限

虽然国家近些年来极力提倡自主创业，但由于国家财政支出有限，因此我国还无法像西方发达国家一样设立专门的创业启动资金。尽管政府也能提供少部分创业基金，但由于规模太小，发挥作用不大；其次高校资金相对紧张，加之对创业投资的了解浅薄，一些大学只为学生投入少量创业孵化基金，或者象征性地为学生建立一个初创孵化基地，但这些孵化基金无法进行大量的创业活动。无论是通过以上哪种渠道所获得的创业资金都很难满足创业资本的基本需求。

3. 融资程序复杂，风险投资机制不健全

政府在处理相关贷款项目的问题上，可以说是相当复杂且效率不高的。虽然政府的各个部门都清楚地了解自主创业的各项优惠政策，但由于没有具体的实行方案可供参考，他们基本上是按照正常程序进行处理的，这就导致了严格的审计和较低的贷款效率。在这种情况下，政府已经不能给予强有力的帮助，这时就会把目光瞄向另一种获取创业资金的形式——风险投资基金，这种风险投资基金就是指以专业投资结构或个人发展潜力来快速成长并提供良好的发展基金，然而由于自身缺乏创业和信贷经验，风险投资公司往往存在很多疑虑，这使投资企业的发展条件更加艰难，最终导致在创业的过程中不得不放弃。可见，目前的风投机制仍然不够健全和完善，无法为创业提供有利的资本支持。

（三）创业融资难的原因

致使创业融资陷入困境的原因是多个方面的。

1. 高校创业融资实际操作层面的培训和指导方面存在不足

作为学习知识、发展技能的场所，高校也与创业活动密不可分。当今缺乏创业信用和资产抵押的数不胜数，这很大程度上决定了这部分创业者失去贷款的资格，最后不得不放弃他们的创业项目。而高校创业扶持基金投入过少并缺乏一定资金投入进行指导和监督，易降低在创业过程中的资金使用效率，与此同时，高校提供的有限资金使用的更为分散，由于每个项目的资金有限，即使项目最终取得成功，也无法在高校创业基金中获得更多的后续注资，高校在解决大学生自主创业的资金问题上没有有效地发挥其作用。

2. 各类社会机构在创业资金扶持方面未能有效配合

尽管整个社会都支持和鼓励创业，但社会尚未形成促进创新创业精神的文化，学生获得启动基金的最佳途径是向朋友、亲属借钱，这是比较常见、简单，也是较为有效的方式。作为债务融资的一种形式，它的优点是向亲朋好友借钱，往往无需付息，从而降低了资金筹集的风险和成本。缺陷在于这种方式受制于家庭条件，同时，大部分亲友对于学生创业持保留态度，难以获得支持。此外，创业融资也可以通过银行贷款来完成，银行贷款的优势在于利息费用可以在税前减少，中小企业的资本成本很低，管理优良的公司可在到期时日进行续贷。即使进行银行贷款，也具有门槛很高的缺点，这种方式对申请人的要求很严苛，需要有严密、操作性高的创业计划，这对于创业者来说，是一个非常大的难题。因此，虽然创业贷款政策已经推行多年，但是申请创业贷款的学生人数依然较少。

3. 创业者自身融资能力欠缺

从自身角度来看，当今创业者虽个性十足但缺乏坚强的毅力和自制力，并且创业的实践经验、创业技能以及社会阅历都比较欠缺，创业规划、团队合作和人际沟通等各个方面都体现出了他们自身能力的不足，缺乏经验的创业者无法主动通过市场调研获得相关信息，而是单纯进行理想化的推理，该种方式也是导致失败的关键。再者，创业项目本身具有缺乏吸引力、技术含量低、创新性不强等特征，都使得该群体难以获得社会融资群体的认可，这同样是创业问题中的一个关键因素。另外，大部分在上学期间只关注其专业课程的学习，并没有注意到企业知识和技能范围的扩展，致使创业相关知识积累不够，并且只有极少数能够将理论实践化，学以致用，这一系列问题都将指导解决风险投资融资过程中出现的瓶颈。

4. 新创企业的不确定性大

相对于成熟的企业，新创企业在资产、销售和雇员等方面处于弱势，存在高度的不确定性。不确定性客观上反映了企业技术、产品或商业模式成功的可能性，进而影响风险投资提供资本的意愿和方式（无论是一次性全部提供还是分阶段注入）；不确定性还将使创业企业与外部投资者签订依赖特定条件或状态的合同变得困难，进而增加了外部融资的成本。所以，创业活动本身的不确定性，使得外部投资者难以判断商业机会的真实价值和创业者把握机会的实际能力。

5. 企业和资金提供者之间的信息不对称

融资过程中企业和资金提供者之间的信息不对称主要表现在以下 3 个方面。

（1）创业者处于信息优势。创业融资中的信息不对称表现为创业者比投资者对创业活动的创意、技术、商业模式、自身能力、团队素质、产品或服务、企业的创新能力和市场前景等的了解多，从而处于信息优势，投资者则处于信息的劣势。

（2）创业者倾向于对创业信息进行保密。创业者在融资时，出于担心商业机密泄露的考虑，往往倾向于保护自己的商业机密及其开发方法，特别是进入门槛低的行业的创业者更是如此。这样，创业者对创业信息的隐藏会增加投资者对信息甄别的时间和成本，使其在有限信息的条件下难以判断项目优劣，进而影响其投资决策。

（3）新创企业的经营和财务信息具有非公开性。新创企业或者处于筹建期，或者开办时间较短，缺乏或只有较少的经营记录，企业规模一般也较小，经营活动透明度较差，财务信息具有非公开性，这些特征使得潜在投资者很难了解和把握创业者和创业企业的有关信息。

（四）创业融资的过程

一般来说，创业融资过程包括融资前的准备、资本需求量测算、商业计划编写、融资来源确定及融资谈判等 5 个方面的内容。

1. 做好融资前的准备

创业者在融资之前要做好充分的准备工作：对融资过程有一定了解，建立和经营个人信用，积累自己的人脉资源，学习估算创业所需资金的方法，知晓了解融资渠道的途径，熟悉商业计划书的结构和编写策略，提高自己的谈判技巧等，以提高融资成功的概率。

2. 计算创业所需资金

任何一家顺利经营的企业都需要基本的周转资金，如果筹集的资金不足以支持企业的日常运转，企业会面临资金断流，进而导致破产清算；但这也不意味着筹集的资金越多越好，很多创业企业都是在开始的时候被一下子获得的大笔资金“撑死的”，何况，资金都是具有成本的，如果在资金使用过程中不能够创造出高于其成本的收益，创业企业就会发生亏损。因此，创业者在筹集资金之前，要能够运用科学的方法估算资金需求数量。

3. 编写创业计划书

创业企业对资金的需求，需要通盘考虑企业创办和发展的方方面面，要对企业有全面筹划。编写创业计划书是一种很好的对未来企业进行规道的方式，在创业计划书中，创业者需要估计未来可能的销售状况，为实现销售需要配备的资源，并进而计算出所需要的资金数额。

4. 确定融资来源

确定了创业企业需要的资金数额之后，创业者需要进一步了解可能的筹集渠道、不同筹集渠道的优缺点、创业企业自身的特征、创业企业所处的生命周期阶段等，根据筹资机会的大小，以及创业者对企业未来的所有权规划，权衡利弊选择所要采用的融资来源。

5. 展开融资谈判

选定所拟采取的融资渠道之后，创业者就需要和潜在的投资者进行融资谈判。提高谈判获胜的概率，要求投资者首先对自己的创业项目非常熟悉，充满信心，并对潜在投资者可能提出的问题做出猜想，事先准备相应的答案，在谈判时，要抓住时机陈述重点，做到条理清晰；如果可能的话，向有经验的人士进行咨询，会提高谈判成功的概率。

二、创业所需资金的测算

（一）创业资金的分类

创业资金按照不同的标准可以进行不同的分类，对于创业资金不同种类的认识有利于创业者在估算创业资金时充分考虑可能的资金需求。

1. 按照资金占用形态和流动性的分类

按照资金的占用形态和流动性，可以分为流动资金和非流动资金。占用在原材料、在制品、库存商品等流动资产，以及用于支付工资和各种日常支出的资金，被称为流动资金；用于购买机器设备、建造房屋建筑物、购置无形资产等的资金，被称为非流动资金。

流动资金的流动性较好，极易使用和变现，一般可在一个营业周期内收回或耗用，属于短期资金的范畴，创业者在估算创业资金需求时需考虑其持续投入的特性，选择短期筹资的方式筹集相应资金；非流动资金占用的期限较长，不能在短期内回收，具有长期资金的性质，能够在1年以上的经营过程中给企业带来经济利益的流入，创业者在进行创业资金估算时，往往将其作为一次性的资金需求对待，采用长期筹资的方式筹集相应资金。

2. 按照资金投入企业时间的分类

按照资金投入企业的时间可分为投资资金和营运资金。投资资金发生在企业开业之前，是企业在筹办期间发生各种支出所需要的资金。投资资金包括企业在筹建期间为取得原材料、库存商品等流动资产投入的流动资金，购建房屋建筑物、机器设备等固定资产，购买或研发专利权、商标权、版权等无形资产投入的非流动资金，以及在筹建期间发生的人员工资、办公费、培训费、差旅费、印刷费、注册登记费、营业执照费、市场调查费、咨询费和技术资料费等开办费用所需资金。营运资金是从企业开始经营之日起到企业能够做到资金收支平衡为止的期间内，企业发生各种支出所需要的资金，是投资者在开业后需要继续向企业追加投入的资金。企业从开始经营到能够做到资金收支平衡为止的期间叫作营运前期，营运前期的资金投入一般主要是流动资金，既包括投资在流动资产上的资金，也包括用于日常开支的费用性支出所需资金。

创业企业开办之初，企业的产品或服务很难在短期内得到消费者的认同，企业的市场份额较小且不稳定，难以在企业开业之时就形成一定规模的销售额。在商业信用极其发达的今天，很多企业会采用商业信用的方式开展销售和采购业务。赊销业务的存在，使企业实现的销售收入的一部分无法在当期收到现金，从而使现金流入并不像预测的销售收入一样多。规模较小且不稳定的销售额，以及赊销导致的应收款项的存在，往往使销售过程中形成的现金流入在企业开业后相当长的一段时间内，无法满足日常的生产经营需要，从而要求创业者追加对企业的投资，形成大量的营运资金。

营运前期的时间跨度往往依企业的性质而不同，一般来说，贸易类企业可能会短于个月；制造企业则包括从开始生产之日到销售收入到账这段时间，可能要持续几个月甚至几年；不同的服务类企业其营运前期的时间会有所不同，可能会短于1年，也可能会长于1年。

在很多行业，营运资金的资金需求要远远大于投资资金的资金需求，对营运资金重要性的认识，有利于创业者充分估计创业所需资金的数量，从而及时、足额筹集资金。创业资金计算表见表4－1。

表4－1　创业资金计算表

	开业前	营运前期							
		N	1	2	3	4	5	6	……
房屋									
设备									
办公家具									
办公用品									
员工工资									
创业者基本支出									
营业税费									
业务开拓费									
广告费									
水电费									
电话费									
保险费									
设备维护费									
软件费									
风险储备资金									
……									

（二）投资资金的测算

创业者需要按照资金分类中提到的投资资金项目，逐一测算每项资金的需求数量。加总得到开业前需要投入的资金金额。可以搜索同行业其他企业投资的数据进行参考。

（三）营运资金测算

由于创业之初企业经营的不确定性较大，对于营运资金的测算需要分月度进行，逐月分析生产经营过程中需要发生的各种支出及其具体金额，同时考虑经营过程中的资金流入，计算资金流入和资金流出的差额，分月计算营运前期时段内每个月资金流出大于资金流入的金额，其结果就是需要追加的资金数额。

三、创业融资的渠道

融资渠道是指企业筹集资本来源的方向与通道，体现资本的源泉和流量。融资渠道主要由社会资本的提供者及数量分布决定。了解融资渠道的种类、特点和适用性，有利于创业者充分利用和开拓融资渠道，实现各种融资渠道的合理组合，有效筹集所需资金。具体分析，目前我国创业融资渠道主要包括私人资本融资、机构融资、风险投资、政府扶持基金、知识产权融资。

（一）私人资本融资

私人资本包括创业者个人积蓄、亲友资金、天使投资等。

据世界银行所属的国际金融公司（IFC）对北京、成都、顺德和温州四个地区的私营企业的调查，我国私营中小企业在初始创业阶段几乎完全依靠自筹资金。其中，90%以上的初始资金是由主要的业主、创业团队成员及家庭提供的，银行和其他金融机构贷款所占的比例很小，私人资本在创业融资中具有不可替代的作用。《大学生就业蓝皮书》主要撰写方麦克思公司2009年8月11日发布的调查报告显示：2008届本科大学毕业生的创业资金82%来自于个人和家庭的资金。

1. 个人积蓄

尽管有些创业者没有动用过个人资金就办起了新企业，但这种情况非常少见。这不仅因为从资金成本或企业控制权的角度来说，个人资金成本最为低廉，而且因为创业者试图引入外部资金时，外部投资者一般都要求企业必须有创业者的个人资金投入其中。所以，个人积蓄是创业融资最根本的渠道。个人积蓄的投入对于创业企业来说具有非常重要的意义：首先，创业者个人积蓄投入，表明了创业者对于项目前景的看法，只有当创业者对未来的项目充满信心时，他才会毫无保留地向企业中投入自己的积蓄；其次，将个人积蓄投入企业，是创业者日后继向企业投入时间和精力的保证，投入企业的积蓄越多，创业者越会在日后的生产经营过程中对企业更加关注：再次，个人积蓄的投入是对债权人债权的保障，由于在企业破产清算时，债权人的权益优于投资者的权益，所以，企业能够融到的债务资金一般以投资者投入为限，创业者投入企业的初始资金是对债权人债权的基本保障；最后，个人积蓄的投入有利于创业者分享投资成功的喜悦。因此，准备创业的人，应从自我做起，较早地将自己收入的一部分储蓄起来，作为创业储备资金。

创业者可以通过转让部分股权的方式从合伙人那里取得创业资金，创办合法企业或通过公开或私募股权的方式，从更多的投资者那里获得创业资金，成立公司制企业，将个人合伙人或个人股东纳入自己的创业团队，利用团队成员的个人积蓄是创业者最常用的筹资方式之一。

就我国的现状而言，家庭作为市场经济的三大主体之一，在创业中起到重要的支持作用。以家庭为中心，形成的亲缘、地缘、商缘等为经纬的社会网络关系，对包括创业融资在内的许多创业活动产生重要形象，因此，创业者及其团队成员的家庭储蓄一般归入个人积蓄的范畴。

对许多创业者来说，个人积蓄的投入虽然是新企业融资的一种途径，但并不是根本性的解决方案。一般来说，创业者的个人积蓄对于新创企业而言，总是十分有限的，特别是对于新创办的大规模企业或资本密集型的企业来说，几乎是杯水车薪。

2. 亲友资金

对于新创企业来说，除了个人积蓄之外，身边亲朋好友的资金是最常见的资金来源。亲朋好友由于与创业者个人的关系而愿意向创业企业投入资金，因此，亲友资金是创业者经常采用的融资方式之一。

在向亲友融资时，创业者必须用现代市场经济的游戏规则、契约原则和法律形式来规范融资行为，保障各方利益，减少不必要的纠纷。第一，创业者一定要明确所融集资金的性质，据此确定彼此的权利和义务。若融集的资金属于亲友对企业的投资，则属于股权融资的范畴；若融集的资金属于亲友借给创业者或创业企业的，则属于债权融资。由于股权资本自身的特性，创业者对于亲友投入的资金可以不用承诺日后的分红比例和具体的分红时间；但对于从亲友处借入的款项，一定要明确约定借款的利率和具体的还款时间。第二，无论是借款还是投资款项，创业者最好能够通过书面的方式将事情确定下来，以避免将来可能的矛盾。

除此之外，创业者还要在向亲友融资之前，仔细考虑这一行为对亲友关系的影响，尤其是创业失败后的艰难困苦。要将日后可能产生的有利和不利方面告诉亲友，尤其是创业风险，以便将来出现问题时对亲友的不利影响降到最低。

3. 天使投资

天使投资（angel investor）指个人出资协助具有专门技术或独特概念而缺少自有资金的创业家进行创业，并承担创业中的高风险和享受创业成功后的高收益；或者说是自由投资者或非正式风险投资机构对原创项目构思或小型初创企业进行的前期投资，是一种非组织化的创业投资形式。

“天使投资”一词源于纽约百老汇，特指富人出资资助一些具有社会意义演出的公益行为。对于那些充满理想的演员来说，这些赞助者就像天使一样从天而降，使他们的美好理想变为现实。后来，天使投资被引申为一种对高风险、高收益的新兴企业的早期投资。天使资本主要有三个来源：曾经的创业者、传统意义上的富翁、大型高科技公司或跨国公司的高级管理者。在部分经济发展良好的国家中，政府也扮演了天使投资人的角色。

据威廉·韦策尔（William Wetzel）介绍，美国有 25 万个或以上的天使投资者，其中有 10 万人在积极投资。他们每年在总共 2 万～3 万家公司投资 50 亿～100 亿美元。每次投资在 2 万～5 万美元，36%不到 1 万美元，24%超过 5 万美元。这些投资者主要是美国自主创业造就的富翁，有扎实的商务和财务经验，大体在40～50岁，受过良好的教育，95%的人持有学士学位，51%的人拥有硕士学位；获得硕士学位的人，44%现从事技术工作，35%在商业或经济领域。

在我国，随着经济的发展，一部分富人在希望自己越来越富有的同时也在寻求挑战，开始充当天使投资者。由《创业家》杂志发起并主办的“最受尊敬的创业天使”评选活动，自2007年开创以来，到2013年已经连续举办到第7届。该评选旨在进一步推广“创业天使”的概念，发现并鼓励那些为创业者和创业企业的发展起推动作用、为创业环境营造良好氛围的机构和个人。“2013年度最佳天使投资人”由真格基金创始人徐小平先生获得。虽然我国的天使投资者近年有了较快增长，但和西方资本市场发达的国家相比，我国的天使投资依然没有太大起色。

你就是自己最大的天使，你身边的人就是你最大的天使，天使投资是熟人道德经济。

（二）机构融资

和私人资金相比，机构拥有的资金数量较大。挑选被投资对象的程序比较正规，获得机构融资一般会提升企业的社会地位，给人以企业很正规的印象。

机构融资的途径有银行贷款、非银行金融机构贷款、交易信贷和租赁、从其他企业融资等。

1. 银行贷款

2006年，孟加拉国格莱珉银行的创立者穆罕默德·尤努斯因以银行贷款的方式帮助穷人创业而获得诺贝尔和平奖。我国也有很多银行推出了支持个人创业的贷款产品。如2003年8月，中国银行、光大银行、广东发展银行、中信银行等金融机构相继推出“个人创业贷款”项目，而中国农业银行早在2002年9月就推出了《个人生产经营贷款管理办法》并一直在运行中。比较适合创业者的银行贷款形式主要有抵押贷款和担保贷款两种。缺乏经营历史也缺乏信用积累的创业者，比较难以获得银行的信用贷款。

（1）抵押贷款。抵押贷款指借款人以其所拥有的财产作抵押，作为获得银行贷款的担保。在抵押期间，借款人可以继续使用其用于抵押的财产。抵押贷款有以下几种：①不动产抵押贷款（指创业者可以将土地、房屋等不动产作抵押，从银行获取贷款）；②动产抵押贷款（指创业者可以用机器设备、股票、债券、定期存单等银行承认的有价证券，以及金银珠宝首饰等动产作抵押，从银行获取贷款）；③无形资产抵押贷款（是一种创新的抵押贷款形式，适用于拥有专利技术、专利产品的创业者，创业者可以用专利权、著作权等无形资产向银行作抵押或质押获取贷款）。

（2）担保贷款。担保贷款指借款方向银行提供符合法定条件的第三方保证人作为还款保证的借款方式。当借款方不能履约还款时，银行有权按照约定要求保证人履行或承担清偿贷款连带责任。其中较适合创业者的担保贷款形式有：①自然人担保贷款（是指经由自然人担保提供的贷款），可采取抵押、权利质押、抵押加保证三种方式；②专业担保公司担保贷款，目前各地有许多由政府或民间组织的专业担保公司，可以为包括初创企业在内的中小企业提供融资担保，像北京中关村担保公司、首创担保公司等，其他省市也有很多此类性质的担保机构为中小企业提供融资担保服务。这些担保机构大多属于公共服务性非营利组织，创业者可以通过申请，由这些机构担保向银行借款。

(3) 信用卡透支贷款。创业者可以采用两种方式取得信用卡透支贷款。一种方式是信用卡取现；另一种方式是透支消费。信用卡取现是银行为持卡人提供的小额现金贷款，在创业者急需资金时可以帮助其解决临时的融资困难。创业者可以持信用卡通过银行柜台或是ATM提取现金灵活使用。透支取现的额度根据信用卡情况设定，不同银行的取现标准不同，最低的是不超过信用额度的30%，最高的可以将信用额度的100%都取出来；另外，除取现手续费外（各银行取现手续费不一），境内外透支取现还须支付利息，不享受免息待遇。创业者还可以利用信用卡进行透支消费，购置企业急需的财产物资。

(4) 政府无偿贷款担保。根据国家及地方政府的有关规定，很多地方政府都为当地的创业人员提供无偿贷款担保。如上海、青岛、南昌、合肥等地的应届大学毕业生创业可享受无偿贷款担保的优惠政策，自主创业的大学生向银行申请开业贷款的担保额度最高可为100万元，并享受贷款贴息；江苏省镇江市润州区创业农民可通过区农民创业担保基金中心，获取最高5万元贷款，并由政府为其无偿担保；湖南省各级财政安排一定的再就业资金，用于下岗失业人员小额货款担保基金及贴息等四个方面；浙江省对持《再就业优惠证》的人员和城镇复员转业退役军人，从事个体经营自筹资金不足的，由政府提供小额担保贷款。

(5) 中小企业间互助机构贷款。中小企业间的互助机构是指中小企业在向银行融通资金的过程中，根据合同约定，由依法设立的担保机构以保证的方式为债务人提供担保，在债务人不能依约履行义务时，由担保机构承担合同约定的偿还责任，从而保障银行债权实现的一种金融支持制度。信用担保可以为中小企业的创业和融资提供便利，分散金融机构的信贷风险，推进银企合作。

从20世纪20年代起，许多国家为支持中小企业发展，先后成立了为中小企业提供融资担保的信用机构。目前，全世界已有48%的国家和地区建立了中小企业信用担保体系。我国从1999年开始，已经形成了以中小企业信用担保为主体的担保业和多层次中小企业信用担保体系，各类担保机构资本金稳步增长。

(6) 其他贷款。创业者可以灵活地将个人消费贷款用于创业，如因创业需要购置沿街商业房，可以用拟购置房子作抵押，向银行申请商用房货款；若创业需要购置轿车、卡车、客车、微型车等，还可以办理汽车消费货款。除此之外，可供创业者选择的银行贷款方式还有托管担保贷款、买方贷款、项目开发贷款、出口创汇贷款、票据贴现贷款等。

尽管银行货款需要创业者提供相关的抵押、担保或保证，对于白手起家的创业者来说条件有些苛刻，但如果创业者能够提供银行规定的资料，能提供合适的抵押，得到贷款并不困难。

2. 非银行金融机构贷款

非银行金融机构指以发行股票和债券、接受信用委托、提供保险等形式筹集资金，并将所筹资金运用于长期性投资的金融机构。根据法律规定，非银行金融机构包括经中国银行监督管理委员会批准设立的信托公司、企业集团财务公司、金融租赁公司、汽车金融公司、货币经济公司、境外非银行金融机构驻华代表处、农村和城市信用合作社、典当行、保险公司、小额贷款公司等机构。创业者还可以从这些非银行金融机构取得借款，筹集生产经营所需资金。

（1）保单质押贷款。保险公司为了提高竞争力也为投保人提供保单质押贷款。保单质押贷款最高限额不超过保单保费积累的70%，贷款利率按同档次银行货款利率计息。如中国人寿保险公司的“国寿千禧理财两全保险”就具有保单质押货款的功能：只要投保人缴付保险费满 2 年，且保险期已满 2 年，就可以凭保单以书面形式向保险公司申请质押贷款。

（2）实物质押典当贷款。当前，有许多典当行推出了个人典当贷款业务。借款人只要将有较高价值的物品质押在典当行就能取得一定数额的货款。典当费率尽管要高于银行同期贷款利率，但对于急于筹集资金的创业者来说，不失为一个比较方便的筹资渠道。典当行的质押放款额一般是质押品价值的50%～80%。

（3）小额贷款公司。小额贷款公司是由自然人、企业法人与其他社会组织投资设立，不吸收公众存款，经营小额贷款业务的有限责任公司或股份有限公司，发放贷款坚持“小额、分散”的原则。小额贷款公司发放贷款时手续简单，办理便捷，当天申请基本当天就可放款，可以快速地解决新创企业的资金需求。截至 2012 年 3 月末，全国共有小额贷款公司 4 878 家，贷款余额达 4 447 亿元，小额贷款公司已经成为缓解小微企业融资难的新渠道。

3. 交易信贷和租赁

交易信贷指企业在正常的经营活动和商品交易中由于延期付款或预收货款所形成的企业间常见的信贷关系。企业在筹办期以及生产经营过程中，均可以通过商业信用的方式筹集部分资金。如企业在购置设备或原材料、商品过程中，可以通过延期付款的方式，在一定期间内免费使用供应商提供的部分资金，在销售商品或服务时采用预收账式，免费使用客户的资金等。

创业者也可以通过融资租赁的方式筹集购置设备等长期性资产所急需的资金。融资租赁是指实质上转移与资产所有权有关的全部或绝大部分风险和报酬的租赁。资产的所有权最终可以转移，也可以不转移。融资租赁是集融资与融物、贸易与技术更新于一体的新型金融业务。由于其融资与融物相结合的特点，出现问题时租赁公司可以回收、处理租赁物，因而在办理融资时对企业资信和担保的要求不高，所以非常适合中小企业融资。此外，融资租赁属于表外融资，不体现在企业财务报表的负债项目中，不影响企业的资信状况，对需要多渠道融资的中小企业非常有利。据统计，西方发达国家25%的固定资产几乎都来自租赁。企业在筹建期，通过融资租赁的方式取得急需设备的使用权，解决部分资金需求，获得相当于租赁资产全部价值的债务信用，一方面可以使企业按期开业，顺利开始生产经营活动，另一方面又可以解决创业初期资金紧张的局面，节约创业初期的资金支出，将用于购买设备的资金用于主营业务的经营，提高企业现金流量的创造能力；同时融资租赁分期付款的性质可以使企业保持较高的偿付能力，维持财务信誉。

4. 从其他企业融资

尽管在大多数情况下，企业是资金的需求者而不是提供者，但是对于不同行业的企业，或者在企业发展的不同时期，部分企业还是会有暂时的闲置资金可以对外提供，尤其是一些从事公用事业业务的企业，或者已经发展到成熟期的企业，现金流一般会比较充足，甚至会有大量资金需要通过对外投资的方式实现较高收益。对于有闲置资金的企业，创业者既可以吸收其资金作为股权资本，也可以向这些企业借款，形成债权资本。

（三）风险投资

根据美国风险投资协会的定义，风险投资是指职业的金融家投入到新兴的、迅速发展的、有巨大竞争潜力的企业中的股权资本。在我国，对于风险投资尚未形成统一的看法，比较普遍的观点是：风险投资是由专业机构提供的投资于极具增长潜力的创业企业并参与其管理的权益资本。从定义上可以看出，中美关于风险投资的界定有所不同，其投资对象有一定的差别。这是因为中国是一个发展中国家，很多行业方兴未艾，所以传统行业像零售、农产品之类的，虽然没有技术含量，但拥有一个广阔的、快速发展的市场，使得这些传统行业的市场增长速度和回报率并不低于高科技行业，所以，中国的风险投资不仅投资高科技项目，也对传统领域，如教育、医疗保健这样的项目感兴趣。

1. 风险投资的特点

（1）以股权方式投资。风险资本的投资对象是处于创业期的未上市新兴中小型企业，尤其是新兴高科技企业，而且常常采取渐进投资的方式，选择灵活的投资工具进行投资，在投资企业建立适应创业内在需要的“共担风险、共享收益”的机制。

（2）积极参与所投资企业的创业过程。许多风险投资家本身也是经营老手，一般对其所投资的领域有丰富的经验，经常会积极参与投资企业的生产经营过程，弥补所投资企业在创业管理经验上的不足，同时控制创业投资的高风险。

（3）以整个创业企业作为经营对象。风险投资不经营具体的产品，而是通过支持创建企业并在适当时机转让所持股权，获得未来资本增值的收益。与企业投资家相比，风险投资虽然对企业有部分介入，但其最终目的是监控而非独占，他们看重的是转让后的股权升值而非整体持有的百分比。

（4）看重“人”的因素。风险投资家在进行项目选择时，更加看重“人”的因素。正如美国最早的风险投资公司——美国研究开发公司（America Research and Development Corporation，ARD）的创始人之一乔治·多利奥特（George Doriot）所言：“宁要一流的人才和二流的创意，也不要一流的创意和二流的人才。”

（5）高风险、高收益。据统计，美国由风险投资所支持的企业，只有5%～10%的创业可获得成功，风险投资的高风险可见一斑，与此相对应的就是风险投资对被投资方高收益的预期。一位风险投资家一般会希望在5年内将其资金翻6倍，相当于每年的投资回报率（ROI）大约是44.8%。

（6）是一种组合投资。风险投资的对象是处于创业时期的高新技术领域的中小企业，几乎没有盈利的历史可作参考，失败率也很高，因此，风险投资要取得高回报，必须实行组合投资的策略，投资一系列的项目群，坚持长期运作，通过将成功的项目出售或上市回收的价值来弥补其他失败项目的损失，并获得较高收益。

2. 风险投资选项的原则

风险投资对目标企业的考察较为严格，一般来说，其所接触的企业中，大约只有2%～4%能够最终获得融资。因此，创业者要提高获得风险投资的概率，需要了解风险投资项目选择的标准。

有人将风险投资选项的原则总结为创业投资的三大定律。第一定律：绝不选取含有超过两个以上风险因素的项目。对于创业投资项目的研究开发风险、产品风险、市场风险、管理风险、创业成长风险等，如果申请的项目具有两个或以上的风险因素，则风险投资一般不会予以考虑。第二定律：$V=P \cdot S \cdot E$。其中，V 代表总的考核值，P 代表产品或服务的市场大小，S 代表产品或服务的独特性，E 代表管理团队的素质。第三定律：投资值最大的项目。在收益和风险相同的情况下，风险投资将首先选择那些总考核值最大的项目。

根据风险投资的潜规则，一般真正职业的风险资金是不希望控股的，只占30%左右的股权，风险投资者更多地希望创业管理层能对企业拥有绝对的自主经营权。因此创业者在创业初期选择风险投资时要拿适量的钱，以便未来在企业需要进一步融资时，不至于稀释更多的股份而丧失对企业的控制权。

前面提到的天使投资也是广义的风险投资的一种，但狭义的风险投资主要指机构投资者。

3. 创业者获得风险投资的渠道

创业者获得风险投资的渠道主要有以下几种：给投资人发邮件、参加行业会议、请朋友帮忙介绍以及借助融资顾问的帮助。

（1）给投资人发邮件。想获得风险投资最简单的方法就是给投资人发邮件，一般的风险投资都有自己的网站，上面公布有自己的邮箱，创业者可以将自己的创业想法或者商业计划书发到公开的邮箱中，期待能够得到投资者的关注，并最终获得投资。采用这种方式的成本最低，但效率也最低；虽然风险投资者会关注投到邮箱的邮件，但是那些递交给投资机构的商业计划书，成功融资的只有1%。

（2）参加相关行业的会议或者创业训练营。这些会上或训练营上会有很多投资人，创业者可以利用茶歇或者休息的时间尽可能接触较多的风险投资者，或者接触自己感兴趣的投资者。这种方式的优点是在短时间内能够见到很多的投资者，但由于时间短，不一定有机会认识或结识他们。另外，这种场合对创业者的说服能力要求较高。

（3）请朋友帮忙介绍。如果有朋友做过融资的，或者已经得到风险投资的，可以请他们帮忙介绍，这种方式较前两者成功的概率稍大，毕竟接受过风险投资并且取得经营成功的人的介绍本身就是一种名片，投资者可以借由介绍人的介绍对创业者或创业项目有一定了解，通过对介绍人的了解对创业者给以初步的肯定。但是，这种方式接触的面可能较窄，朋友认识的投资者可能并不是我们需要的类型，而真正适合的人未必是朋友认识的人。

（4）聘用投行帮助做融资。通过投行或融资中介的帮助寻找风险投资的成功率较高。一是它们对中国活跃的投资人很了解，能够帮助创业者和投资者进行沟通；二是信誉高的投行本身就为创业者的项目成功性增加了砝码；三是投行会运用自己的经验帮助创业者挑选更合适的投资人。采用这种方式的成本也较高。

（四）政府扶持基金

创业者还可以利用政府扶持政策，从政府方面获得融资支持。

政府的资金支持是中小企业资金来源的一个重要组成部分。综合世界各国的情况，政府的资金支持一般能占到中小企业外来资金的10%左右，资金支持方式主要包括税收优惠、财政补贴、贷款援助、风险投资和开辟直接融资渠道等。

随着我国经济实力的增强，政府对创业的支持力度，无论从产业的覆盖面还是从政府对创业者的支持额度都有了很大进展，由政府提供的扶持基金也在逐步增加。如专门针对科技型企业的科技型中小企业技术创新基金，专门为中小企业“走出去”准备的中小企业国际市场开拓资金等，还有众多的地方性优惠政策等。创业者应善于利用相关政策的扶持，以达到事半功倍的效果。

1. 再就业小额担保贷款

再就业小额担保贷款：根据中发［2002］12号文件精神，为帮助下岗失业人员自谋职业、自主创业和组织起来就业，对于诚实守信、有劳动能力和就业愿望的下岗失业人员，针对他们在创业过程中缺乏启动资金和信用担保，难以获得银行贷款的实际困难，由政府设立再担保基金。通过再就业担保机构承诺担保，可向银行申请专项再就业小额贷款。该政策从2003年初起陆续在全国推行，并不断扩大小额担保贷款的范围，目前再就业小额担保贷款的适用范围包括年龄在指定范内（一般为60岁以内，地方政策可能有所不同），有创业愿望和劳动能力，诚实守信，有《下岗证》或者《再就业优惠证》的国企、城镇企业下岗职工；退役军人；农民工；外出务工返乡创业人员；吸纳下岗失业人员达到地方规定的小企业、合伙经营实体或劳动密集型企业；大中（技）专毕业生；残疾人员；失地农民等符合条件的人员。

2. 科技型中小企业技术创新基金

科技型中小企业技术创新基金是于1999年经国务院批准设立的，为扶持、促进科技型中小企业技术创新，用于支持科技型中小企业技术创新项目的政府专项基金，由科技部科技型中小企业技术创新基金管理中心实施。创新基金重点支持产业化初期（种子期和初创期）、技术含量高、市场前景好、风险较大、商业性资金进入尚不具备条件、最需要由政府支持的科技型中小企业项目，并将为其进入产业化扩张和商业性资本的介入起到铺整和引导作用。创新基金以创新和产业化为宗旨，以市场为导向，上联“863”“攻关”等国家指令性研究发展计划和科技人员的创新成果，下接“火炬”等高技术产业化指导性计划和商业性创业投资者。根据中小企业和项目的不同特点，创新基金通过无偿拨款、贷款贴息和资本金投入等方式扶持和引导科技型中小企业的技术创新活动，促进科技成果的转化。

3. 中小企业国际市场开拓资金

中小企业国际市场开拓资金是由中央财政和地方财政共同安排的专门用于支持中小企业开拓国际市场的专项资金。市场开拓资金用于支持中小企业和为中小企业服务的企业、社会团体和事业单位（以下简称项目组织单位）组织中小企业开拓国际市场的活动。该资金的主要支持内容包括举办或参加境外展览会；质量管理体系、环境管理体系、软件出口企业和各类产品的认证；国际市场宣传推介；开拓新兴市场；组织培训与研讨会；境外投（议）标等方面。市场开拓资金支持比例原则上不超过支持项目所需金额的50%，对西部地区的中小企业以及符合条件的市场开拓活动，支持比例可提高到70%。

4. 天使基金

政府有关部门和社会各界有识之士纷纷出资，设立了鼓励和帮助大学生自主创业、灵活就业的一些天使基金。如北京青年科技创业投资基金是由北京科技风险投资股份有限公司出资设立，与共青团北京市委、北京市青年联合会和北京市工商局共同管理的一项基金。其特点之一是以个人为投资主体，孵化科技项目的快速成长，凡在电子信息产业、新材料、生物医药工程及生命科学领域拥有新技术成果，45 岁以下的自然人均可申请创投基金，资金投资区域为北京地区。

5. 其他基金

科技部的“863”计划（http：//www.863.gov.cn/）、火炬计划（http：//program.most.gov.cn/）等，连同科技型中小企业技术创新基金一起，每年都有数十亿元资金用于科技型中小企业的研发、技术创新和成果转化；财政部设有利用高新技术更新改造项目贴息基金、国家重点新产品补助基金；国家发展和改革委员会设有产业技术进步资金资助计划、节能产品信息项目计划；工业和信息化部设有电子信息产业发展基金（http：//www.itfund.gov.cn/）等。

各省市等为支持当地创业型经济的发展，也纷纷出台政策支持创业。主要有人力资源和社会保障部设立的开业贷款担保政策、小企业担保基金专项贷款、中小企业贷款信用担保、开业贷款担保、大学生科技创业基金等。

创业者应结合自身情况，利用好相关政策，获得更多的政府基金支持，降低融资成本。

（五）知识产权融资

知识产权融资也是创业者值得关注的融资方式，在国内外已有诸多成功案例，知识产权融资可以采用知识产权作价入股、知识产权抵押贷款、知识产权信托、知识产权资产证券化等方式。

1. 知识产权作价入股

2014 年 3 月 1 日实施的《中华人民共和国公司法》（以下简称公司法）第二十七条规定：“股东可以用货币出资，也可以用实物、知识产权、土地使用权等可以用货币估价并可以依法转让的非货币财产作价出资。”允许知识产权入股，明确了知识产权作为生产要素的原则。《公司法》还规定，不再限制股东（发起人）的货币出资比例，无形资产可以百分百出资。这说明股东可以专利、商标、软件著作权等无形资产进行百分之百的出资，有效地减轻股东货币出资的压力。根据《公司法》的规定，除了法律、行政法规规定不得作为出资的财产以外，股东可以用知识产权等可以用货币估价，并可以依法转让的非货币财产作价出资。对作为出资的非货币财产应当评估作价，核实财产，不得高估或者低估作价，必须经过专业的知识产权评估才可以作为出资依据。

2. 知识产权质押贷款

知识产权质押贷款是指以合法拥有的专利权、商标权、著作权中的财产权，经评估后向银行申请融资，是商业银行积极探索的中小企业融资途径。2006 年全国首例知识产权质押融资贷款在北京诞生，2008 年国家知识产权局确定了知识产权质押融资的试点城市；很多地市出台了质押贷款管理办法，如浙江 2009 年 1 月 20 日出台《浙江省专利权质押贷款管理办法》，为金融机构、企业操作知识产权质押提供了规范指引；2009 年 9 月和 11 月，广州市知识产权局、武汉市知识产权局分别和有关银行签署了促进知识产权质押融资的合作协议；2010 年财政部、工业和信息化部、中国银行业监督管理委员会、国家知识产权局，国家工商行政管理总局、国家版权局共同发布了《关于加强知识产权质押融资与评估管理，支持中小企业发展的意见》通知，进一步推进了知识产权质押融资工作的开展。

知识产权质押融资可以采用以下三种形式：质押——知识产权质押作为贷款的唯一担保形式；质押加保证——以知识产权质押作为主要担保形式，以第三方连带责任保证（担保公司）作为补充组合担保；质押加其他抵押担保——以知识产权作为主要担保形式，以房产、设备等固定资产抵押，或个人连带责任保证等其他担保方式作为补充担保的组合担保形式。

知识产权质押贷款仅限于借款人在生产经营过程中的正常资金需求，贷款期限一般为 1 年，最长不超过 3 年：贷款额度一般控制在 1 000 万元以内，最高达 5 000 万元；贷款利率采用风险定价机制，原则上在中国人民银行基准利率基础上按不低于 10%的比例上浮。质押率：发明专利最高为 40%，实用新型专利最高为 30%；驰名商标最高为 40%，普通商标最高为 30%。质物要求投放市场至少 1 年以上根据企业的现金流情况采取灵活多样的还款方式。

3. 知识产权信托

知识产权信托是以知识产权为目标的信托，知识产权权利人为了使自己所拥有的知识产权产业化、商品化，将知识产权转移给信托投资公司，由其代为经营管理，知识产权权利人获取收益的一种法律关系。依据知识产权的类型，结合我国目前已有的信托案例，当前的知识产权信托包括专利信托、商标信托、版权信托等方式。在美国、欧洲、日本等国家，知识产权信托已广泛用于电影拍摄、动画片制作等短期需要大量资金的行业的资金筹措。流动资金少的文化产业公司，在投入制作时，可与银行、信托公司签订信托构思阶段新作品著作权的合同，银行或信托公司向投资方介绍新作品的构思、方案，并向投资方出售作品未来部分销售收益的“信托收益权”，制作公司等则以筹集到的资金再投入新作品的创作。

2000 年 9 月武汉市专利管理局、武汉国际信托投资公司联合策划、构架的“专利信托”在武汉市首先推出，推动了金融资本与无形资本有机结合，引起国内外投资界、企业界的广泛关注。到目前为止，知识产权信托在我国的发展状况并不理想，还需要在立法完善和政策支持上多加关注。

4. 知识产权资产证券化

知识产权资产证券化是发起人将能够产生可预见的稳定现金流的知识产权，通过一定的金融工具安排，对其中风险与收益要素进行分离与重组，进而转换成为在金融市场上可以出售的流通证券的过程。知识产权资产证券化的参与主体包括发起人（原始权益人）、特设载体（SPV）、投资者、受托管理人、服务机构、信用评级机构、信用增强机构、流动性提供机构。近几年，美国、英国、日本等国家的知识产权资产证券化发展迅速。在美国，知识产权资产证券化的对象资产已经非常广泛，从电子游戏、音乐、电影、娱乐、演艺、主题公园等与文化产业关联的知识产权，到时装设计的品牌、最新医药产品的专利、半导体芯片，甚至专利诉讼的胜诉金，几乎所有的知识产权都已经成为证券化的对象。在日本，产业省早在2002年就声明要对信息技术和生物等领域企业拥有的专利权实行证券化，成功地对光学专利实行了资产证券化。

2004年，国务院颁布《关于推进资本市场改革开放和稳定发展的若干意见》，强调指出应“建立以市场为主导的品种创新机制，研究开发与股票和债券相关的新品种及其衍生产品，加大风险较低的固定收益类证券产品的开发力度，为投资者提供储蓄替代型证券投资品种，积极探索并开发资产证券化品种”。该政策文件为知识产权资产证券化在我国的探索发展提供了政策支持。企业生命周期与融资渠道见表4-2。

表4-2　企业生命周期与融资渠道

融资渠道	种子开发期	启动期	早期成长期	成长后期
个人积蓄				
亲友款项				
天使投资				
合作伙伴				
创业投资				
抵押贷款				
融资租赁				
商业信用				

注：表中深色的区域为对应于该阶段采用较多的融资渠道，浅灰色的区域为该阶段也可能会采用的融资渠道。

三、创业融资的选择策略

在了解了创业融资过程中的常见问题，计算出创业所需资金，熟悉了不同的融资渠道之后，创业者需要综合自身拥有的资源情况，遵循创业融资的原则，充分分析股权融资和债权融资的利弊，做出科学的融资决策。需要提及的是，创业融资不只是一个技术问题，还是一个社会问题，应从建立个人信用、积累社会资本等方面做好准备。

（一）创业融资的原则

筹集创业资金时，创业者应在自己能够接受的风险的基础上，遵循既定的原则，尽可能以较低的成本及时足额获得创业资金。一般来说，创业融资应遵循以下原则。

1. 合法性原则

创业融资作为一种经济活动，影响着社会资本及资源的流向和流量，涉及相关经济主体的经济权益，创业者必须遵守国家的有关法律法规，依法依约履行责任，维护相关融资主体的权益，避免非法融资行为的发生。

2. 合理性原则

在创业的不同时期，企业资金的需求量不同，能够采用的融资方式可能也不同，创业者应根据创业计划，结合创业企业不同发展阶段的经营策略，运用相应的财务手段，合理预测资金需要量，详细分析资金的筹集渠道，确定合理的资本结构，包括股权资金和债权资金的结构，以及债权资金内部的长短期资金的结构等，为企业持续发展植入一个“健康的基因”。

3．及时性原则

市场经济条件下机会稍纵即逝的特性，要求创业者必须能够及时筹集所需资金，将可行的项目付诸实施，并根据新创企业投放时间的安排，使融资和投资在时间上协调一致，避免因资金不足影响生产经营的正常进行，同时也防止资金过多造成的闲置和浪费，将资金成本控制在合理的范围之内。

4．效益性原则

创办和经营企业的根本目的是获得一定的经济利益，所以，创业者应在进行成本效益分析的基础上决定资金筹集的方式和来源。鉴于投资是决定融资的主要因素，投资收益和融资成本的对比便是创业者在融资之前要做的首要工作，只有投资的报酬率高于融资成本，才能够使创业者实现创业目标；而且投资所需的资金数量决定了融资的数量，对于创业项目投资资金的估计也会影响融资的方式和融资成本。因此，创业者应在充分考虑投资效益的基础上，确定最优的融资组合。

5．杠杆性原则

创业者在筹集创业资金时，应选择有资源背景的资金，以便充分利用资金的杠杆效应，在关键的时候为企业发展助力。大多数优秀的风险投资往往在企业特殊时期会与企业家一起，将有效的资源进行整合，如选择投行、券商，进行IPO路演等，甚至还参与到企业决策中来。这种资源是无价的。因此，创业者不能盲目地“拜金”，找到一个有资源背景的基金更有利于企业的持续快速发展。

（二）股权融资决策

股权融资形成企业的股权资本，也称权益资本、自有资本，是企业依法取得并长期持有，可自主调配运用的资金。广义上的股权融资包括内部股权融资和外部股权融资。外部股权融资的方式包括个人积蓄、亲友投入、合伙人资金和天使投资等。内部股权融资主要是企业的内部积累。

创业企业在创建的启动阶段及较早发展阶段，内部积累显得格外重要。采用内部积累方式融资符合融资优序理论的要求，也是很多创业者的必然选择。内部积累的资金来源主要是企业在经营过程中赚取的利润。鉴于创业企业在资金实力、经营规模、信誉保证、还款能力等方面的限制，创业企业往往会通过不分红或少分红的方式，将企业的经营利润尽可能通过未分配利润的形式留存下来，投入到再生产过程，为持续经营或扩大经营提供必要的资金支持。

股权融资是创业企业最基础，也是创业者最先采用的融资方式。股权融资的数量会影响债权融资的数量，股权融资的分布会影响创业企业未来利润的分配与长远发展。创业者在进行股权融资决策前应了解增加获得股权融资概率的方法，融资决策时应考虑投资者的特点和专长。

1．股权融资需考虑的问题

创业者是否要通过合伙或组建公司的形式筹集资金，对于企业日后的产权归属和企业发展有着极为重要的作用。由于合伙企业既是资合又是人合，所以对于合伙人的选择更为重要，如果创业者拟吸收合伙人的资金，则一定要认真考虑合伙人的专长和经验，以更好地发挥团队优势，各尽其才。在吸引风险投资商投资时，创业者要分析其声誉的大小、专注投资的领域以及其对投资企业的态度，选择最适合企业发展的投资商。

无论通过何种方式吸引股权投资，对合作者的专长和特质都要进行充分了解，以期寻求更长久的合作，谋求企业更好发展。另外，对企业控制权的把握也是创业者必须考虑的因素，转让多少控制权能够既吸引投资又有利于对企业日后经营的控制，是创业者必须慎重选择且关乎企业健康发展的最重要的问题之一。

2. 增加获得股权融资的机会

无论是吸收合伙人的出资、采用组建公司的方式还是吸收其他企业或风险资本的投资，要增加获得股权资本的概率，需要创业者具有以下基本条件。

(1) 有一个好的项目。一个好的项目是吸引股权资金的基本条件，创业者首先应能够找到一个吸引人的、有着广阔发展前景和足够利润空间的项目，且能够证明自己有足多的实施该项目的能力。

(2) 有自己在该项目的投入。创业者对项目的投入，可以是资金方面的（包括房屋、设备等固定资产的投入），也可以是其他方面的，如技术和劳务的投入。创业者对项目的投入说明了其对项目的信心。

(3) 有较高的逆商。游说他人在自己看好的项目上投资，需要创业者具备足够的应对拒绝和应付挫折的勇气。创业者应该多进行尝试，包括多次申请或向多个潜在投资者申请，尤其是在吸引风险投资上。创业者一方面应多联系一些投资公司，并且有针对性地向其提供自己的商业计划；另一方面应对自己联系的投资公司进行跟进，以增加获取资金的机会。

(三) 债权融资决策

债权融资形成企业的债务资本，也称借入资本，是企业依法取得并依约运用、按期偿还的资本。向亲友借款、向银行借款、向非银行类金融机构借款、交易信贷和租赁、向其他企业借款等是常用的债权融资方式。

创业者可以根据企业需要，结合筹集资金的目的，选择筹集长期或短期的资金，一方面，使资金的来源和运用在期间上相匹配，提高偿还债务的能力；另一方面，尽可能降低资金的筹集成本，提高创业企业的经济效益。

1. 债权融资需考虑的问题

创业者如果想通过借款的方式筹集资金，需要从以下几个方面进行分析。

(1) 考虑经营过程中的获利是否能够超过借款的利息支出及其他费用支出。如果企业在日后的经营过程中赚取的利润能够支付借款的利息和其他费用支出，且还有剩余，则借款经营对企业较为有利，可以给创业者带来财务杠杆收益。

(2) 慎重考虑借款期限。借入资金的归还期限应与其投资的资产回收期限相匹配，保证企业在日后归还投资时，不会影响正常的生产经营。

(3) 确定合理的借款金额。借款经营成本较低且具有财务杠杆效应，但每期会有固定的资金支出。创业者在决定借款前一定要对其风险和收益进行充分权衡，并根据企业实际的资金需要量确定一个合适的借款金额。

(4) 充分考虑借款可能的支出。对于创业者来说想获得借款，一般都需要提供抵押或担保，如果创业者缺乏债权人认可的抵押资产，则可以申请担保公司为其借款进行担保。但担保公司作为营利性的企业会收取部分担保费用，如果创业者拟通过担保公司担保的方式取得借款，则还需要将担保公司的担保费用计入未来的经营成本，以有效地避免经营风险。

(5) 选择合适的银行。创业者应事先通过各种渠道对银行的风险承受力、银行对借款企业的态度等信息进行了解，以选择最适合新创企业借款的银行。

2. 增加获得债权融资的机会

增加获得债权融资的机会，需要创业者首先了解债权人在发放贷款时主要考虑的因素，以便有针对性地进行应对；还要从团队、项目、商业计划等方面做好充分准备。

(1) 了解债权人在评估贷款申请时考虑的问题。

一般来说，贷款人在收到借款人的借款申请后，会从许多方面对借款人的资质进行评估，以决定是否放款。这些因素包括以下几方面。

①借款人的信用。银行在评市企业贷款申请时，要考虑借款人的信用6C，即借款人品质（character)，考察申请人对待信用的态度，包括过去的信用记录；偿还能力（capacity)，审查申请人的收入情况以确定其是否有能力偿还借款；资本结构（capital)，审查申请人的个人财产，包括存款、不动产及其他个人财产；经营（conditions)，地区、国家的经济状况对贷款的难易程度有很大影响；担保物（collateral)，是否有担保和抵押财产以及这些财产的质量也是银行要考虑的重要方面；事业的连续性（continuity)，借款企业持续经营的前景，银行要考虑借款人能否在日益竞争的环境中生存与发展。在信用6C中，借款人的品质最为重要。

②贷款类型和还款期限。贷款机构会考虑借款人的货款类型，是短期借款（期限在一年内的借款）还是长期借款（还款期超过一年的借款)，同时还要对借款人提出的这款方案进行分析，以确认借款人的还款能力。

③贷款目的和用途。贷款人为保证自己的资金安全，一般会对贷出资金的用途进行规定，并要求借款人不能将资金用于法律法规限制或禁止的项目上，力求资金的使用符合规定用途。

④资金的安全性。除了对借款人的以上情况进行考察外，贷款机构还会对创办企业未来的销售情况和现金流状况进行预测，以分析企业未来是否有足够的现金流用于偿还贷款本息。

(2) 从团队、项目等方面进行充分准备。

不论从何处筹集债权融资，创业者要增加获取款项的可能性，都需要具备一些基本的条件，并从以下几个方面入手。

①优秀的创业团队。创业者是创办企业的核心和关键因素，优秀的创业团队是项目成功实施的保障，创业团队需要证明其具备经营企业的能力，需要向贷款机构（人）展示其具备拟开展业务领域里的经验或知识，以吸引债权人的目光和资金。因为债权人的资金可能会投给具有一流团队和二流项目的企业，但一般不会投给具有一流项目和二流团队的企业。所以，优秀的创业团队是吸引债权人资金的首要条件。

②可行的企业想法。吸收债权人资金的第二个要件是创业团队要拥有一个可行的企业想法。一个好的企业想法是实现创业者愿望和创造商业机会的第一步，但只有经过评估可行的企业想法才能够成为商业机会，给创业者带来经济和社会效益。

③完善的商业计划。创业者应该首先能够证明自己有明晰的企业战略，并且有通往成功之路的切实可行的行动计划。创业者或创业团队除了具备可行的企业想法外，还必须能够将具体的企业想法细化到每一个步骤、每一个预算，将其落实到具体的商业计划之中。完善的商业计划是创业者吸引资金的重要文件。创业者应该请专业人士帮其准备一份让金融机构感到值得研究的商业计划，增加获得贷款的可能性。

④高质量的抵押资产。按照《贷款通则》第十条的规定，“除委托贷款以外，货款人发放贷款，借款人应当提供担保”。处于筹备期或初创期的企业，一般不符合货款人要求的资信条件，难以取得信用贷款，而需要以一定的资产做抵押。如果创业者或其团队成员拥有高质量的抵押资产，则其取得贷款的概率会大大提高。

（四）融资方式的比较

无论是股权融资还是债权融资均具有一定的优点，也存在着不足，创业者要熟悉不同融资方式的利弊，考虑不同情况下的融资成本，以便做出科学的融资决策。

1. 不同融资方式的利弊

通过股权融资方式获得的资金既可以充实企业的营运资金，也可以用于企业的投资活动。通过债权融资所获得的资金，企业首先要承担资金的利息，在借款到期后要向债权人偿还资金的本金。

债权融资的资金成本较低，合理使用还能带来杠杆收益，但债务资金使用不当会带来企业清算或终止经营的风险；股权资金的资金成本由于要在所得税之后支付，成本较高，但由于在企业正常生产经营过程中，不用归还投资者，是一项企业可永久使用的资金，没有财务风险。创业者在筹集资金时应对债务资金、股权资金的优缺点进行比较，并考虑企业的资金需要量、资金的可得性、宏观理财环境、筹资的成本、风险和收益，以及控制权分散等问题来进行综合分析。不同融资方式比较见表 4-3。

表 4-3　不同融资方式的比较

比较项目	股权融资	债权融资
本金	永久性资本，保证企业最低的资金需要	到期归还本金
资金成本	根据企业经营情况变动，相对较高	事先约定固定金额的利息
风险承担	低风险	高风险
企业控制权	按比例或约定享有，分散企业控制权	无，企业控制权得到维护
资金使用限制	限制条款少	限制多

2. 创业融资决策

在进行创业融资决策时，除了考虑不同融资方式的优缺点、融资成本的高低外，还要考虑创业企业所处的生命周期阶段、创业企业自身的特征，了解采用不同融资方式时应该特别予以关注的问题。

（1）创业所处阶段。

创业融资需求具有阶段性的特征，不同生命周期阶段具有不同的风险特征和资金需求，不同融资渠道能够提供的资金数量和风险程度也不同，因此，创业者在融资时需要将不同阶段的融资需求和融资渠道进行匹配，提高融资工作的效率，以获得创业所需资金，化解企业融资难题。

在种子期，企业处于高度的不确定性当中，很难从外部筹集债务资金，创业者个人积蓄、亲友款项、天使投资、创业投资以及合作伙伴的投资可能是采用较多的融资渠道；进入启动期之后，创业者还可以使用抵押贷款的方式筹集负债资金。

企业进入成长期以后，已经有了前期的经验基础，发展潜力逐渐显现，资金需求量较以前有所增加，融资渠道上也有了更多选择。在早期成长阶段，企业获得常规的现金流用来满足生产经营之前，创业者更多采用股权融资的方式筹集资金，战略伙伴投资、创业投资等是常用的融资方式，此时也可以采用抵押贷款、租赁，以及商业信用的方式筹集部分生产经营所需资金；成长期后期，企业的成长性得到充分展现，资产规模不断扩大，产生现金流的能力进一步提高，有能力偿还负债的本息，此时，创业者更多采用各种负债的方式筹集资金，获得经营杠杆收益。

（2）新创企业特征。

创业活动千差万别，所涉及的行业、初始资源禀赋、面临的风险、预期收益等有较大不同，其所要面对的竞争环境、行业集中度、经营战略等也会不同，因此，不同创业企业选择的资本结构会有所不同。对于高科技产业或有独特商业价值的企业，经营风险较大，预期收益也较高，创业者有良好的相关背景，较多采用股权融资的方式；传统类的产业，经营风险较小，预期收益较容易预测，比较容易获得债权资金。实践中，创业企业在初始阶段较难满足银行等金融机构的贷款条件，债权资金更多采用民间融资的方式。新创企业类型和融资方式见表 4-4。

表 4-4　新创企业类型和融资方式

创业企业类型	新创企业特征	融资方式
高风险、预期收益不确定	弱小的现金流；高负债率；低、中等成长；未经证明的管理层	个人积蓄、亲友款项
低风险、预期收益易预测	一般是传统行业；强大的现金流；低负债率；优秀的管理层；良好的资产负债表	债权融资
高风险、预期收益较高	独特的商业创意；高成长；利基市场；得到证明的管理层	股权融资

资料来源：［美］布鲁斯. R. 巴林格，R. 杜安. 爱尔兰. 创业管理：成功创建新企业［M］. 杨俊，薛志红，等，译. 北京：机械工业出版社，2010：171.

【课堂活动】

以小组为单位，分析讨论【案例思考】中的问题，并派出代表作阐述。

【本节要点回顾】

1. 机构融资。
2. 风险投资。
3. 政府扶持基金。
4. 创业融资的选择策略。

【延伸阅读】

政府财政支持

1. 为什么大学生创业较少利用国家支持政策？

浙江万里学院的周洁、谢冰沁等7名同学从2008年12月开始，在两个多月的时间里，通过发放问卷、实地调研等方式对浙江大学、浙江工商大学、宁波大学、浙江万里学院、绍兴文理学院、浙江金融职业技术学校等近20所高校的大学生自主创业情况展开了调查，发放问卷1 000余份，回收有效问卷680份，其中约10%的受访者是往届毕业生。

对于一个刚刚刚跨出大学校门的学生来说，既没有社会经验又没有经济来源，他们如何解决创业资金问题呢？在接受调查的680名学生中，有5%的人选择向政府部门申请资金，有57%的人选择银行借贷，14.6%的人选择向父母及亲朋好友借，14%的人选择吸引风险投资，9.4%的人选择自己积累。政府出台如此多的优惠政策，为什么考虑申请的人却那么少呢？调查发现，有33%的人表示不了解政府支持大学生自主创业的相关政策和优惠条件，43%的人表示仅限于听说，20%的人表示一般了解，只有4%的人表示十分了解。同学们得出一个结论：对于政府出台的各种政策如何做到更好地让学生了解也是存在的问题之一。

（资料来源：中青在线教育新闻中心，http://edu.cyol.com/content/2009-02/11/content_2535746.htm.）

2. 如何更好地利用政府政策

主要经过以下步骤：

第一，学会与政府打交道。作为一个创业者，不仅要能够抓技术开发，抓产品市场，还要会抓融资，学会与政府打交道。

第二，认真学习。创业者要认真学习政府的有关产业政企和扶持政策，了解哪些产业是政府的扶持对象、有什么具体的规定、申请需要提交的材料和程序等。可以通过以下途径去学习和了解：通过政府各部门的网站；通过直接到政府主管部门与有关人员交谈；通过行业协会，以及协会举办的一些活动和讲座；通过专家、专业人士及中介机构等。

第三，做好申请准备工作。包括填写相应表格，对自己的创业项目进行针对性评估等，尤其是企业的核心技术、发展潜力、无形资产等方面的价值，以便符合支持政策的要求。

第四，按规定程序申请。在这个过程中，申请材料必须准备充分，把企业的内在价值尽可能反映出来；同时，要主动与有关政府主管部门的人员接触、沟通，使他们对创业者及其企业的基本情况，特别是管理团队有较深了解，建立起必要的公共关系和信用关系。

（资料来源：杜耀华. 中小企业如何获取政府财政支持［J］. 现代乡镇，2003（9）：483.）

【创业实训】

1. 选择一个创业项目（从事的创业项目或拟从事的创业项目），完成一份商业计划书和10分钟的路演幻灯片，组织项目模拟路演。

2. 根据自己所从事的创业项目，确定融资类型，制定融资方案。

第三节　创业资源管理

【创业语录】

一个企业90%的资源都是整合进来的。——牛根生（蒙牛乳业集团创始人）

工作上的执着，实际上是人的一种意志。——张近东（2014中国互联网年度人物）

事在人为，也就是说，办事就要找人，而且要找对人；人找得多了也不行，少了也办不成事；办不同的事，找不同的人。现在，我已经弄清楚了。——陈镇光（艺术工作者）

【案例导入】

案例一：高尔夫球场上的老板赚得更多

"很多年前我就开始打高尔夫球，有的老板一个星期有三四天在高尔夫球场上。在打球的过程中结识并慢慢了解这些老板之后，我发现一个这样的现象：和那些一天到晚在公司忙的老板相比，这些悠闲的老板赚的钱并不少，甚至比那些整天忙的老板赚的还要多。"

为什么高尔夫球场上的老板赚得更多呢？作者周嵘在书中分析了三个原因：第一，因为整合到了优秀的人才帮他们干活，他们才能有更多的休闲时间；第二，由于经常出来和优秀的社会精英们在一起，能不断地从别人身上学到很多重要的企业经营经验及做人做事的思维；第三，社会上重要的资源都掌握在这些成功人的手里，与成功人士相处时间长了，彼此有了信任，他们便愿意把他们的资源拿出来与朋友一起共享，这样，大家都能为企业引进更多更好的资源，企业的发展也就解决了。

精华观点：领导者就是整合者，最好的领导者就是最好的整合者。

案例二：现代奥运会中几乎没有输家

"现代奥运会就是一种高级阶段的整合，它将奥运精神和体育竞技以'1+1=11'的共赢模式来实现。奥林匹克运动包含4场公平竞争的比赛，即运动员、媒体、举办城市和赞助商，任何一场比赛的参与者都能享受另外3场比赛为其带来的巨大收益。所以，在奥林匹克模式中几乎没有输家，所有坚持完成比赛的参与者都是赢家。"

奥运会的所有参与者的定位虽然不同，但是方向是一致的。只要彼此将手中拥有的资源共享出来，就可以获得别人手中你想要的资源。因此，“方向相同，定位不同的两个‘1’相加，可以获得更佳的结果，即‘11’，最终实现合作伙伴各自利益的满足，并获得共同成长的机会”。

精华观点：资源整合的高级阶段——1＋1＝11。

案例三：蒙牛的快速发展离不开资源整合

“蒙牛集团的创立者牛根生当年创业时，也跟很多人一样，缺一少十，可是蒙牛却跑出了火箭一般的速度：他整合工厂，整合政府农村扶贫工程，整合农村信用社资金。没运输车，整合个体户投资买车；没宿舍，整合政府出地，银行出钱，员工分期贷款。这样，农民用信用社贷款买牛，蒙牛用品牌担保农民生产出的牛奶包销，蒙牛一分钱没花，整个北方地区 300 万农民都在为蒙牛养牛。”

从蒙牛的案例中可以看出：任何企业家都不可能拥有世界上所有的资源，你手中可支配的资源总是有限的。想要实现自己的发展目标，就必须利用自己手中可占用和支配的资源与他人交换自己所需要的资源，同时让对方也能得到他想要的资源。这就是资源整合的一个重要法则，也是作者想要传达给我们的整合思维模式。

精华观点：能不能把可以利用的资源整合过来为己所用，关键在于你有没有整合的思维。

案例四：诸葛亮借的为什么都不用还?

“诸葛亮被大家喻为智慧的化身，他一生中的很多传奇故事都跟‘借’字有关，借天时、借地利、借人和、借荆州、借东风、草船借箭、借火、借雨等。”

诸葛亮在古时条件有限的环境下，充分利用了自然环境与人文环境的便利，成就了大业。这也是资源整合的智慧。“他借的都不用还，所以他是借又不是借，事实上他是在整合，因为整合是不用还的。”反观现代企业的管理，最缺乏的恰恰就是这种“借”的智慧。

精华观点：假如用一个字来替代资源整合，那就是“借”。

案例五：从几百万到过亿的转变

“我有一个朋友，是做一种孕妇用的仪器，通过整合，‘傍’上一个做孕妇装的老板，这个老板在全国有 1 100 家店。这个学生通过资源整合，让他的产品从一年几百万的营业额，在很短的时间内实现了营业额过亿。”

从几百万到过亿的转变，最大的秘诀就是整合的智慧。向有结果的人借资源，学习交流则是整合智慧的最佳方式。而整合智慧的渠道包括：第一，参加培训公司的课程；第二，学习大学的课程，如长江商学院、名牌大学的 EMBA 班等；第三，参与政府或民间组织的论坛。如博鳌亚洲论坛；第四，参加各种协会、商会、俱乐部组织的活动；第五，参加平时朋友同学之间的聚会、庆典。

精华观点：知识和人脉是现在社会最主要的资源，整合智慧至关重要。

案例六：康婷模式

从前，在美国有个农村里面住着个老头，老头有三个儿子，大儿子和二儿子在城市工作，小儿子和老头在农村相依为命。有一天，从城里来了一个人，找到老头，对老头说：“我想把你的小儿子带到城市去，可以吗?”老头说：“你赶快滚出去！我就这么一个儿子在我身边，为什么要把他带走呢?”这个人说：“我给你这个小儿子在城市找份工作，可以吗?”老头说：“那也不可以。”这个人就说：“我给你这个小儿子在城市找一个对象，你看如何?”老头说：“那也不行。”这个人又说：“如果我给你儿子找的这个对象是洛克菲勒的女儿，你同意吗?”老头想了想：“洛克菲勒是世界首富、石油大王……”最后老头同意了。

过了两天，这个人又找到了洛克菲勒，对洛克菲勒说：“洛克菲勒先生，我准备给您女儿介绍一个对象?”洛克菲勒说：“你赶快滚出去！我还用你给我女儿介绍对象吗?”这个人说：“如果我给你女儿介绍的这个对象是世界银行的副总裁，你同意吗?”洛克菲勒笑了笑，点头同意了。

又过了两天，这个人找到了世界银行的总裁，对他说：“总裁先生，你现在必须立刻任命一位副总裁。”总裁先生说：“你赶快滚出去吧。我这么多的副总裁，为什么要听你的？再任命一位呢？而且还要马上?”这个人说：“如果你任命的这位副总裁是洛克菲勒的女婿，你同意吗?”总裁先生当然同意了。这就是一个资源整合的故事，资源整合就是如何把一个农民的儿子既要变成洛克菲勒的女婿，又要变成世界银行的副总裁。

精华观点：康婷模式就是帮你把所有的资源整合在一起，实现合作共赢！

【案例思考】

结合案例思考，创业过程中创业者可以开拓、发现、利用的资源有哪些？创业者是如何利用这些资源的?

【理论阐释】

一、资源开发原则

(一) 对现有创业资源进行优化配置

需要创业者对创业资源进行分类排序，当然这不是说某种资源比其他资源更重要，而是指企业处于某以特定的阶段，在这一阶段起主导作用的资源是什么，起辅助作用的资源是什么，从而确保在资源配置时做到重点突出。

(二) 参考“木桶效应”，进行查缺补漏

不能一味地考虑起主导作用的资源，一味地加大对主导作用的资源的投入，而忽视其他资源。创业者还要考虑哪种资源缺乏可能导致其他资源的浪费，因为木桶的盛水量是由最短的那块木板决定的。所以，要对潜在的资源枯竭问题进行预判，充分做好资源储备、预算管理方案，这样才能使各种创业资源在不同的阶段实现最佳的配置。

(三) 以能用和够用为原则

创业者在开发资源时应该坚持能用的原则，只有满足自己需求的、自己可以支配并使其充分发挥作用的资源，才是需要筹集的资源。一方面，资源的有限性加大了创业者开发资源的成本；另一方面，当使用资源不能弥补其成本时，资源的使用并不能给企业带来效益。

二、不同类型资源的开发

创业资源开发是指创业者开拓、发现、利用新资源或其新用途的活动。在创业过程中，创业者需要在实现资源价值的基础上丰富资源库，进一步拓展资源的来源和用途，使新创企业获得持续竞争优势。创业资源的范畴和内容较为广泛，本节重点讨论人脉资源和客户资源两类。

（一）人脉资源开发

人脉即人际关系、人际网络，体现为人的人缘和社会关系，是经由人际关系而形成的人际脉络。很多成功的商界人士都深深意识到人脉资源对自己事业成功的重要性。美国钢铁大王卡耐基经过长期研究得出结论："专业知识在一个人成功中的作用只占15%，而其余的85%则取决于人际关系。"由此可见，积累和经营人脉对于创业成功的重要性。开发人脉资源不但要对自己的人脉网络进行规划，了解拓展人脉的途径和人脉的经营原则，还要不断提高自己的人际交往能力。

1. 人脉规划

在制定人脉规划时，应注意以下几个问题：第一，人脉资源的结构要科学合理，比如性别结构、年龄结构、行业结构、学历与知识素养结构、高低层次结构、内外结构、现在和未来的结构等；第二，人脉资源要平衡物质和精神方面的需要，并重视心智方面的需要，创业者的社会关系网络中既应该有真性情的朋友和善于倾听的伙伴，还应该有一些专家、学者、教授等；第三，注意人脉的深度、广度和关联度，人脉资源既要有广度和深度，又需要有关联度，要善于利用朋友的朋友或他人的介绍等去拓展人脉资源，从长远考虑，需要关注成长性和延伸空间。

2. 人脉拓展途径

一般来说，人脉资源的拓展主要有熟人介绍、参与社团、利用网络等途径。

（1）熟人介绍。熟人介绍是一种事半功倍的人脉资源扩展方法，它具有倍增的力量，可以加快人与人信任的速度，提高合作成功的概率，降低交往成本，是人脉资源积累的一条捷径。这里有一个经典的故事，说一个推销员拜访一位成功人士，问他："您为什么取得如此辉煌的成就呢?"成功人士回答："因为我知道一句神奇的格言。"推销员说："您能说给我听吗?"成功人士说："这句格言是：我需要你的帮助!"推销员不解地问："你需要他们帮助你什么呢?"成功人士答，"每当遇到我的客户时，我都向他们说：我需要您的帮助，请您给我介绍3个您的朋友的名字，好吗？很多人答应帮忙，因为这对他们来说只是举手之劳。"闻听此言，推销员如获至宝，他按照那位成功人士的经验，不断地复制"3"的倍数，数年之后，他的客户群像滚雪球一样越滚越大，通过真诚的交往和不懈的努力，他终于成为美国历史上第一位一年内销售超过10亿美元寿险的成功人士，他就是享誉美国的寿险推销大师甘道夫。

（2）参与社团。在参与社团时，人与人的交往和互动是在"自然"的情况下进行的，有助于建立情感和信任，而且，通过社团里面的公益活动、休闲活动，可以产生人际互动和联系。如果能在社团中谋到一个组织者的角色，就可以得到服务他人的机会，在为他人服务的过程中，自然地增加与他人联系、交流和了解的时间，使人脉之路自然延伸。

（3）利用网络。网络现在已经成为社会交往最便捷、廉价，也是应用范围最广的手段之一。网络使得人们之间的交往更加便利，在网络上人们会变得更加真实，因此，利用网络可以扩大自己的朋友圈，利用网络也可以了解到他人的真实需求和想法。

3．人脉经营原则

建立和维持人脉资源需要遵循互惠互利、诚实守信、分享、坚持和“2/8”原则等。

（1）互惠互利原则。互惠互利原则就是在人际交往中要努力做到利人利己，是一种双赢的人际关系模式。利人利己观念以品格为基础，要求交往者诚信、成熟、豁达。

（2）诚实守信原则。在人际交往中，一般人都喜欢与诚实、爽直、表里如一的人打交道。因此，在人际交往中应切记诚实守信的原则，将信用作为处理人际关系的必守信条。

（3）分享原则。分享是一种最好的建立人脉资源的方式，分享越多得到的就会越多。世界上有两种东西是越分享越多的：一是智慧、知识；二是人脉、关系。

（4）坚持原则。坚持不放弃的人，才能有更多正面思考的时间、更坚定的屡败屡战的信念，从而赢得更多成功的机遇。

（5）“2/8”原则。对人一生的前途命运起重大影响和决定作用的，往往就是几个重要人物，甚至只是一个人。所以，在开发人脉资源时不能平均使用时间、精力和资源，而必须区别对待，必须对影响或可能影响我们前途和命运的20％的重要人物重点关注，在他们身上花费80％的时间、精力和资源。

另外，还要坚持3A原则。3A是Accept，Agree，Admire首字母的缩写，在人际交往中要学会接纳他人、赞同他人、赞美他人，才能获得他人的接纳、赞同和赞美。

在了解人脉拓展的途径和人脉经营的原则之后，创业者还要不断提高自己的人际交往能力。提高人际交往能力要求创业者具有平等的理念、宽容的态度、换位思考的意识和善于倾听的技巧。首先，在人际交往中要具有平等的理念。平等就是在交往中尊重别人的合法权益。彼此尊重是友谊的基础，是两心相通的桥梁。其次，要有宽容的态度。在与人相处时，应当严于律己，宽以待人，接受对方的差异，对别人有宽容心。再次，要学会换位思考。在交往中，要善于从对方的角度认知对方的思想观念和处事方式，设身处地地体会对方的情感和发现对方处理问题的独特个性方式等，从而真正理解对方找到最恰当的沟通和解决问题的方法。最后，要善于倾听。在交谈中，要专注于对方，善于从对方的发言中找出自己感兴趣的话题，适时将对方谈话的内容和自己的感受进行简要表述。

（二）客户资源开发

创业者提供的产品或服务只有被消费者接受，才能实现“惊人的一跳”，才能给企业带来现金流和利润，所以，客户资源的开发和利用会影响企业的盈利能力和可持续发展能力。客户资源的开发包括开拓新客户和留住老客户等手段。

1．开拓新客户

创业者需要通过创新的产品或服务，为潜在的顾客提供价值，或针对他们目前不满意的问题提供有明显改进的方案，或通过提供特殊待遇与优惠的方式，吸引客户。为争取到重要的客户，创业者往往需要亲自出马，通过投入精力和时间等，用诚意获取客户的信任。

创业者和新创企业可以通过特殊待遇或优惠、模仿、设计、广泛搜寻、循序渐进等策略开拓新客户。

（1）特殊待遇或优惠。最初的创业者通常会向资源供给者提供特殊的激励措施，如向早期的顾客提供广泛的顾客所要求的服务，或者免费的辅助服务、培训等，以帮助他们克服不愿迈出第一步的心理障碍；创业者还经常通过向那些其他企业不愿提供服务的客户提供服务，或者通过雇佣其他企业不愿意雇佣的个人的方式筹集创业初期所需要的资源。

（2）模仿。许多新创建的企业都试图营造出一种可靠、可信的企业形象，通过模仿一些大规模、更成熟的公司的外在形式，可以使人们对新创建企业的稳定性产生一种不假思索的信任。这种做法本身也反映了创业者具有远景规划，能够考虑他人看法的能力。

（3）设计。通过精心设计沟通的语言和方式，向不同的资源拥有者展示创业者或新创企业的形象。如为了降低资源提供者对风险的感觉，创业者常常尽可能强调新创企业的好处，向资源提供者描绘尽可能美妙、灿烂的前景，提供创业优势的事实，少提甚至不提创业风险；或通过特定的行动方案设计，给顾客提供超预期的惊喜。

（4）广泛搜寻。由于既有客观现实需求又有帮助弱者的心理愿望，而且还不考虑长期收益风险等诸多条件的资源供给者数量很少，而且企业家又很难辨别这些不同寻常的、潜力巨大的顾客，因此，为了找到最合适的资源供给者，创业者必须充分动用各方面的关系广为宣传，想方设法接触尽可能多的客户，直到找到最佳人选。

（5）循序渐进。在开拓新客户时不要只考虑眼前的经济利益。大部分生意的获利，都是靠那些成年累月一再光顾、重复采购的客户提供的。为了着眼于未来生意可能带来的利益，在开始时以持平或根本是损失的情况下获得新客户也不失为一个开发客户的良策。循序渐进的方法可以使顾客逐渐加深对新创企业的了解，而且随着企业历史记录的建立，顾客会步步增加他们的投入。循序渐进有效的另一个原因是顾客有着使当前选择与前期投入保持一致的心理需要。因此，创业者可以以一个小买卖为开端来获得大生意，让资源供给者先做出小的投入，形成“路径依赖”，然后争取其进一步的购买和投入。

2. 留住老客户：“2/8 法则”

已有的客户资源是一座享用不尽的“金山”。根据国内外的经验数据，保持一个老客户所需的成本，仅是开拓一个新用户成本的20%左右。而且，一个企业80%的收入和利润大都来自20%经常惠顾企业的老客户。因此，留住老客户，可以提升客户资源的价值，提高企业的盈利能力。

留住老客户的方法有增加客户忠诚度，加大客户转移成本，进行用户锁定等。

（1）增加客户忠诚度。企业可通过不断提高企业产品或服务的质量，提高客户继续使用本企业产品或服务的意愿；通过客户的分类管理，提高20%的重要客户的满意度；通过对客户的动态跟踪管理，经常调整重点管理的客户对象等方式增加客户的忠诚度。

（2）加大客户转移成本。通过向客户提供服务承诺、价格折扣等措施，让客户感受到超值服务；通过产品或服务的差异性，强化客户的消费习惯等，加大客户的转移成本。

（3）通过用户锁定留住客户。用户锁定是指由于信息产业中的产品多数处于某个系统中，单件产品只有与其他产品相互配合时才能发挥作用。客户在购买了某件产品之后，通常还要购买配套的硬件和软件，因此，一旦客户向某种特定的系统中投入各种补充和耐用的资产时，就会被锁定。

三、有限创业资源的创造性利用

创业者要在资源高度约束的情况下创造财富，运用平凡的资源实现不平凡的业绩，一定要善于利用有限资源。创业者利用资源的方法包括利用自有资源、拼凑资源和发挥资源的杠杆效应等。

（一）利用好自有资源

美国学者杰弗里·康沃尔在其出版的《步步为营》（bostrapping）一书中指出，步步为营不仅是一种最经济的方法，还是在有限资源的约束下获取满意收益的方法；不仅适合小企业，同样适用于高成长企业、高潜力企业。所谓步步为营是指在缺乏资源的情况下，创业者分多个阶段投入资源，并在每个阶段或决策点投入最少的资源。步步为营活动包括创业者在资源受限的情况下找实现理想目标的途径、最低限度降低对外部融资的需要、最大限度发挥创业者投在企业内部资金的作用、实现现金流的最佳使用等。学术界用 bostaorping 一词来描述这一过程。

创业者采用步步为营方法的理由：企业不可能获得充足的来自银行家或投资者的资金，新创企业所需外部资金来源受到限制，创业者推迟使用外部资金的要求，创业者对自己掌控企业全部所有权有愿望，尽可能使可承受风险最小化，以及创造一个更高效的企业，使自己看起来更“强大”以便争夺顾客，为创业者在企业中增加收入和财富等。

习惯于步步为营的创业者会形成一种审慎控制和管理的价值理念，在日常经营管理中会设法降低资源的使用量，降低成本，让所占用的资源发挥更大效益，为投资者带来更高的投资回报。

本着“保持节俭，但要有目标”的原则，创业者在实施步步为营策略时可采取以下措施：为降低营运成本，可采取外包的策略让其他人承担运营和库存的开支，减少固定成本的投资，防止因沉没成本过高，降低企业的灵活性，同时还可以利用外包伙伴已形成的规模效益和剩余能力降低企业成本；为降低管理费用，创业者可以到孵化器或创业服务中心创业，享受那里提供的廉价办公场所，与其他企业共享传真和复印设备，同时结交更多的创业者；雇用临时工甚至租借员工，使用实习生等。

（二）创造性拼凑资源

绝大部分企业在创立之初，都会受到严重的资源束缚：没有钱购买先进设备，就去淘一些废弃的二手货；招聘不到满意的员工，创业者就身兼数职，或者“上阵父子兵”。因此，面对资源约束的创业者往往利用手头已经存在的资源，或者手边能够找到的一切资源。尽管这些资源的质量也许并不是最好的，却是迈向通往自己创业成功的第一步，创造独特的服务或价值。这些资源也许对他人来说是无用的，但创业者依靠自己的经验和技巧，通过将其进行充分的整合，最终会实现自己的目标。

特德·贝克（Ted Baker）和里德·纳尔逊（Reed Nelson）拜访和记录了 40 家独立的中小企业，进行了 757 小时的调查和 167 次访谈，发现与总是在压力下运营的同行相比，总有一些企业能够在很少的资源下运营并成长。他们挑选出 20 家特别的企业和 9 家对照企业进行了为期两年的跟踪研究，发现拼凑能够很好地描述创业者资源利用的行为。

1. 创造性拼凑的概念和要素

创造性拼凑是指在资源束缚下，创业者为了解决新问题，实现新机会，整合手边现有资源，立即行动，创造出独特的服务和价值。对他人来说，这些资源也许一无是处或是“二手处理品”，但创业者能灵活运用自己的经验、知识或某项技巧，是创造性整合各种资源，最终实现新的目标和价值。

学术界用 bricolage 一词来描述这一现象。人类学家克洛德·列维斯特劳斯最早于1967 年提出“拼凑”一词，之后被广泛应用于众多学科，如文化人类学、法学、教育学、社会学等。“拼凑”包括以下几层意思：一是通过加入一些新元素，实现有效组合，改变结构；二是新加入的元素往往是手边已有的东西，也许不是最好的，但可以通过一些技巧或窍门组合在一起；三是这种行为是一种创新行为，可能会带来意想不到的惊喜。因此创造性拼凑有三个关键要素，身边的已有资源，新的目的和将就使用。

前述山西长治市，张庄村农民王金红正是利用了山边大量的，对于普通老百姓来说已经不再具有创造价值功能的农具，赋予其新的用途，将就使用的过程中产生了大量的社会效益。

2. 创造性拼凑的策略选择

按照拼凑策略涉及的空间跨度和时间长度，创造性拼凑可分为选择性拼凑和全面拼凑。创业者在整合手头的资源去应对新问题或新机会时，应采用选择性的拼凑策略。

选择性拼凑是指创业者在拼凑行为上有一定的选择性，有所为有所不为。例如，在应用领域上，他们往往会选择在一两个领域内进行拼凑，以避免全面拼凑给外界造成的标准低、质量次的“拼凑型企业”的特点，影响企业展开新市场，获取更有价值的客户，阻碍企业进步成长；在应用时间上，只在早期创业资源紧缺的情况下采用拼凑，并随着企业的发展逐渐减少拼凑的行为，直到最后完全放弃，使企业摆脱拼凑型企业的阴影，逐步走向正规化，满足更广证的市场需求。

创业者采用选择性拼凑的资源利用策略，可以应对环境限制，赢得外部资源，满足新挑战。采用拼凑策略整合资源要求创业者突破惯性的思维方式，对手边资源进行充分再利用。在农具博物馆的案例中，创业者王金红正是突破了习惯性的思维方式，才能将大家都已经放弃使用的，失去了农具原始价值的，认为没有用的农村最原始的各种农具进行收集和整理，而且只是在自家后院就建起了农具博物馆。创业者完全利用身边的已有资源，几乎没花什么成本就将其进行了整合。通过参观者的口碑相传，使农具博物馆吸引了来自 14个国家的参观者，很好地宣传了中国的农耕文化。

(三) 利用杠杆效应

杠杆效应是指以尽可能少的付出获取尽可能多收获的现象。由于创业者在创业时拥有的资源有限，需要创业者在创业过程中尽可能利用资源的杠杆效应，形成杠杆优势。

杠杆可以是资金杠杆、资产杠杆，也可以是时间杠杆、品牌杠杆、公共关系杠杆以及能力杠杆等。对创业者来说，由于初期资金缺乏、时间紧迫，因此，最适合的杠杆就是创业者个人的素质和能力，识别一种没有被完全利用的资源的能力，看到某种资源怎样被运用于特殊方面的能力，说服那些拥有资源的人转让使用权的能力等。创业者不应受其当前控制或支配的资源限制，而是应该采用大量的创造性方式，利用杠杆撬动更多资源。

资源的杠杆效应体现在以下方面：能比别人更长时间地运用资源，更充分地利用别人没有意识到的资源，利用他人或者其他企业的资源来完成自己创业的目的，以一种资源补足另一种资源、以产生更高的复合价值，利用一种资源获得其他资源等。

对创业者来说，容易产生杠杆作用的是其社会资源。社会资源是存在于社会结构之中，为社会网络之间的行为者进行交易与协作等特定活动提供便利的资源。创业者个人的社会网络为其提供了开拓不同市场的信息，有利于社会上的有关信息通过网络中的亲朋好友进行传递，为其提供创业机会，以及提高创业经济效率和发现新的获利机会。所以，能够成功创业并促进企业发展的是那些充分利用已建立了良好关系网络的人。

创业者的校友资源是一种很好的杠杆资源，MBA、EMBA之所以收高价学费，部分原因正是基于校友资源的价值。

四、资源开发的推进

（一）资源开发的推进方法

1. 寻找式资源整合

寻找整合外界资源的方案，进行积极的寻找和整合所能利用的创业资源，这就要求创业者具备较强的预见力和洞察力。较强的预见能力可以让创业者准确地把握自己所在行业的发展热点和竞争焦点。洞察力是一种从不同类型的信息中获得知识的能力，只有拥有较强的预见能力和洞察能力，才能在多的资源中获得对自己创业有所帮助的资源。

2. 累积式资源整合

进入创业过程的中期，新创企业得到了一定的发展，也积累了一些企业赖以生存发展的创业资源，这段时期，企业正处于发展关键期，创业资源需要不断累积和增加，这需要创业者掌握累积式的资源整合方法，进一步了解创业资源的特征以便于更好地整合利用。也就是说，为了有效利用已获得的创业资源，对其进行分析、归类，只有对已有的资源进行准确的分析定位，才能在此基础上进行进一步的整合利用，才能发挥资源的最大效能，不断提高企业的核心竞争力。

3. 开拓式资源整合

企业取得初步发展之后，创业者要想使企业继续快速发展，就必须采用开拓式创业资源整合。开拓式资源整合强调创新能力，当今社会的竞争，与其说是人才的竞争，不如说是人的创造力的竞争。开拓式创业资源整合要求创业者要不断地把创新式思维注入其中，用创新的视角去寻找具有创新点的创新资源，特别是继续寻找企业的新的增长点，在新的增长点上充分开拓和整合利用资源，这一点对创业基础较为薄弱的大学生创业者来说尤为重要。

（二）资源开发机制

具体到每一种资源，创业者可以通过以下三步搞定。

1. 辨识资源拥有者及其利益诉求

利益相关者可以分为以下三个层面：资本市场的利益相关者，例如股东和债权人；产品市场的利益相关者，主要包括顾客，供应商所在社区和工会组织；以及企业内部的利益相关者，如经营者和其他员工。外部资源整合时强调的利益相关者主要是前两种。创业者要更多地整合到外部资源，首先要找到尽可能多的利益相关者。一般来说，投资或经营多样化的利益相关者，有丰富经验的利益相关者，有很多过剩资源的利益相关者，都是资本市场的利益相关者。创业者应在人力资源开发时想方设法多接触他们，经营好和他们的关系，以便需要筹集资源时方便与其接洽。

2. 设计合理的利益分配机制

在识别出利益相关者之后，需要设计合理的利益分配机制，在给新创企业带来收益的同时，给资源拥有者一定的回报，并能够使对方合理规避可能的风险，以此获得拥有资源的利益相关方的青睐。创业者可以通过出让一定股权，建立长期供求合作关系、技术联盟等方式设计建立一套合作共赢的利益分配机制。

3. 建立共赢的长期合作关系

利益分配机制是合作的第一步，此后的友好合作还需要创业企业精心的维护、创业者可以通过常规化的沟通方式，让利益相关方了解企业，增强对企业的信任，甚至加大对企业的投资；创业者还需要尽快从人际信任过渡到制度信任，建立更宽泛的信任关系，以获取更大规模的社会资本。

【课堂活动】

游戏规则和程序：

（1）将学员分成几个小组，每组在 5 人以上为佳。

（2）每组先派出两名学员，背靠背坐在地上。

（3）两人双臂相互交叉，合力使双方一同站起。

（4）以此类推，每组每次增加一人，如果尝试失败需再来一次，直到成功才可再加一人。

（5）培训者在旁观看，选出人数最多且用时最少的一组为优胜。

游戏讨论：

（1）你能仅靠一个人的力量就完成起立的动作吗？

（2）如果参加游戏的队员能够保持动作协调一致，这个任务是不是更容易完成？为什么？

（3）你们是否想过一些办法来保证队员之间动作协调一致？

教师总结：

这个游戏虽然简单，但是依靠一个人或几个人的力量是不可能完成的。因为在这个游戏中，大家组成了一个整体，需要全力配合才可能达到目标，它就像创业初期拥有创业资源的同时也要学会创造性利用。

【本节要点回顾】

1. 创业资源按性质可以分为人力资源、财务资源、物质资源、技术资源和组织资源五种。

2. 影响创业资源获取的因素包括哪几种？

创业导向，商业创意的价值、资源配置方式、创业者的管理能力和社会网络。

3．创业性拼凑有哪三个关键要素？

身边的已有资源、新的目的、将就使用。

4．资源整合的原则有哪四个？

识别利益相关者及其利益，管理好保持企业持续成长的人力资本，构建双赢的机制，维持信任长期合作。

【延伸阅读】

一、经典故事

鞋匠、裁缝和理发师

一个房子里住着三个人，一个鞋匠，一个裁缝，一个理发师。鞋匠的鞋子是好的，但是衣服和头发都很糟；裁缝的衣服是好的，但是鞋子和头发都很糟；理发师的头发是好的，但是鞋子和衣服都很糟。而补鞋子要一块钱，洗衣服要一块钱，理发要一块钱，他们每个人需要两块钱才能把自己从头到脚都搞干净，才能去工作。但是他们都没有两块钱，所以他们都不能去工作。

1天，鞋匠的亲戚来啦，借给鞋匠两块钱，然后鞋匠把一块给裁缝，把另一块给理发师，于是鞋匠从头到脚都干净啦，就可以去工作啦。现在裁缝和理发师各有一块钱，裁缝把他的一块钱给理发师，理发师有两块钱啦，他把一块给鞋匠，把另一块给裁缝，他也可以去工作啦。裁缝呢？把理发师给他的一块给鞋匠，他也可以去工作啦！现在，那两块钱又在鞋匠手里啦，他把它们还给了亲戚。他们三个人现在从头到脚都是干净的，都可以去工作啦。

在这则寓言故事里，鞋匠、理发师和裁缝手上都有一份资源，那就是他们的手艺。然而他们只是意识到只有钱才是可以直接交换的，没意识到手艺也是一种资源，可以通过交换手艺实现它的价值。在整个交易过程中，贯穿其中的就是两块钱，然而这两块钱到后来其实只是一座桥梁，到最后，这两块钱还是物归原主，但它所发挥的作用是不容忽视的，如果他们三人始终没有认识到他们本身就是一种资源的话，那么他们将永远关在房间里。假定没有这两块钱，那么鞋匠、理发师和裁缝还是不能出去工作，那他们就永远赚不到钱。

基层员工的工作是由少到多；中层经理人的工作是由小到大；企业家的工作是由无到有。会创造的是科学家；会管理的是经理人；会投资的是资本家；会借的才是企业家。如何做到由无到有？借！简单地说，就是资源整合。在这个“全球资源整合”时代里，IBM、摩托罗拉、海尔等这些具备全球资源整合能力的世界一流企业，正在掀起新一轮变革浪潮。牛顿曾经说过：“我之所以成功，是因为我站在巨人们的肩膀上。”对于厂家而言，充分利用商战中的资源，巧妙借势，可以实现事半功倍的效果。

（资料来源 http：//m.chinavalue.net/Management/Blog/2011－6－28/796236.aspx）

二、创业故事

“习总书记的话激励我继续往前冲”

——全国人大代表、广州迈普再生医学科技有限公司董事长袁玉宇

春节刚结束，广州迈普再生医学科技有限公司已经忙碌起来。

记者到达时，全国人大代表、公司董事长袁玉宇刚在一楼的展厅里接待完客人。看到我们到来，上前招呼：“我办公室在三楼，咱们运动一下，一块走楼梯上去。”

袁玉宇是一名“80 后”创业者。2008 年，他从美国学成归来，回到家乡广州创业。如今，他创建的迈普医学公司成为中国首家应用生物 3D 打印技术开发高性能医疗器械、开展精准医学服务的高新技术企业，产品覆盖全球 60 多个国家和地区。

“没有总书记的鼓舞，我们也没有这么大的信心和决心。”

“去年我十分有幸，得以面对面向习近平总书记汇报我创业创新的过程。”袁玉宇回忆道。2018 年 3 月 7 日，作为新一届全国人大代表，袁玉宇在习近平总书记来到广东代表团参加审议时，作了“推进产业创新和人才发展”的发言，向总书记和代表们分享了自己的海归创业故事和体会。

对一年前与总书记的互动，袁玉宇记忆犹新。“一开始有点紧张，但与总书记面对面地聊了一会儿以后，感觉他像家里的大家长关心小辈发展一样，非常亲和，我的紧张感就逐步消失了。”

听完袁玉宇的发言，总书记强调，发展是第一要务，人才是第一资源，创新是第一动力。中国如果不走创新驱动发展道路，新旧动能不能顺利转换，就不能真正强大起来。强起来要靠创新，创新要靠人才。

袁玉宇信心满满、干劲十足地说，习总书记的话激励我继续往前冲！创新和人才被提到了新的高度，对于企业来说，责任更重了，动力也更强了！

“现在创新被摆在越来越重要的位置，这给我们创业者很大的信心。我们要抓住这个战略机遇期，聚焦产业创新，敢于往前走。”袁玉宇说。

2018 年，袁玉宇的公司在人才引进、培养和使用层面做了大量的工作，开展了一两百次的各种培训，包括集体大型培训、外部培训等（见图 4－6）。同时，公司建立了国家博士后工作站，引进了不少高端科研人才。“没有总书记的鼓舞，我们也没有这么大的信心和决心。”袁玉宇说，“2018 年公司招聘的人才数量超过去三年总和。”

图 4－6　袁玉宇作为企业党支部书记组织党建活动

“分享创业经验，服务好青年创新人才”。

“十年前我刚回国的时候，别人会认为‘在国外混不下去才要回国’，而现在，国家已经具备让大家发挥所长、让技术落地的能力，更多在国外发展很好的人选择回国做一番事业。”

2018年全国两会结束后，袁玉宇马不停蹄地前往各大高校、企业等地进行宣讲，参加的宣讲分享活动共20多场。

就他提出的鼓励产业创新、减少行政审批等建议，国家发展和改革委员会也提出了具体的办理意见。2018年7月，袁玉宇还参与七部委就全产业发展、全链条创新专题研讨，为创新人才提供“一站式”服务。

“粤港澳大湾区合作”也是袁玉宇这一年履职工作的关键词。历经多次调研与交流后，袁玉宇提出争创“粤港澳大湾区高性能医疗器械产业创新中心”的方案，旨在将港澳技术与内地的产业链进行结合。2月20日，该中心的签约仪式举行，袁玉宇作为代表参加。

此外，在向国家相关部门建言献策的同时，兼任共青团广东省委副书记的袁玉宇还在业余时间担任“创业导师”，为“海归”人才的创业发展答疑解惑。

“从事科研的人往往比较关心自己研究的技术如何实现产业落地，在这方面我可以分享我自己的经验，服务好他们。”袁玉宇说。除此之外，在融资、企业管理、市场等问题上，袁玉宇也根据自己的经历，分享自己的做法和经验。

过去一年，袁玉宇不停奔走于企业和各个主管部门之间，调研创新性企业尤其是中小企业的生存环境、反映高科技人才的实际需求等。2019年全国两会开幕在即，袁玉宇表示，自己计划持续关注产业创新和粤港澳大湾区建设，对创新层面以及对广东高质量发展的体制机制层面的问题，提出具体的建议。

“我会把中小企业对全面深化改革的期待反映出来，促进创新创业环境进一步优化，让更多高新技术生根开花，让更多优秀人才脱颖而出。”袁玉宇说。

三、创业网站

在我国，与创业、创业计划信息相关的常用网站如下。

创业投资在线	http：//www.vc26.com/
中国青年就业创业网	http：/career.youth.cn/
中国中小企业信息网	http：//www.sme.gov.cn
中国民营科技网	http：//www.cmyk.cn/
创业教育网	http：//www.kab.org.cn
高校创业联盟网站	http：//www.cyeedu.com
科技创业咨询网	http：//www.kjcyzx.org/
阳光巴士创业网	http：//www.sunbus.cn
世界创业实验室	http：//elab.icxo/top view.html
中国大学生创业培训网	http：//www.etching.com.cn
全国大学生创业服务网	http：//cy.ncs.org.cn
中国创业培训网	http：//www.siyb.com.cn
创业家网站	http：//www.chuangyejia.com

【创业实训】

1. 通过小组合作的方式，寻找一个关于创业资源创造性利用的精彩故事，期待下节课各小组的精彩分享。

2. 小组内讨论，寻找一个可以将其他组成员挖掘过来并且保证本组成员不被挖走的方法，现场5分钟倒计时，以小组成员人员最多为胜出者，分别分享胜出与失败的原因。

第五章 创业计划

【本章学习目标】

1. 了解创业计划的内涵、特点、作用、基本结构以及编写过程。
2. 理解创业计划的价值取向，发掘信息资源、合理规划。
3. 掌握市场调查的方法和创业计划书的撰写技巧。

【创业语录】

任何时候做任何事，订最好的计划，尽最大的努力，作最坏的准备。——李想

一块砖没有什么用，一堆砖也没有什么用，如果你心中没有一个造房子的梦想，拥有天下所有的砖头也是一堆废物；但如果只有造房子的梦想，而没有砖头，梦想也没法实现。——俞敏洪

第一节 创业计划概述

【案例导入】

案例一

许小姐一门心思想做老板。经过7年的努力工作和省吃俭用积蓄了一笔资金，其中10万元做了注册资金，5万元用于流动资金。她认为，个人创业必须有丰富的工作经验。在过去的工作中，她总是分内分外的事全都抢着干，从不计报酬。尤其是经营方面的事，她更是竖着耳朵听，就是为了多学点本事，为自己开公司做准备。她认为个人创业必须有一个好的项目，所以她选择了一个当时的朝阳项目——房地产租赁咨询。

在办齐所有手续后，她勤勤恳恳工作，但她怎么也没想到，最初的3个月几乎没有生意，直到第6个月才稍有收入，可生意很不稳定，半年来，她赔了3万元。她开始动摇了，觉得自己是在靠天吃饭，靠运气吃饭。她认为做生意不应该是赌博，肯定是哪儿弄错了。她不想再这样下去了，她认为不能等到这15万元都赔光的时候才行动。她要去弄明白问题到底出在哪里。第7个月她关掉了公司。

导致许小姐失败的原因很复杂，其中一条重要原因就在于没有一个完整的创业计划。小企业抗风险能力很低，不考虑成熟，一厢情愿，自然危机重重。要想创业成功，还要学会怎样避免“打水漂”。

案例二

在绍兴市新建北路5号，有家“新天烘焙”蛋糕店，与其他蛋糕店有点不同，这家店不仅宽敞明亮，而且在店铺的一角摆放着一张圆桌、两张凳子，桌上还放着几本杂志，有点休闲吧的味道。

这家与众不同的蛋糕店的主人，是位刚走出大学校门才两年的年轻人——浙江大学城市学院2006届毕业生陶立群。他毕业后自主创业，现在已成为绍兴市里小有名气的创业青年，今年被评为绍兴市创业之星。

2006年6月，陶立群从浙江大学城市学院工商管理专业毕业时，决定开个蛋糕店。他做出这个决定并不是盲目的。大学期间，他曾经经营过校内休闲吧、小餐厅，都做得不错。曾做过“元祖蛋糕”代理的他，对蛋糕市场有所了解，觉得能在这一行闯出一片天地。虽然父母极力反对，但陶立群认准了这条路，决意走下去。2006年夏天，他白天顶着烈日逛绍兴市区大大小小的蛋糕店，看门道、想问题，晚上则躲在房间里查资料，了解市场行情。他还跑到杭州、上海等大城市做蛋糕市场的调查，搞可行性分析。

陶立群的调查有不小的收获：绍兴当时只有“亚都”“元祖”两家知名品牌蛋糕店，其余的都是本地小蛋糕店，中高档品牌蛋糕市场相对空缺，而且当时绍兴还没有一家蛋糕店的糕点是现卖现烤的。陶立群的创业梦想定位在打造本地中高档蛋糕品牌上。

2个多月后，当满满9页的《新天烘焙蛋糕店可行性策划书》放在父母面前时，陶立群的父母被感动了，他们拿出积蓄支持儿子创业。2006年年底，第一家“新天烘焙蛋糕店”在绍兴市新建北路5号正式开张，陶立群做起了小老板。他将店面分成两部分，前半部分是自选式的透明橱窗，便于顾客自行挑选；后半部分则用来加工糕点，现做现卖。

起早摸黑，对在创业之初的陶立群来说是常事。为节约成本，采购、运货等工作，陶立群都自己一个人做。优质的用料、独特的口味、有人情味的服务，赢得了消费者的喜爱。2007年5月、10月，陶立群先后开出第二、第三家连锁店。次年9月，又有两家新天烘焙店在绍兴市区开张。在鲁迅故里做讲解员的曹圣燕是新天烘焙店的忠实顾客，她说，“新天”不仅布置得有情调，并且糕点的品种多、口味好，所以经常买。

谈及今后的打算时，陶立群说，他下一步要在蛋糕店的团队建设上下功夫，并且要不断改善店里的蛋糕品种以及销售服务，打响“新天”品牌，力争开出更多的连锁蛋糕店。

采访感言：《新天烘焙蛋糕店可行性策划书》给我们留下了深刻的印象。成功总是留给那些有准备的人，陶立群在正式创业之前，对自己的能力有清醒的认识，对蛋糕行业有详细的调查、分析，这正是他创业初步成功的基础。大学生创业时不能盲目，一定要对即将进入的行业作充分的了解。

【案例思考】

结合案例一与案例二，思考自主创业成功的关键是什么？

【理论阐释】

一、创业计划的内涵

创业计划是由创业者准备的一份书面计划，用以描述创办一个创业企业时所有相关的外部及内部要素，包括商业前景的展望、人员、资金、物质等各种资源的整合，以及经营思想、战略确定等，是为创业项目制定一份完整、具体、深入的行动指南，又叫创业的商业计划。

二、创业计划的特点

创业计划是由创业者准备的一份书面计划，创业计划具有 3 个方面的特征。

第一，它一定涉及未来，因而应具有预见性。不论个人或组织，我们都必须在对未来进行充分估计的基础上行动。因此，运用科学的方法对未来进行预测，应是计划的一个基本组成部分。这些预测按内容分类，包括国家宏观经济前景及变动预测等。正确的预测将有助于创业者免于掉入灾难的陷阱。

第二，它一定涉及行动，因而需要有可行性。创业就是行动，没有具体的行动，创业就是一句空话，所以创业计划又可称为创业行动计划。它既指出了所要达到的目标，又指出了所要遵循的路线、通过的阶段和所使用的手段。因此，失去了可行性，就会失去指导行动的功能。

第三，它一定涉及许多复杂的环境因素及其变化，因此应具有灵活性。创业者受自身知识结构、所获信息数量和质量及人类的限制，完全准确地看清未来是不可能的，因而对于不确定的未来，创业计划应是相当灵活的，能顺应人们认识的深化而调整。越是能在计划中体现灵活性，由偶发事件发生所造成损失的风险就越小。另外，针对创业的不同阶段，对计划的要求是不同的。一般说来，在创业的初期，要求计划更具有指导性；在创业的成长期，要求计划更为具体和详细；在创业的成熟期，要求长期的、具体的战略发展计划。

三、创业计划的作用

创业计划是创业者关于所要进行创业企业的全面的规划，是引领创业的纲领性文件，为创业者提供具体的行动导向和路线图。创业计划的撰写能够帮助创业者确定商业模式，理清企业内部诸要素之间的关系，同时也为企业提供了发展的“蓝图”，一方面加强了企业的凝聚力，团队围绕着“蓝图”奋发图强，另一方面也能够向潜在投资者和其他风险投资者全面细致地介绍企业，为企业的初步发展插上飞翔的翅膀。因此，创业计划是创业者进行创业必不可少的一环，其具体作用表现如下。

（一）创业计划可以帮助创业者梳理业务逻辑，确定商业模式

在企业进行创业融资之前，创业者需要进行合理规划，对自己所拥有的资源、市场情况和初步的竞争策略做详尽的分析，构思出一个初步的行动计划，这能够帮助创业者明确创业方向、理清创业思路。在制定创业计划的过程中，创业者团队就创业过程中的重点和难点问题进行提前的商讨并制定应急预案，当问题真正出现的时候才能够积极的进行处

理，避免出现心理的慌乱和行动的混乱，提高团队的抗压能力和心理素质，加强了团队凝聚力，这都有利于企业的良性发展。创业计划书的制定也为企业的发展奠定了主要的发展脉络和方向，当不利因素出现的时候，可以帮助创业者回归初心，沿着既定的方向发展，避免在创业过程中出现“三天打渔，两天晒网”的现象。

（二）创业计划可以提高创业团队以及雇员的凝聚力，提高管理效率

一份清晰的创业计划至少会包含两个方面：一是企业发展的愿景和目标；二是团队的分工和评价管理体系。创业计划中关于对企业愿景和未来的详细陈述，对创业团队和普通员工都具有十分重要的意义，使得团队成员和雇员团结一心，为目标的实现而奋斗不止。团队的分工则有利于团员之间清晰自己的责任和权力，避免了扯皮和推诿，提高了团队运行的效率。有效的评价管理体系，能够激活企业的活力，使普通员工和创业者保持配合一致的运动过程，保持统一的行动方向，避免创业过程中混乱操作和失望情绪等现象的发生。因此，创业计划书的撰写是必要的，它不仅提高了团队的运行效率，也提高了企业的凝聚力，间接地提高了企业的抗挫能力，从而提高了创业成功的可能。

（三）创业计划是创业者与潜在投资者和其他风险投资者沟通的依据。

资金就相当于企业的血液，是创业企业能够获得快速发展和崛起的前提，而创业计划书就是获取资金的敲门砖，有研究表明，拥有创业计划和新创企业获得资助之间呈正相关关系。因此，一份清晰的创业计划是必要的。创业计划需要对所要开展的项目进行可行性的分析，包括企业的产品、营销、市场及人员、制度、管理的过程。创业计划实际上就是创业者模拟企业建立、运营和发展的一个宣传文件，它是创业者吸引投资的一个筹码，一份完美的创业计划不但会增强创业者自己的信心，而且会增强风险投资家、合作伙伴、员工、供应商、分销商对创业者的信心。也正是这些因创业计划而产生的创业前的凝聚力才是创业者走向成功的基础。

四、创业计划的内容

（一）创业计划与对象

创业计划是创业者将创业想法落实的载体，是叩开投资者大门的“敲门砖”，一份清晰的创业计划书不仅会使创业者达到事半功倍的效果，往往也会直接影响创业发起人能否找到合作伙伴、获得资金及其他政策的支持。因此，在撰写创业计划书的时候必须深入地考虑使用者对信息的需求。鉴于创业计划书的使用者主要有内部使用者（创业者团队和雇员等）和外部使用者（投资者、政府人员等）两种人群，分析这两部分人群的信息需要则尤为重要。内部使用者要求创业计划必须具有明确的创业目标、团队分工、实现路径、工作的责任与义务以及可能获取的回报。外部使用者要求创业计划必须对资金的筹集、运转、回报等方面做出说明。因此，一份清晰的创业计划书必须涵盖创业相关对象的需求，应当包含产品创意、需求客户分析、创业团队、市场竞争分析、创意开发、资金分析、风险分析与应对策略等内容。

（二）创业计划的核心内容

1．产品创意

产品创意是指创业者根据市场的需求萌生的能够满足其要求的产品的构想，这类产品往往具有新颖性和创造性。产品创意至少包涵两层含义：①这类产品新颖独特富有创造性，打破常规，不循规蹈矩；②这类产品能够满足其需求，也就是说产品本身具有价值。

2. 客户需求分析

确定目标客户及其需求是公司实施战略管理规划的关键因素。通过市场的初步分析确定目标客户群体，找到客户痛点，并描绘出目标客户所需求的产品。在为顾客提供产品和服务的过程中，公司要根据顾客需求的变化，充分挖掘顾客的内在需求，最终找到客户的真实需求，并将之转化为技术要求，从而提高产品与市场的契合度。

3. 创业团队

一支优秀的创业团队对任何创业者而言都是一项至关重要的工作。优秀的创业团队在共同的目标之下，共同奋斗、求同存异、坚持到底，最终实现创业成功。优秀的创业者团队必须具有正确的理念，严明的规章制度，使团队成员有规可循、有据可守。另一方面，团队内部成员必须清楚自己的优势与劣势，能够做到成员之间的互补，最大限度的相互配合，发挥自身的优势。

4. 市场竞争分析

市场竞争分析是指创业团队依据需求客户进行深入的调查，确定竞争对手，分析竞争者的优势和劣势，对竞争者的资源力量和当前战略等要素进行评价，从而确定自身的战略定位和发展方向。因此，市场竞争分析必须包含两个层面：①运用不同方式进行市场调查；②根据调查细化市场，为产品开发提供依据。

5. 创意开发

创意开发主要是通过团队的相互协作，根据构想制造产品、确定生产经营模式、制定产品营销策略的一系列过程。制造产品不仅仅是制造出产品的样品，同时还需要进行样品的小范围客户体验，不断地收集信息，修改产品，最终进行产品的展示。确定生产经营模式则要求创业者根据市场规模的大小预估市场容量，制定产品的生产规模，同时还要求对产品的质量、规格、检测做出要求。制定产品的营销策略要求创业者对如何获取客户群体、如何打开市场窗口、如何制定销售渠道进行细致的说明。

6. 资金分析

资金分析主要是创业者对产品开发、运营过程中所涉及的资本成分的评估分析，其主要包括产品的融资计划、成本评估、商业盈利分析等方面。创业计划要想取得成功就需要启动资金和资源，这就涉及融资。所谓融资就是创业者根据自身生产经营状况、资金拥有状况以及公司未来经营发展需要，通过科学预测和决策，通过各种渠道向投资者获取资金的行为。资本分析必须制定详细的融资计划，向投资人进行详细的说明以获取资金。另外，创业还需要对产品进行成本的评估，这涉及创业所需要的场地、办公家具和设备、机器、原材料和商品库存、营业执照和许可证、开业前广告和促销工资以及水电费和电话费等，从而通过成本的评估了解产品的成本状况。资本分析还需要对产品的盈利进行分析，因为产品的盈利是投资者最关心的问题，同时也是创业成功的关键，因此资本分析必须对产品的盈利模式以及周期进行详细的分析。

7. 风险分析与应对策略

由于计划和现实存在差距，在创业的过程中不可避免地会遇到风险，作为创业者必须具备一定的预见能力、妥善处理问题的能力，这就需要创业者对创业有可能遇到的问题进行提前的预设，并制定好相应的处理措施。在创业过程中极易出现问题，主要包括：心态不成熟，抗压能力弱；融资困难；管理经验不足；法律观念和维权意识薄弱等。这需要创业者对这些问题进行逐一的分析，并根据问题提前制定好策略，从而规避风险，提高创业的成功率。

五、创业计划的结构

创业计划是创业者为投资者描绘一个企业蓝图，必须具有条理性、完整性等特征。依据创业计划的内容，一份完整的创业计划应包括封面、目录、项目背景、产品运营、风险与策略、附录 6 个部分。下面详细地介绍各个部分的要求以及所包含的信息。

（一）封面

在进行创业计划的展示中，首先映入投资者眼帘的就是创业计划的封面，直接影响创业计划对投资人的第一印象，也是创业计划走向成功的第一步。因此，创业计划的封面必须具有简洁性、概要性、创新性等特征，必须清晰明确地展示创业项目的名称，并且名称中应体现创业项目的核心精髓。另外，在封面下方还要附上主要创业者的姓名以及联系方式，以便于联系。

（二）目录

目录是整个创业计划内容的索引，要求必须将内容的各级标题以及页码呈现出来，需具有条理性、对应性、概括性等特征。通过目录的展示，要让投资人清晰地看到行业计划的各个部分，以及创业者的主要思路。

（三）项目背景

项目背景应呈现出创业产品生产之前的一系列准备工作，主要包括产品创意、客户需求分析、创业团队、市场竞争分析。通过产品创意和客户需求分析，使投资人了解创意的独特性以及所面向的主要客户群体，帮助投资人建立信心。通过创业团队的呈现，使投资人充分地了解企业的人员构架，打消投资人的顾虑。通过市场竞争的分析，对行业经济的各种要素进行深入的调查，发现行业运行的内在经济规律，进一步预测行业发展的趋势，从而获取投资人的信任。

（四）产品运营

产品运营是将产品创意付诸实践的关键一步，也是将理想转化为现实的一步。产品运营主要包括创意开发与资产分析，投资人通过阅读产品的运营了解整个产品的生产运营状况。通过创意开发使投资人了解产品的规格、质量、产量以及产品的营销策略，加强其对产品市场的认知。资产分析则是围绕着产品与市场开展融资计划、成本评估以及盈利预测。根据生产计划对生产产品时所需具备的厂房、机器和设备、人员以及原材料采购供给以及营销的费用分析进行成本的评估，通过成本的评估制定融资计划，使投资人对创业企业的融资资金有一个清晰的认识。另外，通过产品的运营给与投资人一个预期的盈利状况，通过财产的分析提高投资人的投资意愿。

（五）风险与策略

风险分析与策略主要是确认投资计划的风险，通过对产品运营的预想对经营风险进行计划，目的是向投资者说明控制和避免风险的策略。风险主要来源于两个方面：一是企业内部风险，如管理风险、生产风险、经营风险、雇员风险等；二是企业外部风险，如资源风险、市场风险、政策风险等。根据不同的风险类型制定不同的应对策略，当风险真正的出现时不至于手足无措，提高创业成功的概率，同时提高投资人的投资信心。

（六）附录

附录应包括市场研究材料、租约或合同、供应商和竞争者的报价单、产品的有关报道、样品、图片、荣誉等。

模板案例

×××创业计划

创业者：×××

联系方式：×××

目录

（二）附表

1. 主要产品目录

2. 主要设备清单

3. 市场调查表

4. 现金流量预测表

5. 资产负债预测表

6. 损益预测表

六、创业计划的信息搜集与市场调查

市场调查、信息收集是辨认市场机会，确立企业竞争优势，建立市场竞争战略的出发点。因此，创业的成功必须以市场调查入手，通过搜集信息发现机会，确立竞争优势。信息搜集与市场调查是创业计划的基础工作，具有长期性、动态性的特征，是需要全面落实的一项工作。为了在创业之初就确立优势，我们必须进行全面的信息搜集与市场调查，下面从信息搜集的途径、步骤与市场调查的方法和步骤两个层面进行叙写。

（一）信息搜集

信息收集是指通过各种方式获取所需要的信息。信息收集是信息得以利用的第一步，也是关键的一步。信息收集工作的好坏，直接关系到整个工作的质量。因此，准备创业计划的过程实质上是信息搜集的过程。通过信息搜集对创业环境进行深入的分析和预测，从而发现创业的机会、确立创业优势，减少创业中的不利因素。想要获取全面的信息，必须了解信息搜集的途径以及步骤。

1. 信息搜集的途径

（1）利用信息网络与数据库收集各种信息。信息网络主要有企业自身网络和社会信息网络，如消费者协会、用户俱乐部、同行业联合会、中国青年就业创业网、中国中小企业信息网等。数据库主要分为两大类，一是商业数据库，二是学术数据库。商业数据库大多为金融投资所用，主要分为国内与国外数据库两大类。国内数据库主要有万德、恒生聚源、锐思数据库、CSMAR 数据库、巨潮数据库等。目前万德数据库主要定位于国内高端客户，市场占有率较高，80%左右，当然其售价较高。恒生聚源也定位为机构客户，性价比较高，售价要比万德便宜得多。CSMAR 数据库定位于学术与高校，其中金融数据比较全，强大。锐思数据库定位于学术，质量一般。巨潮数据库为深交所旗下数据库，有一定的特殊优势。国外数据库主要有彭博、路透社、CEIC、OECD、Haver Database、Thomson Financial One Banker 等，国外数据库中彭博是比较全的，在国内销售也较好，但是售价奇贵。一般不做国际市场研究，大多用不到国外数据库，毕竟国外数据库公司对国内的行业数据及公司数据不如本土数据库公司做得好。学术数据库基本为高校、研究机构所用，也分为国内与国外两大类，学术数据库中一些学术论文、行业数据、统计年鉴还是有用的，缺点就是其中有些数据相对较旧，无法做到实时更新。国内学术数据库主要包括中国知网、万方数据、人大复印资料、维普、中经网、国研网，国外学术数据库主要包括 EBSCO、Elsevier 等。

（2）参加各种业务会议、展销会、订货会、交易会、学术讨论会、信息交流会、技术鉴定会等，掌握有关的重要信息。这些机构可以提供大量专业性的信息资料，如新的科技动态信息资料、先进科学技术资料、专利资料等，对于企业来说，都是值得重视的重要信息来源。

(3) 政府有关主管部门。统计部门、财政部门和其他政府部门所公布的政策、法令、统计资料、财政金融信息等。这些部门所提供的信息资料，对于创业企业来说，自然是较重要的。

(4) 本行业竞争企业的信息。对企业的竞争优势、销售模式以及产品等信息进行收集，及时地了解和掌握市场行情动态、预测未来发展趋势，不断更新创业产品的定位。

(5) 大众传播媒介。如报纸、杂志、广播、电视、电影、出版等部门，它们构成了一种开放性的信息渠道，社会公众可以很方便快捷地由此渠道获得相关的信息资料。

2. 信息收集的步骤

信息收集的过程一般包括以下步骤。

(1) 明确目的。由于社会的发展以及竞争的加剧，市场信息驳杂，因此在进行收集之前，必须有一个明确的方向和目的，否则会做许多无用功。

(2) 制定收集计划。只有制定出周密、切实可行的信息收集计划，才能指导整个信息收集工作正常地开展。

(3) 设计收集提纲和表格。为了便于以后的加工、储存和传递，在进行信息收集以前，就要按照信息收集的目的和要求设计出合理的收集提纲和表格。

(4) 明确信息收集的方式和方法。根据目的和计划的制定，选择信息收集的方式方法，确保信息的有效性和真实性。

(5) 提供信息收集的成果。要以调查报告、资料摘编、数据图表等形式把获得的信息整理出来，并要将这些信息资料与收集计划进行对比分析，如不符合要求，还要进行补充收集。

(二) 市场调查

市场调查是指以营销策略和决策为目的，运用科学的方法，对有关信息进行有计划、有步骤、系统的收集、整理、分析和报告的过程。市场调查主要是调查市场状况、周边环境和消费者需求，通过搜集、整理、分析有关市场营销的数据信息，了解市场现状和发展趋势的过程。通过详尽的市场调查，创业者了解与市场环境、政策、法规等方面的信息；同时了解消费者的需求、竞争对手等信息，只有详尽的市场调查才能做出准确的市场定位、更好的市场细分以及企业的营销策略，提高创业的成功率。

1. 市场调查的方法

(1) 调查法。调查方法一般分为普查和抽样调查两大类。普查是调查有限总体中每个个体的有关指标值。抽样调查是按照一定的科学原理和方法，从事物的总体中抽取部分称为样本的个体进行调查，用所得到的调查数据推断总体。抽样调查是较常用的调查方法，也是统计学研究的主要内容。抽样调查的关键是样本抽样方法、样本量大小的确定等。样本抽样方法，又称抽样组织的方式，决定样本集合的选择方式，直接影响信息收集的质量。抽样方法一般分为非随机抽样、随机抽样和综合抽样。

对于个体的调查，若是涉及人，则主要采用两种调查方式：访问调查法和问卷调查法。

1）访问调查法，又叫采访法，是通过访问调查对象，与之直接交谈而获得有关信息的方法。它又分为座谈采访、会议采访以及电话采访和信函采访等方式。采访需要作好充分准备，认真选择调查对象，了解调查对象，收集有关业务资料和相关的背景资料。其主要优点是可以就问题进行深入的讨论，获得高质量的信息；缺点是费用高，采访对象不可能很多，因此受访问者要具有代表性。

2）问卷调查法是一种包含统计调查和定量分析的调查方法。这种方法主要考虑的问题是：所收集信息的内容范围和数量，所选定的调查对象的代表性和数量，问卷的精心设计，问卷的回收率控制等。具有调查面广、费用低的特点，但对调查对象无法控制，问卷回收率一般都不高，回答的质量也较差，受访者的态度具有决定性影响。

（2）观察法。观察法是通过开会、深入现场、参加生产和经营、实地采样、进行现场观察并准确记录（包括测绘、录音、录相、拍照、笔录等）调研情况。主要包括两个方面：一是对人的行为的观察，二是对客观事物的观察。观察法应用很广泛，常和询问法、搜集实物结合使用，以提高所收集信息的可靠性。

（3）实验方法。实验方法能通过实验过程获取其他手段难以获得的信息或结论。实验者通过主动控制实验条件，包括对参与者类型的恰当限定、对信息产生条件的恰当限定和对信息产生过程的合理设计，可以获得在真实状况下用调查法或观察法无法获得的某些重要的、能客观反映事物运动表征的有效信息，还可以在一定程度上直接观察研究某些参量之间的相互关系，有利于对事物本质的研究。

实验方法也有多种形式，如实验室实验、现场实验、计算机模拟实验、计算机网络环境下人机结合实验等。现代管理科学中新兴的管理实验，现代经济学中正在形成的实验经济学中的经济实验，实质上就是通过实验获取与管理或经济相关的信息。

（4）文献检索。文献检索就是从浩繁的文献中检索出所需的信息的过程。文献检索分为手工检索和计算机检索。

手工检索主要是通过信息服务部门收集和建立的文献目录、索引、文摘、参考指南和文献综述等来查找有关的文献信息。计算机文献检索，是文献检索的计算机实现，其特点是检索速度快、信息量大，是当前收集文献信息的主要方法。

2. 市场调查的步骤

（1）确定问题与假设。由于市场调查的主要目的是收集与分析资料以帮助企业更好地作出决策，以减少决策的失误，因此，调查的第一步就要求决策人员和调查人员认真地确定和商定研究的目标。只有对问题进行一定的限定，才能有效地制定计划和实施调研，如果对该问题不作出清晰的定义，那收集信息的成本可能会超过调查提出的结果价值。

（2）确定调查的方式方法。根据第一步确定的问题和假设，制定一个调查问题的最有效的方式，找到最合适的数据来源、调查方法、调查工具、抽样计划及接触方法。

（3）实施调查。根据调查任务和规模建立调查组织，如果是比较专业的问题，则要对调查组织内的人员进行调查前的训练，同时准备好调查工具并开展调查。

（4）数据收集与分析。通过调查数据收集必须通过调查员来完成，调查员的素质会影响到调查结果的正确性。资料收集后，应检查所有答案，不完整的答案应考虑剔除，或者再询问该应答者，以求填补资料空缺。资料分析应将分析结果编成统计表或统计图，方便读者了解分析结果，并可从统计资料中看出与第一步确定问题假设之间的关系。同时又应将结果以各类资料的百分比与平均数形式表示，使读者对分析结果形成清晰对比。

（5）形成调查报告。市场调查的最后一步是编写一份书面报告。报告要对整个调查设计、分析方法、研究结果以及各类统计表进行汇报，并根据结果进行提出建议，以便创业者进行决策。

【课堂活动】

1. 运用头脑风暴的方法和学生讨论，除了书中所写的内容之外，创业计划还应该包含什么内容？

2. 通过小组讨论的方式，进行讨论，除了上述搜集信息的方法以外，还可以通过哪些途径获取信息？

【本节要点回顾】

通过本节的学习，使学生掌握以下知识点。

1. 创业计划的内涵、特点、作用。

2. 创业计划的基本结构以及编写过程。

3. 信息收集的方式、方法。

【延伸阅读】

文献检索的过程与级别

文献检索过程一般包括三个阶段：①分析研究课题和制定检索策略；②利用检索工具查找文献线索；③根据文献出处索取原始文献。

文献根据加工深度的不同可分为四个级别：零次文献、一次文献、二次文献和三次文献，所获取的相应信息分别是零次信息、一次信息、二次信息和三次信息。零次文献是指未经出版社发行的或未进入社会交流的最原始的文献，如私人笔记、考察笔记等，内容新颖，但不成熟，不公开交流，难以获得。一次文献是以作者本人取得的成果为依据而创作的论文、报告等经公开发表或出版的各种文献，如期刊论文、科技报告等。其特点是内容新颖丰富、叙述详尽以及参考价值大，但数量庞大而且分散。二次文献是指报道和查找一次文献的检索工具书刊，如各种目录、题录、文摘和索引等。二次文献是按照特定目的对一定范围和学科领域内的一次文献进行鉴别、筛选、分析、归纳和加工整理等，使之有序化后出版的。其主要功能是检索、控制一次文献，帮助人们较快地获取所需的信息，具有汇集性、工具性、综合性和交流性等特点。三次文献是根据二次文献提供的线索，选用大量的一次文献的内容，经过筛选、分析、综合和浓缩而再度出版的文献，包括专题评述、年鉴、百科全书、词典、导读与文献服务目录、工具书目录等。

【创业实训】

通过小组讨论的方式，确定一个问题，并针对问题展开一次调查，形成一个调查报告。

第二节　撰写与展示创业计划

【创业语录】

没有一个计划模型而贸然创业是十分危险的。——亚信总裁田溯宁

我觉得真的是不缺钱，想法也满天都是。中国缺的是有一个想法，并且能够持之以恒把这个想法不断坚持做下去的人。——阿里巴巴集团主席马云

【案例导入】

案例："晨光学习网"创业计划书

近期目标：成为深圳大学内最大的ICP，确立门户网站地位。

远期目标（5年）：将晨光学生网的运作系统（模式）推广到不同高校，建立特许经营体制。

市场定位：晨光学生网的市场定位是成为为深圳大学（简称深大）师生及周边网络用户提供信息、娱乐和学习等资讯的综合信息港，相对于其他校内单一网站，晨光学生网内容更全面、更具吸引力；相对于校外网站，晨光学生网又具有浏览速度快、提供更符合校园用户的个性化服务等特点。另外，晨光学生网建设的过程，正是一套学生型入门网站营运模式条理化的过程，当这套营运模式得以完善则可实现转让，从而建立起一个网站特许经营体制。

市场定位的理由如下：

（一）市场现状

1. 独特的网络实验场

深圳大学有着领先于其他高等学府的网络资源，率先实现了多个学生宿舍局域网互连（2000年9月之前将实现全部宿舍互连），并可直接连入互联网。另外，图书馆、电教中心、教室等也实现了大面积的网络互连。独特的网络资源，为晨光学生网进行各种区域性的网络应用研究提供了一个很好的实验场地，可以更贴近现实进行开发、及时收集各种反馈信息，缩短各种网络应用的研发和实现周期。

2. 浏览用户群体

截至4月，深圳大学已有10个宿舍连网（朱槿、紫薇、红豆、拒霜、木棉、聚翰、银桦等），上网人数达到2 500人以上；另外，通过其他途径进行网络浏览的用户，保守估计超过2 000人。这群用户对运用网络充满热情，消费能力也相对较高，具有很大的市场潜力。

3. 网络资源运用不足

根据调查分析，深圳大学师生上网的主要目的是了解各种资讯、在线聊天和收发电子邮件，但是阻止他们或潜在阻止他们上网的原因则有两个：互联网浏览速度太慢、校外网

站缺少符合本地要求的个性化服务。正是这两个原因，造成了深圳大学虽有得天独厚的网络资源而没有真正为广大网络用户带来更多的实惠。目前仅有校园 BBS 得到了比较成功的运用，网络资源的运用存在较大的空白。

4. 市场竞争对手分析

深圳大学官方主页（http：//www.szu.edu.cn）：根据我们调查分析，上深圳大学主页的师生主要是想了解校内资讯和 BBS，但却普遍认为页面设计缺少学生气息，抱怨没有更多值得浏览的内容。

校内个人网站：据了解，校内只有几个小范围内有知名的个人网站，但与其说是网站，不如说是个人主页更恰当，因为这些个人网站功能简单，网页设计简陋，是一些同学单凭个人兴趣建设的，而且很少更新，对同学们吸引力不大。

校外网站：深圳大学师生上校外网站主要是了解各种资讯，奈何有时互联网浏览速度太慢，常常因为等待时间太长而失去了浏览的兴趣，而且信息泛滥，不容易找到自己想要的信息。

（二）市场潜力分析

1. 用户群体

网站运作的成功，依赖于广大浏览用户的支持。根据深圳大学的网络规划，2000 年 9 月前各宿舍将基本实现连网，上网人数达到 6 000 人以上，日后随着学校扩招，2003 年上网人数可望达到 30 000 人。另外，深圳大学的局域网将逐步实现与深圳高职院、深圳教育学院、深圳外国语学校和深圳清华研究院等教育单位的互连，深大将成为深圳市实际意义上的教育、科研网的枢纽。因此，在本校用户群体的基础上将有大量新的网络用户加入。

晨光学生网正是基于这样一个相对“忠实”的局域网用户群体建立起来的，由于其区域性、指向性强的特点，将更有利于其吸纳这样的网络用户群体。

2. 门户概念

根据学校发展规划，学校网络中心将与 Chinanet 进行 2 兆互联，互联网浏览速度将有望提高。但在这一规划实现之前，正好为晨光学生网的成长提供了一个缓冲期，此间只要晨光学生网能做到网站所提供的内容与服务“够用、适用、好用”，便可以深深地吸引住用户，进而利用局域网用户相对“忠实”的特点，使自身成为局域网内的首选网站，待日后互联网浏览速度真正得到提升后，便可较轻松地把自身提升为用户进入互联网的门户网站。

3. 发展进度

由于晨光学生网已经进入了实质性的营运阶段，所以可根据目前的一些显示情况，作出以下发展部署。

2000 年 4—6 月：网站框架基本建成，各项服务完善，大规模推广活动配合。

2000 年 7—9 月：推出暑期专栏，举办（协办）各项暑期活动。

2000 年 9 月—2001 年 1 月：与各类商家取得联系，针对用户群体开展各项活动，针对新生开展各项网络宣传活动，日浏览量争取达到 6 000 人次以上。

第 2 年逐步向深圳高等职业技术学院及周边院校推广、扩展。

第 3 年把晨光学生网的营运模式向省内其他高校推广、转让。

第 4，5 年内有选择性地向全国范围内其他高校进行营运模式的推广和转让。

4. 特许经营

参照目前商业运作中非常流行的特许经营模式，晨光学生网也将建立一套自己的特许经营体制，将于深圳大学内经营的成功模式向各高校推广，协助建设或吸纳加盟网站，以最终建立起一个大规模的校园网站联盟。随着我国的教育产业走向市场化，校园联网也成了必然的趋势，于校园内推行学生网的特许经营模式，不仅能加快网站建设的速度，而且能让校园的网络资源更好地为同学们提供各种服务，更有利于高校网络之间的信息互通。从盈利的角度观之，学生网的特许经营模式更便于针对高校潜在的消费力，进行各种网络经济活动。

(三) 人才竞争策略

网站竞争力的体现说到底就是人才资源是否丰富，所以晨光学生网在建网之初就非常重视人力资源库的建立，目前网站已经初步建立起了包含各方面优秀人才的工作团队，下分技术开发部、网页设计部、策划推广部和对外公关部。

1. 技术开发人才

他们主要负责网站各种应用技术的开发工作，目前网站的一些强大的网络功能都是他们开发的，如可定制地（自动）搜索网络上各种信息的“Info Gain System”（晨光学生网的新闻系统就是一个成功运用的例子），该系统的运用较之于网站处于先进的地位，上海统旗信息科技（中国）有限公司就对该系统非常赞赏并有意购买；另外，Net Show System（音乐点播、视频点播系统）、Smart Bid System（在线拍卖、管理系统）和 Live Talk System（netmeeting、exchange server 等）也是技术人员们出色的产品。

2. 网页设计人才

目前网站漂亮的页面就是他们辛勤劳动的成果，外面的一些网络从业人员看后都不相信这些网页是由学生设计出来的。虽然晨光学生网拥有强大的技术阵容，但如何实现界面友好、如何把更多的用户吸引到网站来、如何突出网站自身的特色，这都靠他们继续努力。

3. 策划推广人才

有好产品不进行适当、有力的推广也是徒劳，所以晨光学生网组建了强大的策划推广小组，对网站的品牌与各种服务进行推广。

4. 对外公关人才

晨光学生网很清楚单凭借自身的力量寻求网站的发展是很有限的，所以很希望能跟各方力量合作共同发展业务，对外公关人才正很好地运用了他们的沟通技巧，为晨光学生网与外界架起了一道交流的桥梁，为网站争取各种有利于发展的资源。

其实，作为一所高校，深大有许多各方面专长的人才，晨光学生网把对网络有兴趣、有热情的同学召集起来，既可以壮大自身的实力，又可为同学们提供锻炼的机会。

(四) 网站架构规划

晨光学生网的特色是“快、全、新”。

根据调查分析显示，深大师生可划分为 4 个群体：信息浏览型、娱乐型、学习型和兼而有之的综合类型。针对这 4 种类型师生，晨光学生提供了不同类型的栏目。

1. “新闻中心”栏目

本栏目针对信息浏览型的师生。新闻中心提供了包括国内（外）新闻、体育新闻、财经新闻等 10 多种新闻。由于是基于 Info Gain System 进行架设，所以所有新闻都是自动抓取、自动更新，免去了大量的维护工作，并为深大师生提供“内容更齐全，速度快三倍”的新闻服务，并且信息都经过筛选更能符合师生的要求。

2. “在线点播”“语音聊天”“网络游戏”

这 3 个栏目针对娱乐型的师生。

在线点播：以拥有超过 5 000 首歌（还在扩充中）的数据库作为后盾，为用户提供了在线收听音乐的各种特色服务，也实现了视频点播，用户可在网上观看最新的电影和一些经典电影等。

语音聊天：除可实现 BBS 的文字聊天功能外，还可用语音聊天、画板功能。语音聊天可为同学们省掉了不少的电话费。不久后技术部将开发出一套卡通形象聊天系统，届时语言聊天系统就真正实现了“声情并茂”，只要接上摄像镜头便可实时地看到对方的影像。

网络游戏：专门收集符合大学生定位的各种各样的千奇百怪、趣味十足的网络游戏供同学们在线玩耍，并且定时更新。

3. “英语学堂”和“晨光书院”栏目

这两个栏目主要针对学习型的师生。

英语学堂：用图书馆大量文字的、语音的外语学习资料，为用户构筑一个集语音和文字在线学习英语的平台，既满足了同学们学英语少语音资料的需求，又很好地利用了一些闲置的资源。英语学堂还将开发出一套英语模拟考试系统，届时同学们就可以很方便地以最新的四级、六级、TOEFL、GRE 试题来测试自己，了解自己到底处在哪个水平，更好地准备各种英语考试。

晨光书院：将是一个互动的栏目，允许同学们发表自己的一些看法、书评，网络系统将会根据浏览者的表现进行评分，分为秀才、举人、贡生、进士、状元、榜眼、探花、翰林等称号，以激发同学们参与的热情，发挥各自的文学创意。

4. 其他个性化栏目

这种栏目主要有“在线拍卖”和“PcChoice”。

在线拍卖：大学校园总会存在一定的二手市场，这一点从学校内各处公告栏上张贴的许许多多的“求购”“贱卖”公告就可见一斑，这为晨光学生网的“在线拍卖”栏目提供了很大的发展空间。另外，与经济学院财经协会的合作，更能为广大用户提供实用、可信的拍卖服务。

PcChoice：主要为同学们提供选购电脑的咨询和买卖服务，努力使该品牌成为深大师生“一位你身边的电脑顾问”。

需求即是市场，满足需求即能占领市场，在以后的发展中我们将针对师生的需求变化而不断新开不同的栏目，如针对学生困惑的“心理热线”和即将推出的“旅游专栏”等。

(五)投资与回报

1. 设备费用

服务器(启动投入):初期拟采用两台 Intel 架构服务器,每台价格人民币 5 万元,共 10 万元。

专线(每年投入):64K 专线,年租费约 15 万元。

PC(启动投入):10 台,共 10 万元。

软件(启动投入):10 万元。

租用办公地点(每年投入):拟租用办公室 120 平方米,年租金 7 万元。

设备的启动资金合计 52 万元。

将来随着访问率的提高及咨询队伍的扩大,将需要提高服务器的档次、增大专线带宽、增加 PC 的台数、扩大办公面积。预计在 1 年后设备费用将追加 40 万～60 万元。

2. 行政费用

人员工资:200 000 元/年。

宣传费用:60 000 元/年。

参考资料:10 000 元/年。

行政费用启动资金合计 27 万元。

3. 盈利回报

网络时代,“注意力即是经济”,晨光学生网以指向性强并且相对忠实的“注意力”为基础,便可以实现以下的盈利方式。

(1) 服务收费。晨光学生网的“在线拍卖”和“PcChoice”栏目,先期推出时所有服务都是免费的,但在打出一定知名度后将酌情收费。

在线拍卖:以每月有 6 000 元交易额,收取 5%服务费用计算,年收入 3 600 元。

PcChoice:以每月有 60 000 的交易额,收取 10%服务费计算,年收入 72 000 元。

(2) 旅游栏目佣金。这是晨光学生网即将推出的综合旅游信息栏目,它将针对同学们的需求汇集各方面的旅游资源,使同学们足不出户就能饱览天下,并为同学们提供旅游的好建议。

将近暑假,深圳大学生又将掀起出游的热潮,以前这项服务都是由个人或团体提供服务的,现在则可以利用晨光学生网的优势将这方面的工作包揽下来,通过定向与旅游协会或校外的旅行社进行合作,从中获得经济利益。预计收入为 2.1 万元/年。

(3) 出售广告空间。在晨光学生网上做广告,目标对象将是消费力很强的时尚青年一族,广告时间及版位较灵活而且可以配合一定的校内促销活动。

晨光学生网推出的 10 天内(4 月 27 日～5 月 7 日),平均日浏览量已达到 1 500 人次/天,根据 Jim Sterne 著的《WEB 广告指南(中文版)》,日浏览量达到 1 000 人次以上就可以出售广告空间,而晨光学生网正是极力推介的做广告的网站类型之一。预计广告收入为 1 万元/年。

(4) 招聘中介收入。

个人:信息服务费 5 元/月,以每月平均有 100 个人在线记录计算,年收入为6 000元。

公司:信息服务费 50 元/项,以一年有 300 个招聘记录计算,年收入为 15 000 元,年收入预计为 21 000 元。

(5) 网页制作收费。

①编写 10 页主页按每页 200 元收费，不足 10 页者按 10 页计算。

②编写 20～30 页主页，超过 10 页的部分按每页 150 元收费。

③30 页以上每页 100 元。

④每 1 页主页以电脑屏幕 800 * 600 显示 1.5 屏计算，分栏每栏按 1 页计算。

⑤在主页中如需加入复杂的 Script 编程或数据库链接则价格另议。

⑥主页中所有的素材均由用户提供（包括文字、图片、数据等各种资料）。

年收入估计为 30 000 元。

(6) 技术转让盈利。技术转让收入，技术主要是以系统转让（租赁）的形式进行。

目前本站拥有的 4 套系统价格如下。

Info Gain System：20 000 元/套（零售），200 元/月（租赁）。

Net Show System ：15 000 元/套，100 元/月。

Smart Bid System ：10 000 元/套，100 元/月。

Live Talk System ：5 000 元/套，50 元/月。

以每种系统，每年卖出一套算，收入 50 000 元。

以每种系统，每年租出两套算，收入 10 800 元。

年收入：60 800 元。

(7) 特许经营权输出。具体收费另议。

【案例思考】

结合案例思考，创业计划书的撰写应当包含哪些部分？其核心因素应当是什么？

【理论阐释】

一、创业计划的撰写

根据第一节关于创业计划的内容以及结构的叙写，我们认为创业计划书的撰写必须具有条理性、完整性等特性，应包括封面、目录、项目背景、产品运营、风险与策略、附录 6 个部分。因封面和目录在上一个章节中已有阐述，在此章节中我们将对项目背景、产品运营、风险与策略、附录四个关键部分进行详尽的分析和说明。

(一) 项目背景

项目背景应呈现出创业产品生产之前的一系列准备工作，主要包括产品创意、需求客户分析、创业团队、市场竞争分析。

1. 产品创意

产品创意是指关于创意产品的名称、性质、功能、使用方式等方面的描述，表现出不同于其他产品的独特性、新颖性和创造性。产品的创意是整个创业的基础，是创业成功的一个敲门砖。

2. 客户需求分析

客户需求分析就是通过市场的初步分析确定目标客户群体，找到客户需求点，并描绘出目标客户所需求的产品。同时，在为顾客提供产品和服务的过程中，公司要根据顾客需求的变化，充分挖掘顾客的内在需求，最终找到客户的真实需求，并将之转化为技术要求，从而提高产品与市场的契合度。

3. 创业团队

不同的创业者在共同的创业远景鼓舞下，形成了创业团队。搭建一支优秀的创业团队对任何创业者而言都是一项至关重要的工作，是创业团队沿着共同目标，求同存异，最后实现团队远景的组织保证。一个成功的创业者需要知道如何组建团队，并具备领导团队运作的能力。那么成功创业团队是什么样的呢？我们认为一个成功的创业团队运作一般具备以下几个方面的特征。

（1）凝聚力。团队是一体的，团队成员应保持对企业长期经营的信心，对于企业经营成功给予长期的承诺，每个成员均应了解企业在成功之前将会面临的挑战，并承诺不会因为一时利益或困难而退出。同时，企业成员之间要相互信任，富有创业的激情，只有这样才会形成强大的凝聚力与一体感，从而取得成功。

（2）股权分配合理。平均并不一定合理，团队成员的股权分配不一定要均等，但需要合理、透明与公平。通常创始人与主要贡献者会拥有比较多的股权，但只要与他们所创造的价值、贡献相配套，就是一种合理的股权分配。

（3）利益分配公平有弹性。创业之初的股权分配与以后创业过程中的贡献往往并不一致，难免会发生某些具有显著贡献的团队成员拥有的股权数较少，贡献与报酬不一致的不公平现象。好的创业团队需要有一套公平且具有弹性的利益分配机制来弥补上述不公平的现象。例如，新企业可以保留10%盈余或股权，用来奖赏以后有显著贡献的创业成员。

（4）能力搭配完美。俗话说“金无足赤，人无完人”。创业者寻找团队成员，应该能够相互弥补对方的不足，应当考虑创业目标与当前能力的差距来寻找所需要的配套成员。好的创业团队，成员的能力通常都能形成良好的互补，而这种能力互补也有助于强化团队成员间的合作。

4. 市场竞争分析

通过市场竞争分析，要了解竞争对手在市场里找寻什么？竞争对手行为的驱动力是什么？此外，还必须考虑竞争对手在利润目标以外的目标，以及竞争对手的目标组合，并注意竞争对手用于供给不同产品、市场细分区域的目标。同时，根据竞争对手的战略，了解竞争对手的优势和弱势以及其反应模式，最后确定公司的竞争战略。

（二）产品运营

产品运营主要包括创意开发与资产分析，其中创意开发主要包含三个方面：产品生产、市场分析与营销策略，资产分析则主要包含成本评估、融资计划与盈利预期。

1. 创意开发

创意开发是将产品从理念转化为现实的关键一步，通过创意开发规定产品的规格、质量、产量、特点等，同时通过对市场的分析，确立营销策略，提高产品的市场竞争力。

（1）产品生产。产品生产就是将产品创意转化为产品。

（2）市场分析。市场分析应包括市场现状综述、竞争厂商概览、目标顾客和目标市场、本企业产品的市场地位、市场区隔和特征等。创业企业对市场的预测应建立在严密、科学的市场调查的基础上。因此，风险企业应尽量扩大收集信息的范围，重视对环境的预测，采用科学的预测手段和方法。创业者应牢记的是市场预测不是凭空想象出来的，对市场认识错误是企业经营失败的最主要的原因之一。通过市场的分析，来了解市场是否存在对这种产品的需求，需求程度是否可以给企业带来所期望的利益，新的市场规模有多大，需求发展的未来趋向及其状态如何。

（3）营销策略。营销是企业经营中最富挑战性的环节，影响营销策略的主要因素：①消费者的特点；②产品的特性；③企业自身的状况；④市场环境方面的因素。最终影响营销策略的则是营销成本和营销效益因素。在创业计划书中，营销策略应包括以下内容：①市场机构和营销渠道的选择；②营销队伍和管理；③促销计划和广告策略；④价格决策。

2. 资产分析

（1）成本评估。成本评估就是根据生产计划对生产产品时所需具备的厂房、机器和设备、人员以及原材料采购供给以及营销的费用分析进行成本的评估。通过成本的评估可以理清创业企业各个环节的开支，从而进行有效的成本控制。成本控制是一门花钱的艺术，如何将每一分钱花的恰到好处、将企业每一种资源用到最需要它的地方，是企业在新的商业时代共同面临的难题。在复杂多变的经营环境下，越来越多的企业开始加强成本控制来增强企业抗风险的能力，而传统与狭义意义上的“开源节流”思想早已无法满足现代企业的发展需求。

（2）融资计划。通过对创业企业成本的评估，结合发展对资金的需要，制定融资计划书，说明资金数量、资金用途、利润分配、退出方式等。特别要强调的是，需要预测资本的需求量，创业者需要明确资金用途，然后估算资本需求量，相对准确预计固定资本和运营资本的数量。创业融资计划是一个规划未来资金运作的计划，在计划中需要考虑长期利益和短期利益。

（3）盈利预期。盈利预期就是指创业企业在一定时期内赚取利润的能力，利润率越高，盈利能力就越强。通过盈利回报的展示，可以增强投资者对创业企业的信心。另外，对于经营者来讲，通过对盈利回报的分析，可以发现经营管理环节出现的问题。

（三）风险与策略

创办企业的风险来自各个方面，有市场风险，也有执行计划中的风险，在计划书中不仅要列出这些风险，还要告诉投资者面对这些风险时你会做出哪些反应，要根据不同风险制订不同方案。常常要回答以下问题：你的公司在市场、竞争和技术方面都有哪些基本的风险？你准备怎样应对这些风险？就你看来，你的公司还有一些什么样的附加机会？在你的资本基础上如何进行扩展？在最好和最坏的情形下，你的五年计划表现如何？

案例：×××股份有限公司的风险与策略分析

1. 外部风险

（1）国家对一次性电池产品的生产、销售、检验、广告等相关政策。

（2）手机生产商的态度，能否接受我们的产品，或者抵触我们的产品。

(3) 经销商销售能力的不确定性。

(4) 潜在竞争者的加入。

(5) 高新技术发展很快，生命周期缩短，被替代的可能性加大。

(6) 风险投资以及银行贷款的风险。

2. 内部风险

(1) 新技术营销策略的不确定性造成选择上的模糊与困难。

(2) 价格在一定程度上影响进入一次性手机电池新领域的营销策略。

(3) 传统手机电池生产商可能对产品进行调整，抵制一次性手机电池。

3. 风险应对方案

(1) 熟悉相关的法律法规。

(2) 组织具有专业素质的营销队伍，建立方便及时的销售网络。

(3) 提高研发费用，强化产品的技术化优势。

(4) 和一些知名手机生产商建立合作关系。

(四) 附录

附录主要是将整个创业企业准备、运营过程中的一些材料附在创业计划后面，附录应包括市场研究材料、租约或合同、供应商和竞争者的报价单、产品的有关报道、样品、图片、荣誉等。

二、创业计划的展示

创业计划书的好与坏直接决定投资者对项目的关注程度，间接地决定是否能够获取资金，启动创业。一份好的创业计划书，一方面需要合理的安排内容，另一方面需要利用一些技巧，使投资者在最短的时间内获取最重要的信息。

(一) 创业计划书写的技巧

1. 创业计划书应适当简短

创业计划书除了要求对准备创业计划的目的、过程和结果进行全面描述外，还要求简短，尽量避免长篇的赘述，要做到主题突出。

2. 创业计划书的结构要有逻辑性

创业计划书要有很强的连贯性和逻辑性，在书写的过程中要注意内容之间的相互呼应，不得出现相互矛盾的现象。同时，对于创业计划书的装订也可以进行适当的包装，但要体现庄重、大方，不要过度修饰，喧宾夺主。

3. 创业计划书中的预测数据要突出、合理

创业计划书不是对已经发生事情的描述，而是对项目的预期收益进行阐述，通过对投资回收期、投资报酬率等指标的计算和预测来说明项目投资的价值。但提供的预测数据也要有根据，令人信服，避免夸大其词。

(二) 创业计划的展示

创业计划的展示应具有一定的前后连贯性，时间在20～30分钟之间，演讲最多不超过12张PPT。下面是一个推荐的展示PPT模板。

展示的 PPT 往往从标题幻灯片开始。在首张 PPT 上应标注企业的名称、联系人以及联系方式。

第一张 PPT：问题与创意。通过客户需要分析，展示需求客户的痛点，并展示创意产品是如何解决客户痛点的。

第二张 PPT：市场竞争。说明创业企业的解决办法与其他解决方案相比的独特之处；展示本企业的解决方案在多大程度上可以改变顾客的生活，以及企业的解决方案有什么进入壁垒。

第三张 PPT：管理团队。介绍现有管理团队，展示团队成员的背景和专长、在企业中将要发挥的作用以及如何协作，说明管理团队存在的缺陷或不足，如果有顾问委员会最好予以介绍。

第四张 PPT：产品。介绍技术或者产品或服务的独特之处，尽可能使对技术的描述通俗易懂，切忌使用专业术语进行陈述；展示产品的图片、相关描述或者样品，如果产品已经试生产结束，最好展示样品；说明可能涉及的知识产权问题，以及企业采用的保护措施。

第五张 PPT：机会和目标市场。要清楚定位企业具体的目标市场，对目标市场的广阔前景进行展望；通过图表的方式展示目标市场的规模、预期销售额和预期市场份额等信息，说明拟采取什么方法实现销售计划。

第六张 PPT：投资与回报。介绍未来 3～5 年企业总体的盈利状况、财务状况及现金流状况，尽量将规划的内容显示在一张 PPT 上，而且只显示总体数据，同时做好回答和数据相关问题的心理准备。如果有融资计划，介绍想要的融资渠道及筹集资金的使用方式，同时介绍资金筹集后可能取得的重大进展。

第七张 PPT：总结。总结企业最大的优势、团队最大的优势，同时介绍企业面临的风险和对策，并征求反馈意见。

【课堂活动】

1. 运用头脑风暴的方法，分析创业计划应包含的内容，并进一步确定创业计划的方法与程序。

2. 对特定的创业案例进行分析，说明其优势与存在的问题，并进行修改。

创业计划实例：大学旅舍商业计划

一、产品与服务

（一）描述

业务主体将向大众（主要是大学生和青年）提供免费的资讯服务及向自助旅行者这一特定客源市场提供旅游导向服务，体现在 Uchostelling（“大学旅舍”）网站上。U&C HOSTELLING（大学旅舍）立足点在 U&C（Univercity & College）上，主要体现在“Hostelling（青年旅馆）”上。随着国内大学旅行社的诞生发展及大学旅游热的兴起，如何将分散的大学旅游配套资源有秩序和组织地发展起来，形成一个大型的跨地域性的旅游服务体系，广泛为日益增多的高校旅行学子提供中转站服务，是许许多多大学生希望的，也是不少旅游企业机构正在考虑的。

Hostelling International（国际青年旅社）虽然已经进入了中国，并获得了一定成功，但其服务目前只集中在经济发达的珠江三角洲地区（广州、南海、珠海、肇庆、深圳），与大学生目前的旅行要求有很大的差距。在广大的旅游热点地区，类似青年旅社的服务是相当缺乏甚至没有，面对大学生这个庞大的旅游群体，近年来出现了“旅游点高校接待”等萌芽状态的大学生旅游服务中介，但其信誉始终难以稳定。

针对为数众多的大学生旅游者希望旅游地区“青年旅馆”式服务的需求，Uchostelling 网站将通过网络形式，结合国内各地高校旅行社的建立情况，通过合作兼并（已建立相应旅游组织）和聘用兼职（尚未建立相应体系）等形式，在网上开展大学生领域的异地接应、当地导游和结伴同行等服务项目，建立以高校为主要场所的流动性青年旅馆服务体系。

（二）技术

网站应具备多位有旅游开发经验的业务联络人员及青年旅馆业务管理经验的人员，同时还应具备一支有经验的旅游信息采编队伍。

（1）订票系统：为客户提供网上预订机票及其相关服务。其中包括航班查询、机票预订、订单的查询与修改、代理出票/退票/订单维护功能。

（2）酒店系统：为需要在网上查询和预订酒店的客户提供迅速、方便、可靠的在线服务。其中包括客户登录、酒店查询、酒店预订、更改预订、取消预订、房源维护、库存预警、退款模块等功能。

（3）旅游线路系统：为客户提供迅捷、方便、可靠的在线旅游信息服务和在线预订。其中包括客户登录、信息查询、线路预订、更改预订、取消预订、旅行社管理和维护等功能。

（4）支付系统：提供与各大商业银行安全的在线支付功能。

（三）访问者得益

通过访问本网站，上网者可以看到丰富的旅游资料及专门为大学生设置的旅游导向，可联系到各种旅游帮助机构，如到达旅行目的地的途径、花费、时间、落脚点及到达目的地后的行程安排等，从高校到高校，既可享受异地旅行的乐趣，又在食住行方面得到相对可靠的保证，既得到朋友式的照顾，又以较实惠的价钱完成旅程。

二、市场分析

（一）市场介绍

1999 年末我国上网人数 890 万，根据不完全统计，目前我国网民已突破 1 000 万，随着以大学生为主的校园网民的成长，中国互联网用户的数目急剧增加。

2000 年 3 月份开始，在电子商务热潮下，旅游网站作为模式清晰的 ICP，其发展前景一度被广泛关注，国内几大旅游网站纷纷有所行动，最为引人注目的是全国最大的旅游网站华夏旅游网与 TOM. COM 达成合作意向。旅游网站以其不涉及配送和支付问题以电子商务为主要形式，一时成为投资热点。

但无论是华夏旅游网、中国旅游资讯网还是后起之秀的携程旅游网，他们都把业务重点放在“旅游行业”上面，重点放在飞机订票、酒店房间预约等传统旅游业务上，在个人自助游、学生背包游方面始终搞不起特色，所提供的服务做不到实处，表现在只介绍相关的旅游知识和由旅行社提供的路线及景点介绍，有关个人旅游的细节鲜见提及。在去年末异军突起的携程旅游网虽然在个人自助游方面搞出一定特色，但其定位仍带有传统自助游的影子，没有充分顾及大学生旅游阶层，携程旅游方式对于在校的大学生仍存在难以操作的地方。

目前许多旅游网站号称网络旅游便宜、舒适，但熟悉旅行社业务的人都知道，通过网络购票、订房，很难达到旅行团队的人数规模，也不可能享受到旅行社所得到的折扣，现时网络旅游的风光只不过是网站不惜血本的降价卖广告，不是长期生存的办法。根据一份调查，在整个旅游市场的大批散客当中，90%以上原先就不通过旅行社出游，而在这批散客中的上网者，才是目前旅游网站真正争夺的目标顾客。从某种意义上说，传统旅行社和旅游网站说到底并没有正面交锋。目前国内旅游网站的发展主流只不过是旅行社的架构调整，同旅游网站的发展没有什么联系。网上旅游必须根据自己的特点走出自己的路子，做一些通过互联网很容易实现的服务。

另一方面，随着人们生活水平及知识水平的双重提高，对于旅行的要求也越来越苛刻，传统的“填鸭式”随团游对许许多多出外旅行者日渐失去了吸引力，在年轻人当中，自主自由的自助式旅游越来越受到认可，但一个严峻的问题是面对发展迅速的自助游（背包旅行一族）群体，国内的社会配套设施远远跟不上需求，造成许多旅行后遗症。uchostelling（大学旅舍）就是通过网络将“青年旅馆”式的配套服务首先在国内有条件的大学区建立起来。目前在广东以外的中国诸多旅游地区，还没有直接以“青年旅馆”命名的机构，但相类似的为背包旅行者服务的饭店已经出现，这都体现了市场的实际需要，像云南大理、广西桂林都有为自助旅行者服务的配套住宿饭店，在上海黄浦江边古老的理查饭店也已经很接近青年旅馆的标准，但他们缺乏一定的系统协调，在旅游业中的聚焦效应没有充分发挥。

2002年3月下旬，中国12个城市的代表在广东青年旅馆协会的组织下，商讨了国际青年旅馆在中国的推广计划，据称，几年内将有多家青年旅馆在全国不同城市开业。一种新的旅游格局初露端倪，中国为未来新的旅游精神作充分的硬件准备。

（二）目标市场

业务内容的受众只是大学生（年轻人），但从长远来看，服务受众将不断增加，年龄在30岁以下的网民都是我们可能的访问者。如果网站能顺利起步的话，开站半年内，通过假期前的服务项目宣传和U&C HOSTELLING（大学旅舍）理念的高校巡回SHOW，同时加以一定的推广免费优惠，总访问人数可过数十万，1年后可达100万。同时中介服务业务也会随假期的到来进入正式起步发展阶段，网站浏览人数的增长与使用青年旅舍服务后的二次宣传将不断推广uchostelling。在网站浏览量稳定的情况下，广告收入也会不断上升。

（三）区域聚焦

在uchostelling服务方面，立足于区域性，立足于业务密集点。开始的发展重点是以广州为中心的华南地区，基础打好后（如U&C HOSTELLING理念的渗透率在高校学生中达到一定程度），再向北推进，划分东北、华北、西北、西南、华东、华中、华南及港澳台等区域，业务成熟将与国外同类机构合作开展中外 U&C HOSTELLING 业务合作，争取每个有高校的城市区域都开设有 uchostelling 的服务机构。

（四）发展目标

公司最终发展目标是完成对传统旅游业和正统电子商务之间的“自由游式”旅游资源的整合，使 U&C HOSTELLING（大学旅舍）成为以网络为交易方式，以大学为服务根基的跨地域性的青年旅社，规模最大的大学生（青年）旅游机构，成为大学生旅游者在城市之间的理想驿站。

三、业务计划的实施

（一）实施战略

第一步（时期：6 个月）：第一笔资金到位后，大部分用于基础运行中，把有限的人力资源重点放在 U&C HOSTELLING（大学旅舍）理念和网站具体业务操作方式的推广上。与此同时，先与国内已建立的大学旅行社或有类似青年旅馆的机构进行业务联系，再在较为发达但未有相应机构的大中城市的大学开展业务建设。在此基础上，争取更大的投资。

第二步：在华南各大高校校园开展相关活动，并争取一定的服务使用者。1 年内 U&C HOSTELLING 业务进入正常营运状态，并以此为基础，在非假期时间开发其他服务内容。

第三步：加大融资，扩大业务规模，并适当在业务集中城市（点）建立全权物业。

（二）联盟

公司将与资金和技术较雄厚的网站、全国百强的旅游公司建立联盟，双方互相取长补短，共同发展。网站将和各大媒体单位建立合作关系。

【本节要点回顾】

通过本节的学习，学生可掌握以下知识点。

1. 创业计划的撰写。
2. 创业计划的展示。

【延伸阅读】

创业固然能够给人带来收益，获得成就感，但是创业仍然存在巨大的风险，应根据实际的情况选择创业。因此，在下面就创业中经常出现的一些问题与风险进行一定的分析。

一、知识限制

创业需要企业注册、管理、市场营销与资金融通等多方面的丰富知识。如果对目标市场和竞争对手情况了解甚少，在缺少相应知识储备的情况下，创业在残酷的市场争中将处于劣势。创业需要创业者在实际操作中把自己的知识与所创事业有机结合起来，但是很多创业者眼高手低，当创业计划转变为实际操作时，才发现自己根本不具备解决问题的能力，这样的创业无异于纸上谈兵。在撰写创业计划书时，许多创业者无法把自己的创意准确而清晰地表达出来，缺少个性化的信息传递方法，或者分析采用的数据经不起推敲，没有说服力。

二、经验缺乏

经验是从多次实践中得到的知识或技能。创业需要有管理经验、对市场开拓的经验、营销方面的经验等。大学生有理想与抱负，但容易眼高手低，很多人没有任何实际经验，在这种情况下，本着“摸着石头过河”的战略方针开始创业之路，其过程中的一个小问题如果没办法及时有效地解决，很容易变成一颗颗炸弹，一旦爆发，也就宣告该次创业失败。

三、心态问题

创业者空有创业激情，心理准备不足。从创业失败的情况看，许多创业者热情很高，但缺乏吃苦耐劳和坚持不懈的精神。尤其大学生创业群体受年龄及阅历等方面的限制，对创业风险没有清醒的认识，缺乏对可能遭遇到风险和失败的必要准备，并且在创业时如果缺乏前期市场调研和论证，只是凭自己的兴趣和想象来决定投资方向结果注定失败。创业首先要有风险意识，要能承受住风险和失败，其次还要有资任感，要对公司、员工、投资者负责，最后务实精神也必不可少，必须踏实做事。

四、创新能力薄弱

创新能力是企业竞争的核心力，创新能力并不意味着要斥巨资，开发出划时代的新技术。大学生创业企业既没有这样的资源条件，更没有时间。大学生在创业过程中，一方面由于风险比较大，不具备进行产品（服务）技术创新的条件；另一方面，缺少专业性人才对产品（服务）进行升级换代改造的研究，同时缺少资金使得企业用于创新和研发的经费很少，导致企业创新能力薄弱。

五、资金问题

资金是企业经济活动的第一推动力，是经营企业的本钱。大学生要想凭借自己的技术或创意获得应有的回报，就必须解决好资金的筹措问题。万事开头难，如果资金不足，那么创业就更难。目前，大学生创业缺资金少经验是普遍存在的问题，表现为急于得到资金，给小钱让大股份，贱卖技术或创意。另外也表现为对风险投资不负责任，“烧”别人的钱圆自己的梦。

【创业实训】

根据分组团队，确定一个创业主题，拟写一份创业计划。

第六章

新企业的开办

【本章学习目标】

1. 熟悉各种企业组织形式的特征，了解注册成立新企业的注册程序与步骤。
2. 了解企业命名的重要性，掌握命名的原则、方法及名称构成，熟悉新企业选址的影响因素。
3. 熟悉企业必须考虑的法律问题，了解企业应负的社会责任。
4. 掌握新企业的管理特征及管理的技巧与策略。
5. 了解新企业的风险控制与化解策略。

【创业语录】

思路决定出路，布局决定结局。

——牛根生

初次做生意的人要慎重考虑，他们普遍都有浪漫主义情怀，今后的坎坷会将他们变成团队中的定时炸弹。等待的方法有两种：一种是什么事也不做空等，一种是一边等一边把事业向前推动。

——屠格涅夫

第一节 成立新企业

【案例导入】

"煌上煌"的徐桂芬从一下岗女工到集团老总

1968年，刚满17岁的徐桂芬来到奉新县一个偏僻山村。在农村的5年时间里，艰苦的生活磨炼了徐桂芬的意志，坚定了她挑战人生的勇气。1973年，徐桂芬作为返城知青回到南昌。刚回南昌时，徐桂芬的工作没有着落，生活极为寒苦，但她是个能吃苦的人，那段时间，徐桂芬曾给人带过小孩，到工厂做过临时工，甚至干过搬运工。1976年，因父亲单位补员，徐桂芬有了第一份固定工作，她被分配到南昌市某菜市场当营业员。1979年，徐桂芬调入南昌市食品公司，成为国有企业的一名正式职工。"得到这份期盼已久的工作后，我十分珍惜，拼命工作，积极上进，连年被评为先进工作者，并被提拔为门市部经理。”徐桂芬回忆道。

1993年，徐桂芬遭遇人生中的一次重大考验。由于食品公司经营不景气，徐桂芬下岗了，此时的她思想矛盾，为自己今后的前途担忧。“但是我又想，有这么多人凭勤劳的双手开创了自己的事业，难道我就比别人差吗？”徐桂芬说。在艰苦环境下，这些年来磨炼出的坚强意志让她有了重头来过的信心。“下岗并不可怕，我想别人能做到的我也能做到。”

由此，徐桂芬迈出了创业的第一步，她身揣几千元钱从小生意做起。创业必须吃苦，但多动脑筋才能将生意做大，徐桂芬开始思考有什么商机可以将生意扩大。徐桂芬在食品公司待了多年，对食品市场非常熟悉，于是她从南昌市的菜市场入手做了一番调查。调查研究后，徐桂芬决定制作适合南昌人口味的卤菜食品。

1993年2月，徐桂芬在绳金塔附近创办了南昌煌上煌烤禽社，烤禽社面积不过二三十平方米，员工也只有两三人。徐桂芬做的卤菜口味符合南昌人嗜辣的习惯，因此在开张近半年的时间里，烤禽社生意一直不错。同年夏天，徐桂芬远赴浙江、广东等地，登门求教技术精湛的卤菜师傅和技术名家，请他们传授配料秘方和烹调技法。回到南昌后，她做出一个选择——把酱鸭作为煌上煌烤禽社的主打产品。让徐桂芬始料不及的是，这只小小的酱鸭竟最终让“煌上煌”坐上了南昌乃至江西熟食品牌的“头把交椅”，成就了煌上煌烤禽社的成功。

从1994年开始，酱鸭的热销也带动了店内其他卤菜的销售，煌上煌烤禽社开始加速发展。1995年，为扩大规模，徐桂芬陆续在南昌市开设了几家煌上煌烤禽分社。1998年，徐桂芬看准月饼市场，推出酱鸭馅的月饼，很快得到市场的肯定。2001年，徐桂芬设立了煌上煌·贝帝斯饼业公司。不仅如此，江西天龙房地产有限公司、煌上煌合味原餐饮娱乐有限公司等7家子公司和6个独立的现代化烤卤加工厂相继成立，多元化经营初具规模，集团公司实力不断壮大。

如今“煌上煌”正在健康地成长，2012年9月5日，煌上煌在深交所挂牌上市，年销售收入达12亿元，煌上煌集团已建设成为国内一流的以肉食品加工为主业的企业集团，跻身全国民营企业500强行列。

【案例思考】

1. 徐桂芬创办煌上煌时面临哪些困难？

2. 徐桂芬是如何把煌上煌从“小产品”做成“大品牌”的？其中有哪些值得借鉴的经验？

【理论阐释】

一、企业的组织形式

企业组织形式是指企业财产及其社会化大生产的组织状态，它表明一个企业的财产构成、内部分工协作与外部社会经济联系的方式。目前最常见的企业组织形式有个人独资企业、合伙企业与公司制企业，其中公司制企业包括有限责任公司与股份制公司。新创企业一般都是小型企业，常见的企业法律形式有个体工商户、个人独资企业、合伙企业和有限责任公司。新企业创立之初，创业者应该首先要确立拟创企业的组织形式。对创业者而言，各种组织形式没有绝对的好坏之分，各有利弊。但无论选择什么形式，都必须根据国家的法律法规要求和新企业的实际情况，科学衡量各种组织形式的利弊，决定合适的组织形式。如果选择得不恰当，就会为将来的运作带来巨大的隐患。

（一）个体工商户

个体工商户是指公民个人或家庭依法经核准登记，以个体财产或家庭财产为经营资本，在法定范围内从事工商业经营的一种特殊民事主体。个体工商户是新创企业的原始状态。

个体工商户是个体工商业经济在法律上的表现，具有以下特征。

（1）个体工商户是从事工商业经营的自然人或家庭。自然人或以个人为单位，或以家庭为单位从事工商业经营，均为个体工商户。根据法律有关政策，可以申请个体工商户经营的主要是城镇待业青年、社会闲散人员和农村村民。

（2）自然人从事个体工商业经营必须依法核准登记。个体工商户的登记机关是县以上工商行政管理机关。个体工商户经核准登记，取得营业执照后，才可以开始经营。个体工商户转业、合并、变更登记事项或歇业，也应办理相关手续。

（3）个体工商户只能经营法律、政策允许个体经营的行业。

（二）个人独资企业

个人独资企业，是指依法在中国境内设立，由个人出资经营、归个人所有和控制、个人承担经营风险和享有全部经营收益的企业。

1. 法律特征

个人独资企业从组织结构形式上，出资人是一个自然人，该自然人应具有完全的民事行为能力，并且不能是法律、行政法规禁止从事营利性活动的人。国家机关、国家授权投资机构或国家授权部门、企业、事业单位等都不能作为个人独资企业的设立人。

在责任形态上，投资人以其个人财产对企业债务承担无限责任。投资人以家庭财产作为个人投资的资本，以家庭共有财产对企业债务承担无限责任。这是个人独资企业区别于有限责任公司和股份有限公司等企业形式的基本特征。

从性质上看，个人独资企业不具有法人资格。个人独资企业没有独立的财产，企业的财产归投资人个人所有。这里的企业财产不仅包括企业成立时投资人投入的初始财产，而且包括企业存续期间积累的财产。投资人是个人独资企业财产的唯一合法所有者。企业的责任就是投资人的责任。因此，个人独资人无独立承担民事责任的能力。个人独资企业虽然不具备法人资格，但却是独立民事的主体，能够以自己的名义从事民事活动。

2. 个人独资企业的设立条件

（1）投资人为一个自然人。

（2）有合法的企业名称。

（3）有投资人申报的出资。

（4）有固定的生产经营场所和必要的生产经营条件。

（5）有必要的从业人员。

3. 经营方式

经营方式是指经营机关核准登记的个人独资企业经营活动所采用的方式和方法。这类企业一般经营规模较小，常见的经营方式有自产自销、代购代销、来料加工、来样加工、来件装配、零售、批发、批零兼营、客运服务、货运服务、代客储运、装卸、修理服务、咨询服务等。国家允许个体工商户和私营企业采取的经营方式，个人独资企业均可以采用。

4. 个人独资企业与个体工商户的区别

(1) 出资人不同。个人独资企业的出资人只能是一个自然人；个体工商户既可以由一个自然人出资设立，也可以由家庭共同出资设立。

(2) 承担责任的财产范围不同。个人独资企业的出资人在一般情况下，仅以其个人财产对企业债务承担无限责任，只是在企业设立登记时，明确以家庭共有财产作为个人出资的才依法以家庭共有财产对企业债务承担无限责任。而根据《中华人民共和国民法通则》第二十九条的规定："个体工商户，农村承包经营户的债务，个人经营的，以个人财产承担；家庭经营的，以家庭财产承担。"

(3) 适用法律不同。个人独资企业依照《中华人民共和国个人独资企业法》设立，个体工商户依照《中华人民共和国民法通则》《城乡个体工商户管理暂行条例》的规定设立。

(4) 法律地位不同。个人独资企业是经营实体，是一种企业组织形态；个体工商户则不采用企业形式，区分二者的关键在于是否进行了独资企业登记，并领取独资企业营业执照。

(三) 合伙企业

合伙企业是由两个或两个以上的自然人通过订立合伙协议，共同出资经营、共负盈亏、共担风险的企业组织形式。我国合伙组织形式仅限于私营企业。合伙企业一般无法人资格，不缴纳所得税。合伙企业可以由部分合伙人经营，其他合伙人仅出资并共负盈亏，也可以由所有合伙人共同经营。

根据《中华人民共和国合伙企业法》第二条："本法所称合伙企业，是指依照本法在中国境内设立的由各合伙人订立合伙协议，共同出资、合伙经营、共享收益、共担风险，并对合伙企业债务承担无限连带责任的营利性组织。"可见，合伙企业的合伙人不一定必须是自然人，也可以是企业。

1. 合伙企业的设立条件

(1) 有两人以上合伙人，并且都是依法承担无限责任者。

(2) 有书面合伙协议。

(3) 有各合伙人实际缴付的出资。

(4) 有合伙企业的名称。

(5) 有经营场所和从事合伙经营的必要条件。

2. 合伙企业的特征

(1) 生命有限。合伙企业比较容易设立和解散。合伙人签订了合伙协议，就宣告合伙企业的成立。新合伙人的加入，旧合伙人的退伙、死亡、自愿清算、破产清算等均可造成原合伙企业的解散以及新合伙企业的成立。

（2）责任无限。合伙组织作为一个整体对债权人承担无限责任。按照合伙人对合伙企业的责任，合伙企业可分为普通合伙和有限合伙。普通合伙的合伙人均为普通合伙人，对合伙企业的债务承担无限连带责任。例如，甲、乙、丙三人成立的合伙企业破产时，当甲、乙已无个人资产抵偿企业所欠债务时，虽然丙已依约还清应分摊的债务，但仍有义务用其个人财产为甲、乙两人付清所欠的应分摊的合伙债务，当然此时丙对甲、乙拥有财产追索权。有限责任合伙企业由一个或几个普通合伙人和一个或几个责任有限的合伙人组成，即合伙人中至少有一个人要对企业的经营活动负无限责任，而其他合伙人只能以其出资额为限对债务承担偿债责任，因而这类合伙人一般不直接参与企业经营管理活动。

（3）相互代理。合伙企业的经营活动，由合伙人共同决定，合伙人有执行和监督的权利。合伙人可以推举负责人。合伙负责人和其他人员的经营活动，由全体合伙人承担民事责任。换言之，每个合伙人代表合伙企业所发生的经济行为对所有合伙人均有约束力。因此，合伙人之间较易发生纠纷。

（4）财产共有。合伙人投入的财产，由合伙人统一管理和使用，不经其他合伙人同意任何一名合伙人不得将合伙财产移为他用。只提供劳务，不提供资本的合伙人仅分享一部分利润，而无权分享合伙财产。

（5）利益共享。合伙企业在生产经营活动中所取得、积累的财产，归合伙人共有。如有亏损则也由合伙人共同承担。损益分配的比例，应在合伙协议中明确规定；未经规定的可按合伙人出资比例分摊，或平均分摊。以劳务抵作资本的合伙人，除另有规定外，一般不分摊损失。

3. 合伙企业成立程序

为了避免经济纠纷，在合伙企业成立时，合伙人应首先订立合伙协议（又叫合伙契约或叫合伙章程），其性质与公司章程相同，对所有合伙人均有法律效力，一般包括以下内容。

（1）合伙企业的名称（或字号）和所在地地址。

（2）合伙人姓名及其家庭地址。

（3）合伙企业的经营及设定的存续期限。

（4）合伙企业的设立日期。

（5）合伙人的权利和义务。

（6）合伙人的投资形式及其计价方法。

（7）合伙人的退伙和入伙的规定。

（8）损益分配的原则和比率。

（9）付给合伙人贷款的利息。

（10）付给合伙人的工资。

（11）每个合伙人可以抽回的资本。

（12）合伙人死亡的处理及继承人权益的确定。

（13）合伙企业结账日和利润分配日。

（14）合伙企业终止及合伙财产的分配方法。

（15）其他需经全体合伙人同意的事项。

4. 合伙企业的优劣分析

合伙企业有以下四点优势。

(1) 与个人独资企业相比较，合伙企业可以从众多的合伙人处筹集资本，合伙人共同偿还债务，减少了银行贷款的风险，使企业的筹资能力有所提高。

(2) 与个人独资企业相比较，合伙企业能够让更多投资者发挥优势互补的作用，比如技术、知识产权、土地和资本的合作，并且投资者越多，事关自己切身利益，大家共同出力谋划，集思广益，提升企业综合竞争力。

(3) 与一般公司相比较，由于合伙企业中至少有一个负无限责任，使债权人的利益受到更大保护，理论上来讲，在这种无限责任的压力下，更能提升企业信誉。

(4) 与一般公司相比较，理论上来讲，合伙企业盈利更多，因为合伙企业交的是个税而不是企业所得税，这也是其高风险成本的收益。

合伙企业有以下两点劣势。

(1) 由于合伙企业的无限连带责任，对合伙人不是十分了解的人一般不敢入伙，就算以有限责任人的身份入伙，由于有限责任人不能参与事务管理，这就产生有限责任人对无限责任人的担心，怕他不全心全意地干，而无限责任人在分红时，觉得所有经营都是自己在做，有限责任人就凭一点资本投入就坐收盈利，又会感到委屈。因此，合伙企业是很难做大做强。

(2) 虽说连带责任在理论上来讲有利于保护债权人，但在现实生活中操作起来往往不然。如果一个合伙人有能力还清整个企业的债务，而其他合伙人连自己的那份也无力还清时，按连带责任来讲，这个有能力的合伙人应该还清企业所欠所有债务。但是，他如果这样做了，再去找其他合伙人要回自己垫付的债款就麻烦了，因此，他不会这样独立承担所有债款的，还有可能连自己的那一份都等大家一起还。

(四) 公司制企业

公司制企业又叫股份制企业，是指由 1 个以上投资人（自然人或法人）依法出资组建，有独立法人财产，自主经营、自负盈亏的法人企业。公司制企业包括有限责任公司和股份有限公司。公司制企业的法律特征有以内容。

(1) 公司是一个由股东组成的法人团体，具有法人地位，按照一定规章制度成立，拥有独立财产，在其法人财产基础上独立从事经营活动，并能以自己的名义行使权力和承担责任与义务。

(2) 所有出资人都只以自己的出资为限，对公司的债务负有限的清偿责任。即当公司入不敷出、资不抵债时，可以强制企业破产，但不管公司欠债多少，所有出资人都只以其投入企业的资本清偿债务，不再负有超过这一限额的债务清偿责任。因此，公司所有者完全不必担心企业破产会导致自身倾家荡产。而且当个别股东发生股权转移或其他变动时，不会导致公司的解体，也不会影响公司的运营。因此，公司制企业有很好的存续性。

(3) 公司由一个法人治理机构来统治和管理，即由企业所有者、董事会、总经理三者组成的机构来管理，三者形成一种合力，同时也形成一定的制衡关系。通过这一形式，所有者将自己的资产交由公司董事会托管，公司董事会是公司的常设决策机构，拥有对高级经理人员的聘用、奖惩及解雇权利，高级经理人员必须受雇于董事会，组成董事会领导下总经理执行机构，在董事会的授权范围内经营企业。

1. 有限责任公司

有限责任公司，简称有限公司，是指根据《中华人民共和国公司登记管理条例》规定登记注册，由50个以下的股东出资设立，每个股东以其所认缴的出资额对公司承担有限责任，公司法人以其全部资产对公司债务承担全部责任的经济组织。有限责任公司包括国有独资公司及其他有限责任公司。

有限责任公司（有限公司）是我国企业实行公司制最重要的一种组织形式，指根据《中华人民共和国公司登记管理条例》规定登记注册。其优点是设立程序比较简单，不必发布公告，也不必公布账目，尤其是公司的资产负债表一般不予公开，公司内部机构设置灵活。其缺点是由于不能公开发行股票，筹集资金范围和规模一般都比较小，难以适应大规模生产经营活动的需要。因此，有限责任公司这种形式一般适合于中小企业。

2. 股份有限公司

股份有限公司是指公司资本为股份所组成的公司，股东以其认购的股份为限对公司承担责任的企业法人。设立股份有限公司，应当有2人以上200人以下为发起人，注册资本的最低限额为人民币500万元。由于所有股份公司均须是负担有限责任的有限公司（但并非所有有限公司都是股份公司），所以一般合称“股份有限公司”。

3. 有限责任公司和股份有限公司的区别

（1）相同之处。有限责任公司和股份有限公司都是公司制企业，公司股东都对公司债务承担有限责任。合伙企业、个人独资企业、私营企业、个体工商户、非公司企业都只能算企业而不是真正意义上的公司。

（2）不同之处。有限责任公司由50个以下股东出资设立；股份有限公司由2～200人为发起人，股东无人数限制，全部资本分为等额股份。

发生债务清偿问题时，有限责任公司每个股东以其所认缴的出资额对公司承担有限责任；股份有限公司每个股东以其认购的股份为限对公司承担责任。

需要注意，出资额分为实际出资额和认缴的（章程规定的）出资额，实际上，实际出资额和认缴的出资额往往是不相等的，存在虚假出资或出资不到位的情况。

有限责任公司的名称可以变更为股份有限公司，股份有限公司的名称也可以变更为有限责任公司，但都要按照《中华人民共和国公司法》的规定办理。

（五）各种企业组织形式比较

1. 企业组织形式的优劣比较

各种企业组织形式并没有绝对的好坏之分，创业者可以根据企业组织形式的比较分析选择一种有利于企业生存与发展的组织形式，组织形式比较见表6-1。

2. 选择企业组织形式需要考虑的因素

在决定创业时，创业者不但需要了解我国现有企业制度中可以选择的各种投资、创业形式，而且应当了解每一种形式的优劣，从而选择一种合适的企业组织形式。通常而言，决定企业组织形式时应当考虑以下几个方面的因素。

表 6-1　企业组织形式比较

企业组织形式	优势	劣势
个人独资企业	企业的设立、转让、解散等行为手续简便，只需向登记机关登记即可，费用较低；企业拥有者对企业享有绝对的控制权；利润归创业者所有，不需要对其他人负责；只需缴纳个人所得税，无需双重税收；在技术与经营方面保密性高	创业者需对企业负无限责任；企业筹资困难，难以获得企业外部的资金支持；企业会随着创业者的退出而消亡，企业寿命有限；企业的生存与发展更多依赖于创业者的个人能力
合伙企业	企业设立较简单，费用较低；企业的生产、经营具有高度的灵活性；企业资金来源广泛，信用度较高；企业拥有一个整体团队	合伙人承担企业无限责任；财产转让困难；企业的规模难以扩充，融资能力有限；关键合伙人的退出，会使企业消亡或解散；企业合伙人之间分歧会导致企业决策困难
有限责任公司	股东风险较小；公司具有独立的寿命，易于存续与发展；公司的拥有权与经营权分离，符合现代企业制度，适应市场竞争；以出资额为有限承担公司的经营，不会影响拥有者的生活；聘任职业经理人的做法，有利于科学决策，优化公司的组织结构形式；可以吸收多人投资，有利于资本优化	公司的设立程序较为烦琐，条件较为复杂；公司开办费用较高；有双重税收压力，税收负担较重；不能公开发售股票，公司发展的规模与途径受到了限制；公司的产权不能流动，资产运作受限
股份有限公司	股东承担有限责任，风险较小；公司具有独立的寿命，宜于存续；公司的产权可以以股权形式流动、变更；公司的拥有权与经营权分离，有利于公司的经营；公司的筹资能力强，对公司的扩大发展较为有利	公司的创立程序复杂，费用高；税收负担较大，有双重的税收压力；政府限制较多，法规要求较高；公司需要定期报告财务状况；对财务有着严格的审查制度

(1) 拟投资的行业。对于一些特殊的行业，法律规定只能采用特殊的组织形式。比如律师事务所只能采用合伙形式而不能采取公司制形式，而对于银行、保险等金融企业，法律则要求必须采用公司制形式。因此，根据拟投资的行业确定可以采取的企业组织形式是应当首先考虑的因素。对于法律有强制性规定的行业，只能按照法律规定的要求办理，对于法律没有强制性要求的，则需要根据实务中通常的做法及创业者的特殊要求来确定组织形式。例如，近几年来在创业投资领域内非常热门的私募股权基金，法律允许采用的组织形式包括公司制和合伙制，但是随着《中华人民共和国合伙企业法》的修改，越来越多的私募股权基金采取了发达国家最为流行的做法，即有限合伙制组织形式。

(2) 创业者风险承担能力。对于创业者而言，其风险承担能力是其创业前必须考虑的重要因素之一。商业环境中存在各式各样的经营风险，而企业组织形式如何与创业者日后所需要承担的责任大小息息相关。正如前文所述，公司制企业的股东仅以认缴的出资额为限对公司承担责任，公司以其全部的资产对公司的债务承担责任，因此公司制企业的有限责任制度对于风险控制具有重大的意义；而对于普通合伙企业以及个人独资企业，合伙人或者投资人则需要对企业承担无限责任，如果选择后两者组织形式，则创业者所必须承担的风险不仅限于目前投资数额，还包括全部个人财产，因此，采用后两种组织形式进行创业的风险相对较大。

(3) 税务因素。不同的企业组织形式所缴纳的税不同，因此选择企业组织形式，必须考虑税赋问题。根据我国相关税法的规定，对个人独资企业和合伙企业生产经营所得计征个人所得税，其中合伙企业的投资者将全部生产经营所得按协议约定的分配比例，确定各自的应纳税所得额，分别缴纳个人所得税。而对于公司制企业，既要按公司经营所得缴纳企业所得税，又要在向股东分配利润时为股东代缴个人所得税，即按20%的税率缴纳个人所得税。因此从税赋筹划的角度而言，选择合伙企业及个人独资企业，通常所需要缴纳的税赋较公司制企业更低。但是这并不能一概而论，对于一些特殊的行业，例如高新技术企业和小微企业，由于我国政府对其采取税收优惠政策，在享受到税赋优惠政策的情况下，公司制企业或许更加节税。

(4) 未来融资的需要。企业组织形式对于未来的融资也是具有较大的影响。如果创业者自身资金充足，拟投资的事业所需资金要求也不大，则采用合伙制或者有限公司的形式均可；但是如果日后发展企业所需要的资金规模非常大，则建议采用股份有限公司。

(5) 关于经营期间的考量。对于个人独资企业，一旦投资人死亡且无继承人或者继承人决定放弃继承，则企业必须解散；合伙企业由合伙人组成，一旦合伙人死亡，除非不断吸收新合伙人，否则合伙企业的寿命也是有限的。因此，无论合伙企业还是个人独资企业，通常的经营期限都不会很长，很难持续发展下去。但公司制企业却完全不同，除出现法定解散事由或者股东决议解散外，原则上公司制是可能永远存在的。因此，创业时可以根据拟经营的期限来选择企业组织形式，若希望将该企业不断经营下去，则建议采用公司制企业形式。

当然，除了上述因素之外，还可以从投资权益的自由流通度、经营管理的需要等多个方面就企业组织形式的优劣分析和比较。总之，企业组织形式没有最好的，只是最合适的，创业者只有对自己的实际需要有充分的了解，才能选择出最合适的企业组织形式。

实例：一人有限公司与个人独资企业

1. 投资主体不同

一人有限责任公司投资主体可以是自然人，也可以是法人。法人是相对于自然人而存在的，我们每个人都是自然人，法人是具有民事权利能力和民事行为能力的自然人，依法独立享有民事权利和承担民事义务的组织或个人，是社会组织在法律上的人性化。一人有限公司，可能并不是一个自然人，也可以是法人组织。而个人独资企业的投资主体只有一个人，就是自然人。责任由自己独资承担。

2. 法律形式不同

一人有限责任公司属于法定民事主体，具有法人资格，个人独资企业则不然。原因就是个人独资企业主体是自然人，自然人不具有承担民事责任和享受民事权利的资格。

3. 设立条件不同

一人有限责任公司注册资本最低额度是人民币10万元，股东一次性缴纳公司规定出资额。个人独资公司的设立没有规定最低出资额限制，只需申报人出资即可。一人有限公司的出资额不得低于注册成本的30%，而个人独资企业对出资未做出任何强制规定。

4. 税收缴纳规定不同

一人有限责任公司需要缴纳企业所得税，个人独资企业不需要缴纳，需要缴纳个人所得税。国家法律规定从2000年1月起，个人独资企业和合作企业停止征收企业所得税，比照个体工商户生产经营征收个人所得税。

5．投资者承担责任不同

一人有限责任公司股东以认缴的出资额为限承担“有限责任”，个人独资企业的投资人以其个人资产对公司承担无限责任，投资人在申请企业设立登记证明时，确认以其家庭共有财产作为个人出资，依法以家庭共有财产对企业债务承担无限责任。

6．财务核算要求不同

一人有限公司应当在每年年度终了时编制财务会计报告，并由会计事务所审计。个人独资企业则只需依法设置会计账簿来进行会计核算，无需经会计事务所审计。

实例：分公司与子公司的区别

1．法律地位

(1) 子公司虽受母公司实际控制，但具有独立的法人人格，在工商部门领取《企业法人营业执照》，有自己的公司名称和章程，以自己名义开展经营活动。

(2) 分公司不具有独立的法人人格，虽有公司字样但并非真正意义上的公司，无自己的章程，公司名称只要在总公司名称后加上分公司字样即可。注意：分公司虽不具独立法律地位，但依《民事诉讼法》《民诉意见》，依法设立的分公司可以作为民事诉讼的当事人，具有诉讼资格，另外分公司也具有独立的缔约能力。

2．责任承担

(1) 子公司以其自身财产独立承担民事责任，与母公司互不连带，除出资人（即子公司的各股东）出资不实或有抽逃资金，以及公司人格否认的情形下，债权人不得就未得清偿部分向出资人追偿。

(2) 分公司业务开展过程中出现债务履行不能情形时，债权人可以要求设立公司（总公司）承担清偿义务，提起诉讼时，可以直接把设立公司列为共同被告要求承担责任。特别注意：这并不意味着两者之间为连带关系，应当是同一个人格，由总公司承担全部责任。

3．设立方式

(1) 子公司由一个股东（一人有限责任公司）或者两个以上股东按照公司法规定的公司设立条件和方式投资设立。

(2) 总公司在其住所地之外向当地工商部门申请设立，属于设立公司的分支机构，在公司授权范围内独立开展业务活动。

4．对母公司/总公司的投资限制

(1) 子公司向其他有限责任公司、股份公司投资的，公司章程对投资或者担保的总额及单项投资或者担保的数额有限额规定的，不得超过规定的限额。注意：《商业银行法》第19条第二款，商业银行拨付其子公司运营资金的总和不得超过总行资本金总额的60%。

(2) 总公司对分公司的投入原则上不受限制。

5．税收

子公司对税务系统是独立的，分公司对税务系统是附加在母公司的。

子公司是独立的法人企业，其对外关系是完全独立的，在经营活动过程中债权债务承担独立的法律责任，其投资人可能是多个法人或个人，投资人是子公司的母公司。分公司不是独立的法人企业，其法人是总公司，在经营活动过程中债权债务不承担独立的法律责任，总公司是唯一的投资人。在税收方面，子公司和分公司是没有区别的，税收的确定是以企业的经营规模和性质有关，与其组织形式无关。当然，企业无力承担缴纳税收义务时，税务机关在强制执行时对子公司和分公司可能在追缴权方面会有一些不同。

二、新企业的命名

1．企业命名的原则

（1）合法原则。能够在法律上得到保护，这是企业命名的首要前提。

（2）尊重文化与跨越地理限制原则。由于世界各国、各地区的消费者，其历史文化、风俗习惯、价值观念等存在一定差异，使得他们对同一品牌的看法也会有所不同。在这一个国家是非常美好的意思，可到了另一个国家其含义可能会完全相反，即企业命名要适应消费者的文化价值观念和潜在市场的文化观念。

（3）易读易记原则。企业名称只有易读易记才能高效地发挥它的识别功能和传播功能。企业命名时做到简洁、独特、新颖、响亮等，如红豆、动感地带、上好佳等。

（4）上口易传播原则。企业名称简明、清晰、易写、易记，是传播的必要条件。

（5）正面联想原则。正如人的名字普遍有某种寓意一样，企业名称也应包含企业相关的寓意，让消费者从中得到产品的正面联想，进而产生对品牌的认知或偏好。相反，则容易引起人们的反感，甚至引起法律纠纷。

（6）暗示产品属性原则。从产品的特点、功能、形态等属性命名，让消费者从它的名字一眼就看出它是什么产品，如五粮液、创可贴、商务通等。

（7）利于品牌延伸原则。一个无具体意义而又不带任何负面效应的品牌名，较适合于今后的品牌延伸。品牌可以扩展到任何产品领域。

实例：著名企业的名称赏析

香港金利来（Goldlion）公司，起先中文译为“金狮”，而金狮在粤语是“甘输”，很不吉利。后来采用中英文混译，“Gold”译为金，“lion”译为利来，才有了如今的辉煌。

海信家电在走出国门前注册了“Hisense”的英文商标，它来自 high sense，是“高灵敏、高清晰”的意思，这非常符合其产品特性。同时，high sense 又可译为“高远的见识”，体现了品牌的远大理想。

米勒公司（Miller）推出一种淡啤酒，取名为 Lite，即淡字的英文 light 的变异，生意兴旺，其他啤酒厂纷纷仿效，也推出以 Lite 命名的淡啤酒，由于 Lite 是直接描绘某类特定产品的普通词汇，法院判决不予保护，因此，米勒公司失去了对 Lite 的商标专用权。

2．企业命名的方法

（1）功能命名法。根据企业或者产品的特点对企业进行命名。这种命名方法直接明了，能快速识别企业或产品的功能和特点。如“感冒通”“肠炎宁”等，这些名字简单明确，易读易记，容易打造优秀品牌。

（2）人名地名命名法。由于人名和地名具备特殊的含义，因此往往以人名和地名命名企业的名称，看起来朴素简洁，但是名称会响亮大方，寓意也十分丰富。如“青岛啤酒”

“王致和”系列调味品等。

(3) 原料命名法。原料命名法就是用产品的原料命名，这是一种特殊的命名方法，特点是独特个性，引人注目。

(4) 寓意命名法。寓意命名法的核心主要关注企业名称寓意，大多运用寓意美好的字词，如祥、福、泰、庆、和、富、德等。在长期命名的过程中，也有逐渐形成的行业习惯，如药店多用“仁”和“堂”，如“同仁堂”“怀仁堂”。

(5) 以企业的文字类型命名法。这种命名法有汉字命名、拼音命名、数字命名和外语命名几种方式，汉字命名是国内企业最主要的命名方式，也是一些国际企业进入中国后实施本地化策略的命名方式；以拼音命名是国内企业的独特做法，如 Haier（海尔）；以数字命名的企业较少，这种命名方式容易出现雷同，如 999（药业）；以外语命名是国外企业的常见命名方式。

(6) 需求命名法。以产品带给消费者的不同需求层面来命名，这类企业以产品的某一功能效果作为品牌命名的依据，如奔驰（汽车）、飘柔（洗发水）。

(7) 自创命名法。有些品牌名是词典里没有的，它是经过创造后为品牌量身定做的新词。这些新词一方面具备了独特性，使得品牌容易识别，也比较容易注册；另一方面也具备了较强的转换性，可以包容更多的产品种类。自创命名体现了品牌命名的发展方向，是今后最常用的品牌命名方式。

实例：阿里巴巴的由来

最初创立阿里巴巴时，虽然创业资本很少，但马云还是将未来的公司定位为全球的公司，因而名字也应该是响亮的、国际化的。为了注册一个好的名字，马云思索了很久。直到有一次在美国一家餐厅吃饭时，他突发奇想，找来了餐厅服务员，问他是否知道阿里巴巴这个名字。服务员回答说知道，并且还跟马云说阿里巴巴打开宝藏的咒语是“芝麻开门”。之后马云又在各地反复地询问他人，经过这个测试，马云发现阿里巴巴的故事被全世界的人所熟知，并且不论语种，发音也近乎一致。“从我外婆到我儿子，他们都读阿里巴巴。”就这样，一锤定音，马云将“阿里巴巴”确定为公司的名字。

3. 企业名称的构成

根据《企业名称登记管理规定》，企业名称应当由行政区划名称、字号、行业或经营特点、组织形式四项基本要素构成。

(1) 行政区划名称。企业名称中的行政区划名称，是指县以上行政区划的名称，不包括乡、镇和其他地域名称。企业名称所冠行政区划名称应该是企业所在地县以上行政区划名称，而不是非企业所在地行政区划名称。各类“经济技术开发区”“保税区”“新技术开发区”“工业园区”等名称不能作为行政区划名称使用。但是，在企业名称已冠有县以上行政区划名称的前提下，可以在行政区划名称后缀以经有关部门批准的“经济技术开发区”等名称命名。

(2) 字号。字号是一个企业区别于其他企业的重要标志。字号应由两个以上的汉字组成。企业有正当理由可以使用本地或异地地名作字号，但不得使用县以上行政区划名称作字号。外商投资企业的中文名称中不得使用外文字母、汉语拼音，国内企业也不得以外文字母、字词作字号。企业字号一般不得使用行业字词。

(3) 行业或经营特点。企业应根据自己的经营范围或经营方式确定名称中的行业或者经营特点字词。该字词应具体反映企业生产、经营、服务的范围、方式或特点，不能单独使用“发展”“开发”等字词；使用“实业”字样的，应有下属三个以上的生产、科技型企业。企业确定名称中的行业或经营特点字词，可以依照国家行业分类标准划分的类别使用一个具体的行业名称，也可以使用概括性字词。

(4) 组织形式。企业应当根据自己的组织结构或责任形式，在企业名称中标明组织形式。目前我国企业使用的组织形式大体有两类：公司类的“有限责任公司”和“股份有限公司”；一般企业类的“中心”“厂”“店”“馆”“所”“社”等。

实例：蝴蝶效应

蝴蝶效应来源于美国气象学家洛伦兹20世纪60年代初的发现。为了预报天气，他用计算机仿真地球大气方程式，意图利用计算机的高速运算来提高长期天气预报的准确性。1963年的一次试验中，为了更细致地考察结果，他把一个中间解0.506取出，提高精度到0.506 127再送回。结果竟让他大吃一惊：本来很小的差异，结果却偏离了十万八千里！洛伦兹发现，误差会以指数形式增长，在这种情况下，一个微小的误差随着不断推移造成了巨大的后果。此后，他在一次讲演中提出：一只蝴蝶在巴西扇动翅膀，有可能会在美国的得克萨斯引起一场龙卷风。

蝴蝶效应告诉我们，工作中不以“善”小而不为，不以“恶”小而为之。很多的创业都是从小做起，经过一段时间的努力，将会产生轰动效应，成为成功创业的人。

实例：“雀巢”的命名

成立于1867年的瑞士雀巢集团，以创始人亨利·内斯特尔（Nestle）的名字命名，因为英文雀巢（Nest）与他的名字为同一词根，所以中文一并译为“雀巢”，德语意思是小小雀巢。实际上，内斯特尔（Nestle）英文的含义是“舒适安顿下来”和“依偎”。它都给人一种明朗的印象和消除压力、紧张的感觉。在汉语中更是这样，“雀巢”让重视家庭和亲情的中国人产生一种温馨的家的感觉，有时甚至让人想到藏情蓄爱的鸟巢。

宜家家居（IKEA）于1943年创建于瑞典，“为大多数人创造更加美好的日常生活”是宜家公司自创立以来一直努力的方向。宜家品牌始终和提高人们的生活质量联系在一起，并秉承“为尽可能多的顾客提供他们能够负担，设计精良，功能齐全，价格低廉的家居用品”的经营宗旨。

“IKEA”只有短短的4个英文字母，便于人们记忆，而且发音短促响亮，人们发出“IKEA”这个音节时，嘴型会自然摆出微笑的表情，让人产生愉悦的感觉。

小组讨论：你认为一个好的名称对于企业的发展重要吗？请同学们列举好的企业名称的重要性有哪些？

三、新企业的选址

企业选址，是关乎企业未来发展的一件大事，不论是创立何种企业，地点的选择都是决定成败的一大关键性要素。可以说“地段决定前途”，好的选址等于成功的一半，尤其是以门市为主的零售、餐饮等服务业，店面的选择更是成败的关键。

(一) 了解企业选址的内涵及其重要性

1. 企业选址的内涵

企业选址是指企业运用科学的方法决定企业的地理位置，使之与企业的整体经营运作系统有机结合，以便有效、经济地达到企业的经营目的。

2. 企业选址对企业发展的重要性

(1) 地址是制定经营战略及目标的重要依据。

(2) 地址选择是对市场定位的选择。

(3) 地址选择是一项长期性投资。

(4) 地址选择反映了服务理念。

地址选择要以便利顾客为首要原则。从节省顾客的购买时间、节省其交通费用的角度出发，最大限度地满足顾客的需要。否则就会失去顾客的信赖和支持，也就失去了存在的基础。

(二) 影响企业选址的因素

1. 政治因素

地域或国家政局是否稳定、政府是否有为、法制是否健全、治安是否良好、赋税是否公正是影响企业选址的重要因素。

2. 经济因素

经济因素决定了新企业预选地区购买力，一般反映在银行存款、消费者收入水平、家庭总收入等指标上，以上数据与地区是否繁荣有密切关系。

3. 技术因素

以科技研发与生产为项目方向的高科技新企业在选址时，创业者可考虑将新企业建在某地区与社区的技术研发中心附近，或建在新技术信息传递的地区。可及时了解和掌握国内外新技术发展变化的新规律、新特点和新趋势，避免技术本身进步的难以预测性和技术市场变化的不确定性对高科技新企业带来影响。

4. 社会文化因素

选择新企业地址，创业者应考虑新企业地址所在城市的影响力，所在地区的社区文化和商业文化，不同背景的消费者，由于生活态度与价值取向的差异，导致他们对健康、营养、安全与环境关注程度的不同，会直接影响新企业产品或服务的市场需求与市场拓展。

5. 自然因素

选择新企业地址，创业者应关注所选地址的地质状况、水力资源的利用性、气候变化等自然因素是否符合新企业生产与经营的客观需要。

6. 人口因素

创业者应该对可能成为新企业的消费群体的消费者有所了解。要重点了解该地区的人口结构、人口数量以及人口稳定状况，消费者的职业与收入状况；还要了解消费者的购买习惯、消费能力等情况。

以上各种因素对不同行业的新企业选择地址而言，考虑的侧重点有所不同，应具体情况具体分析。

（三）企业选址的策略与技巧

科学而行之有效地选择地址，对新企业的成长至关重要。

（1）在收集与研究市场信息的基础上选址。

（2）在考察与评估备选地址的基础上选址。

（3）在咨询与听取多方建议的基础上选址。

四、企业的注册

按照现行法律法规，创业者注册新公司需要遵循一定的流程，并需要到相应的政府部门登记审批，相关审批登记项目包括公司核名、经营项目审批、公司公章备案、验资、申领营业执照/组织代码证/税务登记证、银行开户、购买发票等。

（一）公司核名

注册公司第一步就是公司名称审核，即查名。创业者需要通过市工商行政管理局进行公司名称注册申请，由工商行政管理局三名工商查名科注册官进行综合审定，给予注册核准，并发放盖有市工商行政管理局名称登记专用章的“企业名称预先核准通知书”，此过程中申办人需提供法人和股东的身份证复印件，并提供 2～10 个公司名称，写明经营范围、出资比例。公司名称要符合规范，例如，北京（地区名）＋某某（企业名）＋贸易（行业名）＋有限公司（类型）。

（二）经营项目审批

如新创企业的经营范围中涉及特种行业许可经营项目，则需报送相关部门报审盖章。特种许可项目涉及旅馆、印铸刻字、旧货、典当、拍卖、信托寄卖等行业，需要消防、治安、环保、科委等行政部门审批。特种行业许可证办理，根据行业情况及相应部门规定不同，分为前置审批和后置审批。

（三）公司公章备案

企业办理工商注册登记过程中，需要使用图章，由公安部门刻出。公司用章包括公章、财务章、法人章、全体股东章、公司名称章等。

（四）验资

按照《公司法》规定，投资者需按照各自的出资比例，提供相关注册资金的证明，通过审计部门进行审计并出具“验资报告”。

（五）申领营业执照

设立股份有限公司，应当具备下列条件。

（1）发起人符合法定人数。设立股份有限公司，应当有 2 人以上 200 人以下为发起人，其中须有半数以上的发起人在中国境内有住所。发起人承担公司筹办事务，应当签订发起人协议，明确各自在公司设立过程中的权利和义务。

（2）有符合公司章程规定的全体发起人认购的股本总额或者募集的实收股本总额。股份有限公司采取发起设立方式设立的，注册资本为在公司登记机关登记的全体发起人认购的股本总额。在发起人认购的股份缴足前，不得向他人募集股份；股份有限公司采取募集方式设立的，注册资本为在公司登记机关登记的实收股本总额。法律、行政法规以及国务院决定对股份有限公司注册资本实缴、注册资本最低限额另有规定的，从其规定。

（3）股份发行、筹办事项符合法律规定。

（4）发起人制订公司章程，采用募集方式设立的经创立大会通过。公司章程应当载明下列事项：公司名称和住所；公司经营范围；公司设立方式；公司股份总数、每股金额和注册资本；发起人的姓名或者名称、认购的股份数、出资方式和出资时间；董事会的组成、职权和议事规则公司法定代表人；监事会的组成、职权和议事规则；公司利润分配办法；公司的解散事由与清算办法；公司的通知和公告办法；股东大会会议认为需要规定的其他事项。

（5）有公司名称，建立符合股份有限公司要求的组织机构。

（6）有公司住所。相关材料包括公司章程、名称预先核准通知书、法人和全体股东的身份证、公司住所证明复印件（房产证及租赁合同）、前置审批文件或证件、生产性企业的环境评估报告等。

从 2015 年 10 月 1 日起，全国范围内开始全面实行“三证合一”的登记制度。“三证合一”的登记制度是指将企业登记时依次申请的，分别由工商部门核发的营业执照、质监部门核发的组织机构代码证、税务部门核发的税务登记证，改为一次申请，由工商部门核发一个加载统一社会信用代码的营业执照，即“一照一码”营业执照。

（六）银行开户

新创办企业需设立基本账户，企业可根据自己的具体情况选择开户银行。银行开户应提供的材料包括营业执照正本、组织机构代码证正本、公司公章/法人章/财务专用章、法人身份证、国地税务登记证正本等。

企业注册流程图如图 6 - 1 所示。

五、企业的相关文件及法律问题

（一）相关文件编写

新企业工商注册需向所在地工商行政管理部门提交相关材料。创业者需要根据所选择的企业组织形式的具体要求，填写各种登记表，编写合伙协议、公司章程、发起人协议等相关文件。

1．合伙协议

合伙协议是依法由全体合伙人协商一致、以书面形式订立的合伙企业的契约。合伙协议应当载明下列事项：①合伙企业的名称和主要经营场所的地点；②合伙目的和合伙企业的经营范围；③合伙人的姓名及其住所；④合伙人出资的方式、数额和缴付出资的期限；⑤利润分配和亏损分担办法；⑥合伙企业事务的执行；⑦入伙与退伙；⑧合伙企业的解散与清算；⑨违约责任。

合伙协议可以载明合伙企业的经营期限和合伙人争议的解决方式。合伙协议经全体合伙人签名、盖章后生效。合伙人依照合伙协议享有权利，承担责任。经全体合伙人协商一致，可以修改或者补充合伙协议。

签订合伙协议应当注意的问题如下：

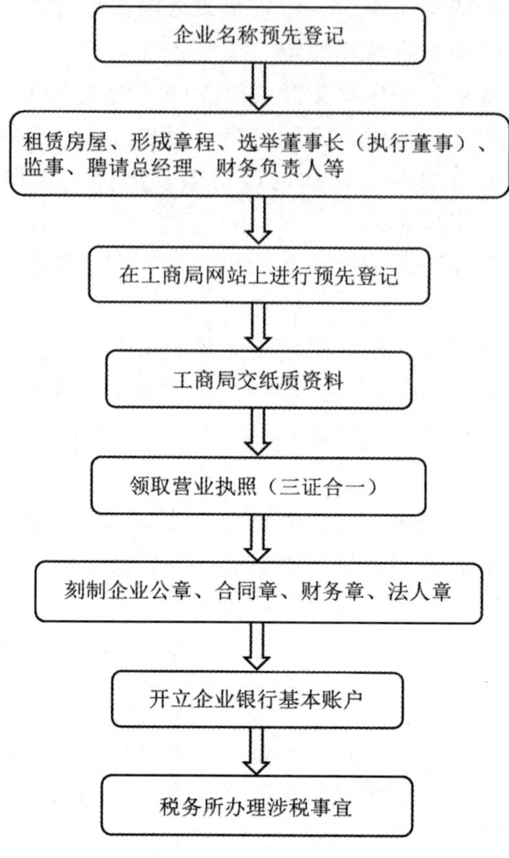

图 6-1　企业注册流程图

（1）个人合伙可以起字号，依法经核准登记，在核准登记的经营范围内从事经营。合伙人应当对出资数额、盈余分配、债务承担、入伙、退伙、合伙终止等事项，订立书面协议。合伙人的权利：①合伙事务的经营权、决定权和监督权，合伙的经营活动由合伙人共同决定，无论出资多少，每个人都有表决权；②合伙人享有合伙利益的分配权；③合伙人分配合伙利益应以出资额比例或者合同的约定进行，合伙经营积累的财产，归合伙人共有；④合伙人有退伙的权利。合伙人的义务：①按照合伙协议的约定维护合伙财产的统一；②分担合伙的经营损失和债务；③合伙债务承担连带责任。

（2）个人合伙的经营活动，由合伙人共同决定，合伙人有执行或监督的权利。合伙人可以推举负责人。合伙负责人和其他人员的经营活动，由全体合伙人承担民事责任。合伙的债务，由合伙人按照出资比例或者协议的约定，以各自的财产承担清偿责任。合伙人对合伙的债务承担连带责任，法律另有规定的除外。偿还合伙债务超过自己应当承担数额的合伙人，有权向其他合伙人追偿。

2. 公司章程

公司章程，是指公司依法制定的，规定公司名称、住所、经营范围、经营管理制度等重大事项的基本文件，也是公司必备的规定公司组织及活动基本规则的书面文件。公司章程是股东共同一致的意思表示，载明了公司组织和活动的基本准则，是公司的宪章。公司章程具有法定性、真实性、自治性和公开性的基本特征。公司章程与《中华人民共和国公司法》一样，共同肩负调整公司活动的责任。作为公司组织与行为的基本准则，公司章程对公司的成立及运营具有十分重要的意义，它既是公司成立的基础，也是公司赖以生存的灵魂。

(1) 有限责任公司章程。有限责任公司章程应载明下列事项：①公司名称和住所；②公司经营范围；③公司注册资本；④股东的姓名或者名称；⑤股东的出资方式、出资额和出资时间；⑥公司的机构及其产生方法、职权、议事规则；⑦公司法定代表人；⑧股东大会会议认为需要规定的其他事项。

股东应当在公司章程上签名、盖章。

(2) 股份有限公司章程。股份有限公司章程应当载明下列事项：①公司名称和住所；②公司经营范围；③公司设立方式；④公司股份总数、每股金额和注册资本；⑤发起人的姓名或名称、认购的股份数、出资方式和出资时间；⑥董事会的组成、职权和议事规则；⑦公司法定代表人；⑧监事会的组成、职权和议事规则；⑨公司利润分配办法；⑩公司的解散事由与清算办法；⑪公司的通知和公告办法；⑫股东大会会议认为需要规定的其他事项。

3. 发起人协议

发起人协议指发起人之间就设立公司事项所达成的明确彼此之间权利义务关系的书面文件。股份有限公司发起人应当签订发起人协议，明确各自在公司设立过程中的权利和义务。发起人协议应当载明下列事项。

(1) 公司经营项目、宗旨、范围和生产规模。

(2) 公司注册资本、各方出资数额、出资方式。

(3) 公司组织机构和经营管理。

(4) 公司名称和住所。

(二) 企业相关法律问题

企业创建时，创业者必须熟悉和掌握与新企业相关的法律知识，如知识产权法、反不正当竞争法、产品质量法、合同法、劳动法等。法律法规不仅对新企业具有约束作用，还会为企业的运营与发展起到法律保护作用。

1. 知识产权法

知识产权法是指因调整知识产权的归属、行使、管理和保护等活动中产生的社会关系的法律规范的总称。

(1) 著作权与著作权法。著作权也称版权，是指作者对其创作的文学艺术和科学作品依法享有的权利。著作权包括发表权、署名权、修改权、保护作品完整权、复制权、发行权、出租权、展览权、表演权、放映权、广播权、信息网络传播权、摄制权、改编权、翻译权、汇编权及应当由著作权人享有的其他权利。对著作权的保护是对作者原始工作的保护。

著作权法是指国家制定或认可的，调整由文学、艺术和科学作品产生的社会关系的法律规范的总和。国务院著作权行政管理部门主管全国的著作权管理工作；各省、自治区、直辖市人民政府的著作权管理部门主管本行政区域的著作权管理工作。著作权人行使著作权，不得违反宪法和法律，不得损害公共利益。国家对作品的出版、传播依法进行监督管理。

（2）专利权与专利法。专利权是权利人对其获得专利的发明创造（发明、实用新型或外观设计），在法定期限内所享有的独占权或专有权。专利法是调整因发明创造的产生而引起的发明人与使用发明的人之间、发明人与其所属单位之间、发明人与发明人之间，在支配和使用该发明创造的问题上所产生的各种社会关系的行为规范，其实质是依照法律确认和保护发明创造的产权。

我国专利的类型有发明专利、实用新型专利和外观设计专利。申请发明或者实用新型专利的，应当提交请求书、说明书及其摘要和权利要求书等文件；申请外观设计专利的，应当提交请求书、该外观设计的图片或者照片及对该外观设计的简要说明等文件。发明专利权的期限为20年，实用新型专利权和外观设计专利权的期限为10年，均自申请日起计算。

（3）商标专用权与商标法。商标是用以区别商品和服务不同来源的商业性标志，由文字、图形、字母、数字、三维标志、颜色组合、声音或上述要素的组合构成。商标专用权是指商标主管机关依法授予商标所有人对其注册商标受国家法律保护的专有权。商标注册人拥有依法支配其注册商标并禁止他人侵害的权利，包括商标注册人对其注册商标的排他使用权、收益权、处分权、续展权和禁止他人侵害的权利。

商标法是调整企业在商标注册与使用中出现各种问题的行为规范。商标法规定，自然人、法人或者其他组织在生产经营活动中，对其商品或者服务需要取得商标专用权的，应当向商标局申请商标注册。法律、行政法规规定必须使用注册商标的商品，必须申请商标注册，未经核准注册的，不得在市场销售。注册商标的有效期限为10年，自核准注册之日起计算。注册商标有限期满，需要继续使用的，商标注册人应当在期满前12个月内按照规定办理续展手续；在此期间未能办理的，可以给予6个月的宽展期。每次续展注册的有效期为10年。自该商标上一届有效期满次日起计算。期满未办理续展手续的，注销其注册商标。

2. 反不正当竞争法

不正当竞争是指经营者违反本法规定，损害其他经营者的合法权益，扰乱社会经济秩序的行为。反不正当竞争法是禁止以违反诚实信用原则或其他公认的商业道德的手段从事市场竞争行为、维护公平竞争秩序的一类法律规范的总称。

反不正当竞争法规定了以下11类不正当竞争的手段，其中每个行为下面又具体包括了一些更加详细的不正当竞争行为。公司在生产经营的过程中，一定要注意避免这些行为，否则会给公司带来不利影响。

（1）混淆行为。①假冒他人注册商标；②与知名商品相混淆，擅自使用知名商品特有的名称、包装、装潢、或者使用与知名商品近似的名称、包装、装潢、造成和他人知名商品相混淆，使购买者误认为是他人的商品：③擅自使用他人的企业名称或姓名，引人误认为是他人的商品：④在商品上伪造产地，对商品质量做引人误解的虚假表示。

（2）公用企业或其他依法享有独占地位的经营者的限制竞争行为。①限定用户或消费者只能购买和使用其附带提供的相关商品，而不得购买和使用其他经营者提供的符合技术标准的同类商品；②限定用户或消费者只能购买和使用其指定的经营者生产或者经销的商品，而不得购买和使用其他经营者提供的符合技术标准的同类商品；③强制用户、消费者购买其提供的不必要的商品及配件；④强制用户、消费者购买其指定的经营者提供的不必要的商品；⑤以检验商品质量、性能等为借口，阻碍用户、消费者购买、使用其他经营者提供的符合技术标准的其他商品；⑥对不接受其不合理条件的用户、消费者拒绝、中断或者削减供应相关商品，或者滥收费用；⑦其他限制竞争的行为。

（3）政府机构的限制竞争行为。①实施行政性强制经营活动，限定他人购买其指定的经营者的商品，限制其他经营者正当的经营活动；②实施地区封锁行为，限制外地商品进入本地市场或者本地商品流向外地市场。

（4）商业贿赂行为。经营者为争取交易机会，暗中给予能够影响市场交易的有关人员以财物或其他好处。商业贿赂的主要形式是回扣。

（5）虚假宣传行为。经营者利用广告或其他公众知道的方法，对商品的质量、制作成分、性能、用途、生产者、有效期限、产地等作引人误解的虚假宣传。构成虚假广告必须达到足以引起一般公众误解的程度。

（6）侵犯商业秘密行为。①以盗窃、利诱、胁迫或其他不正当手段获取权利人的商业秘密；②披露、使用或允许他人使用以前项手段获取的权利人的商业秘密；③与权利人有业务关系的单位和个人违反合同约定或违反权利人有关保守商业秘密的要求，披露、使用或允许他人使用其所掌握的权利人的商业秘密；④权利人的职工违反合同约定或者权利人保守商业秘密的要求，披露、使用或允许他人使用其所掌握的权利人的商业秘密；⑤第三人明知或应知上述违法行为，获取、使用或披露他人的商业秘密，视为侵犯商业秘密。

（7）低价倾销行为。四种不构成低价倾销行为的法定情形：①销售鲜活商品；②处理有效期限即将到期的商品或者其他积压的商品；③季节性降价；④因清偿债务、转产、歇业降价销售商品。

（8）搭售或附加不合理条件行为。①搭售；②限制转售价格；③限制转售地区；④限制转售客户；⑤限制技术受让方在合同技术的基础上进行新技术的研制开发等。

（9）不正当有奖销售行为。①谎称有奖销售或对所设奖的种类、中奖概率、最高奖金额、总金额、奖品种类、数量、质量、提供方法等做虚假不实的表示；②采取不正当手段故意让内定人员中奖；③故意将设有中奖标志的商品、奖券不投放市场或不与商品、奖券同时投放，故意将带有不同奖金金额或奖品标志的商品、奖券按不同时间投放市场；④抽奖式的有奖销售，最高奖的金额超过 5 000 元；⑤利用有奖销售手段推销质次价高的商品；⑥其他欺骗性有奖销售行为。

（10）诋毁竞争对手商业信誉行为。经营者实施的诋毁商誉行为，如通过广告、新闻发布会等形式捏造、散布虚假事实，使用户、消费者不明真相而对受到诋毁的经营者产生错误认识或怀疑心理，从而不愿或不再与之进行交易。

（11）招标投标中的串通行为。①投票者串通投标的办理、共同压低报价、不进行价格竞争；②招标者与投标者串通。

3. *产品质量法*

产品质量法是调整在生产、流通及监督管理过程中，因产品质量而发生的各种经济关系的法律规范的总称。其立法目的是为了加强对产品质量的监督管理，提高产品质量水平，明确产品质量责任，保护消费者合法权益，维护社会经济秩序。

根据产品质量法的规定，生产者应当承担以下责任和义务：①应当对其生产的产品质量负责；②产品或者其包装上的标识必须真实，裸装的食品和其他根据产品的特点难以附加标识的裸装产品，可以不附加产品标识；③易碎、易燃、易爆、有腐蚀性、有放射性等危险物品，以及储运中不能倒置和其他有特殊要求的产品，其包装质量必须符合相应的要求，依照国家有关规定做出警示标志或者中文警示说明，表明储运注意事项；④不得生产国家明令淘汰的产品；⑤不得伪造产地，不得伪造或者冒用他人的厂名、厂址；⑥不得伪造或者冒用认证标志、名优标志等质量标志；⑦生产产品时不得掺杂、掺假，不得以假充真、以次充好，不得以不合格产品冒充合格产品。

销售者应当承担以下责任和义务：①执行进货检查验收制度，验明产品合格证明和其他标识；②采取措施，保持销售产品的质量；③不得销售国家明令淘汰并停止销售的产品和失效、变质的产品；④不得伪造产地，不得伪造或者冒用他人厂名、厂址；⑤不得伪造或者冒用认证标志、名优标志等质量标志；⑥销售产品不得掺杂、掺假，不得以假充真、以次充好，不得以不合格产品冒充合格产品。

因产品存在缺陷造成人身、缺陷产品以外的其他财产损害的，生产者应当承担赔偿责任。由于销售者的过错使产品存在缺陷，造成人身、他人财产损害的，销售者应当承担赔偿责任。销售者不能指明缺陷产品的生产者，也不能指明缺陷产品的供货者的，销售者应当承担赔偿责任。

4. 合同法

合同法是调整平等主体之间的交易关系的法律，它主要规范合同的订立，合同的效力，合同的履行、变更、转让、终止，违反合同的责任及合同的有效和无效等问题。创业者了解合同法，有利于防止新企业盲目签约，防止与无签约资格、无履约能力或不讲信用的当事人签约；有利于确保合同内容的合法性与条款的完整性；有利于新企业获得合同纠纷的主动权。

5. 劳动法

劳动法是为了完善劳动合同制度，明确劳动合同双方当事人的权利和义务，保护劳动者的合法权益，构建和发展和谐稳定的劳动关系而制定的法律。其内容主要包括劳动者的主要权利和义务；劳动就业方针政策及录用职工的规定；劳动合同的订立、变更与解除程序的规定；集体合同的签订与执行办法；工作时间与休息时间制度；劳动报酬制度；劳动卫生和安全技术规程；女职工与未成年工的特殊保护办法；职业培训制度；社会保险与福利制度；劳动争议的解决程序；对执行劳动法的监督、检查制度以及违反劳动法的法律责任等。此外，还包括工会参加协调劳动关系的职权的规定。

劳动法对劳动合同的订立、劳动合同的履行和变更、劳动合同的解除和终止等内容做了规定：用人单位招聘劳动者时，应当如实告知劳动者工作内容、工作条件、工作地点、职业危害、安全生产状况、劳动报酬，以及劳动者要求了解的其他内容；用人单位有权了解劳动者与劳动合同直接相关的基本情况，劳动者应当如实说明。建立劳动关系，应当订立书面劳动合同。劳动合同文本由用人单位和劳动者各执一份。

六、企业的社会责任

企业社会责任问题日益受到各国政府和民众的广泛关注。《中华人民共和国公司法》第五条明确要求，公司从事经营活动必须“承担社会责任”，公司理应对其劳动者、债权人、供货商、消费者、公司所在地的居民、自然环境和资源、国家安全和社会的全面发展承担一定责任。《公司法》不仅将强化公司社会责任理念列入总则条款，而且在分则中设计了一套充分强化公司社会责任的具体制度，可见，企业社会责任在我国具有了法律地位。

企业社会责任（corporate social responsibility，CSR）的概念已经广为接受，它是指企业在创造利润、对股东利益负责的同时，还要承担起对企业利益相关者的责任，保护其权益，以获得在经济、社会、环境等多个领域的可持续发展能力。利益相关者是指企业的员工、消费者、供应商、社区和政府等。企业得以可持续经营，仅仅考虑经济因素对股东负责是远远不够的，必须同时考虑到环境和社会因素，承担起相应的环境责任和社会责任，企业为什么要承担社会责任？缘于经济学、法理学和社会学三个方面。

在欧美发达国家，企业承担社会责任已经从当初以处理劳工冲突和环保问题为主要追求，上升到实施企业社会责任战略以提升企业国际竞争力的阶段。在实践上，随着企业社会责任运动的发展，越来越多的公司通过设立企业社会责任委员会或类似机构来专门处理企业社会责任事项，越来越多的企业公开发表社会责任报告。对于西方国家的创业者及其企业来说，承担企业社会责任就是要积极参与企业社会责任运动，贯彻执行由此衍生的SA8000等各种企业社会责任国际标准。

在我国，强化企业的社会责任是一个紧迫的现实问题，是“入世”后中国企业提高国际竞争力面临的一项新的挑战。我国新企业在创建伊始就应清楚地认识到推行企业社会责任是人类文明进步的标志，劳工权益保护不仅是西方国家的要求，也是现代企业的历史使命，符合《中华人民共和国劳动法》等许多现行法规的要求。创业者应该在积极参与和关注企业社会责任运动和企业社会责任国际标准出台的同时，从以下几个方面着手提高承担企业社会责任的意识和能力：第一，制定实施体现企业社会责任的竞争战略。突破传统的企业竞争战略，在勇于承担企业社会责任的同时，打造企业新的竞争优势是我国新一代创业者的必然选择。第二，把企业社会责任建设融入企业文化建设中，企业文化建设其实是企业发展战略的一部分，企业文化建设既可以提高企业竞争能力，也可以使人在工作中体会生命的价值。把企业社会责任作为新时期企业文化整合和再造的重要内容，已成为国际企业文化发展的大趋势。第三，把社会责任的理念付诸于实实在在的行动，在企业的日常经营管理过程中，不仅要对股东负责，对员工负责，还要对客户、供应商负责，对自然环境负责，对社会经济的可持续发展负责。

【延伸阅读】

雏鹰农牧：保障食品安全，坚持惠民兴农

雏鹰农牧集团股份有限公司创立于1988年，经过20多年的发展，现有员工人数逾3 000人，拥有20余家分公司。公司秉承“优势互补、合作共赢、风险共担、成果共享”

的经营理念，致力于开展以生猪养殖全产业链为方向的战略布局，目前已发展成为以生猪养殖为主导，拥有粮食贸易、饲料生产、生猪养殖、肉类加工、冷链物流、连锁专卖、电子商务等完整产业链体系的现代化大型农牧企业。

雏鹰农牧集团始终坚持将产品质量安全工作置于一切工作的首位，在行业内率先引入首席质量官制度。集团不断探索科学管理模式，严格把关生产链各个环节，全方位确保产品质量与安全。集团拥有多项专业技术优势，研发了国内最为先进的酱卤设备，有力推动食品行业企业的标准化发展进程。集团还充分结合行业自身特点，定位农业扶贫，积极践行社会责任，推动经济社会的持续进步。

一、以全产业链深耕食品安全

雏鹰农牧集团围绕“让国人吃上安全肉是我们的责任”的核心价值理念，大力建设完整产业链，开展生态养殖模式，确保食品生产环节的安全，着力打造放心品牌。目前集团已逐步形成以生猪养殖为基础的完整产业链体系，并构建了“从养殖到餐桌”的追溯模式，在行业内率先构建食品安全追溯系统，提取在生产、加工、流通、消费等环节中消费者关心的公共追溯要素，建立食品安全信息数据库，将危害分析与关键控制点应用于从农场到餐桌的各环节，使原料、饲料检测、养殖、屠宰、冷链配送、销售等环节全程可控，最大限度确保产品安全。

在管理机制上，雏鹰农牧集团及各中心、各分（子）公司成立了以其总负责人为组长的质量安全领导小组，定期召开质量安全专题会议。公司实施质量绩效考核和质量安全“一票否决”制度，建立“鹰眼 360°全程食品安全追溯系统”，致力于打造安全餐桌，并先后通过了 ISO9001、ISO22000、HACCP、GAP 体系认证和绿色食品 A 级认证。

在产业链上游，公司严格把控原料收储环节的规范运作，以保证投入品的安全。公司还在国家优质粮仓东三省建设基地，用于玉米、大豆等原料的购销、风干、储运；通过自主铁路专用线运抵公司自有饲料厂，从运输源头保障产品质量安全的同时，降低了采购、加工和运输成本。

在饲料生产环节，公司构建了从原料到产品的完善质量保证体系，对原料接收、保存、成品加工、储藏等各个环节进行监控，做到产品源头可追溯；依托检验检测技术，有效加强对源头风险的识别、监测能力，降低源头管控风险；建立现场质量巡查制度和检验管理制度，确保饲料生产各关键控制环节符合作业指导书和质量控制标准，为“安全肉”构筑上游保障。

在养殖环节，公司不断探索生态养殖新模式。在三门峡投资建设大型标准化生态养殖基地，2013 年，公司自主培育的三门峡雏鹰黑猪荣获国家质检总局颁发的“生态原产地保护产品”证书，成为我国生猪养殖领域首个获得国家生态原产地保护的产品。此外，公司率先在生猪养殖业通过 HACCP 体系认证，将危害分析与关键控制点应用于从农场到屠宰到餐桌的每个环节，使公司的食品安全控制能力达到了欧美发达国家水平。

在物流服务建设环节，公司以标准化和信息化为基础，建立技术先进的冷链物流园，仓库实现对货物堆垛、导引、输送的全程自动化控制；配送阶段采用冷链物流系统，冷藏车将产品从屠宰场配送到店面，全程信息化控制，确保了产品质量在运输环节不受任何影响。

二、全方位创新措施护航食品安全

创新在大幅提升食品产量的同时，也稳步提高了食品的质量和安全，强化了技术监督手段。雏鹰农牧集团一直以来坚持走创新经营之路，大力扶持科技创新，建立不断变革机制，为公司营造科学的创新氛围。公司每年年初召开“创新和技能提升工作会议”，确定创新的方向和原则，公司领导提出“大胆探索、允许失败”的创新理念，制订《公司管理和技术创新评审奖励标准》，将创新贯穿于企业发展的全过程。

产品研发方面，公司在河南省建立了两个现代化的种猪繁育基地，拥有3个饲料研发试验场，所有关键设备均采用国际上技术先进的进口优质设备，同时与中国农业科学院北京畜牧兽医研究所、河南农业大学、河南省农业科学院畜牧兽医研究所等高校、科研机构建立了战略合作伙伴关系。雏鹰集团坚持自主创新，培育的种猪多次被评为河南省优良种猪，独创了骨肽呈香技术，利用天然食材呈香原理设计的酱卤设备获得国家发明专利，实现酱卤产品的标准化加工制作。

产品营销方面，公司采取了一系列措施做好电商终端。为最大限度适应市场需求，公司在积极创新经营模式的同时，逐步构建了自主销售终端——雏牧香专卖店和线上运营平台，在为消费者提供便利的同时，也进一步保障了网络环境下的品牌安全；公司还新增了特通渠道和产品定制模式，持续提高品牌形象；同时及时获取市场反馈，根据反馈情况分析产品的口碑和市场供需，高效调整改进产品，面向市场需求研发新产品，做到适销对路。

此外，雏鹰农牧集团依托全产业链食品安全信息数据库，集合互联网技术和新媒体传播工具，建立面向消费者的全产业链安全追溯体系。消费者只要用手机扫一下产品上的二维码即可看到猪肉的来源、物流等所有信息。雏鹰农牧集团透明化的信息可追溯方式，在满足消费者需求的同时，也对自身全产业链的安全和可靠性起到了持续的监督和促进作用。

三、发展雏鹰模式，积极应对“三农问题”

在长期发展过程中，经过不断摸索和积累，雏鹰农牧集团探索出了“公司＋基地＋农户”的“雏鹰模式”。

凭借多赢机制和完整的产业链体系，“雏鹰模式”做到了充分调动各方积极性，发挥各自优势。在生产安排方面，公司采用“分阶段、流程化养殖”和“分散养殖、统一管理”等生产、养殖模式，为生产过程中的防疫工作提供保障，简化了生产工作流程。同时公司努力实现规模经营，减少中间环节，既降低了养殖成本，也易于精细化管理，从而保证产品质量安全。在养殖过程中，公司与农户“合作养殖”“合作建场”，充分调动了农户积极性和责任心，实现合作共赢。公司与农户合作建设养殖场有效利用了农村闲散资金，减轻公司扩张过程中的资金压力；同时利用合作方租地、建设、外部关系协调强等优势，减少了公司的管理成本。

雏鹰农牧集团通过提供技术服务、科学管理、金融支持等方式，将合作社、农户、代理商及各合作方纳入公司产业化、规模化综合经营体系。对合作养殖农户实行“六统一服务”，即统一封闭管理、统一供料、统一供苗、统一供药、统一防疫、统一销售，从各个方面给予支持和帮助，改变其传统经营的不利地位。此外，与合作农户签订年收益保底政策协议，在生猪收购时保证养殖户的合理利润，针对不可控事件，公司向农户提供保底收益，降低农户在饲养过程中的风险成本。公司在自身不断发展壮大的同时，有效带动合作农户增收。

作为农业部、发改委、证监会等八部委联合认定的“农业产业化国家重点龙头企业”，雏鹰农牧集团深知农民创业者的艰辛。公司与河南省慈善总会合作推出雏牧香“爱心1＋1”农民创业计划项目，持续多年扶持有能力且具有爱心的农民创业者创业，解决其创业融资难和商业资源匮乏等问题。2014年通过对河南省60多份困难农户申报资料的审核和实地考察，首批筛选出27个创业项目签约资助。

雏鹰农牧集团始终本着“责任、成长、价值”的理念基石，积极进取，锐意创新，以自身实践诠释科技兴农路线，坚持富民工程发展战略，致力将绿色、健康、安全的食品送上国人的餐桌，向成为卓越的中国安全食品供应商迈进。

星巴克为什么总是能把店开在最好的地方?

选址和相亲有什么共同点？答案是：选错了，再变更成本极大。在大多数餐饮企业是靠模糊化的直觉来决策时，星巴克已经运用了数学家的功力：通过建模，把各项参数设计进一套决策模型，市调查人员将相关数据输入，就能得到较为明确的决策建议。

仅仅5年星巴克从一个无名小卒成长为一个耀眼的明星，并迅速演变为一种标榜流行时尚的符号。在都市的地铁沿线、闹市区、写字楼大堂、大商场或饭店的一隅，在人潮汹涌的地方，那墨绿色商标上的神秘女子总是静静地对你展开笑。

1. 生活的“第三空间”

星巴克选址首先考虑的是诸如商场、办公楼高档住宅区此类汇集人气、聚集人流的地方。此外，对星巴克的市场布局有帮助，或者有巨大发展潜力的地点，星巴克也会把它纳入自己的版图，即使在开店初期的经营状况很不理想。

星巴克对开店的选址一直采取发展的眼光及整体规划的考量，因为现在不成功并不等于将来不成功。星巴克全球最大的咖啡店是位于北京的星巴克丰联广场店，当初该店开业时，客源远远不能满足该店如此大面积的需要。

经营前期一直承受着极大的经营压力，但随着周边几幢高档写字楼的入住率不断提高，以及区政府对朝外大街的改造力度不断加大，丰联店一定会成为该地区的亮点。于是最终咬着牙关坚持了下来。现在该店的销售额一直排名在北京市场前列。

星巴克在中国的拓展之路就这样一步步地迈开了。步调的快速则得益于开店时遵循以租为主的发展策略。星巴克对店面的基本要求很简单，从十几平方米到几百平方米都可以开设，以租为主，可以在最短的时间内利用最少的资金开设最多的店面。

2. 选址利用GIS选址

对于快餐连锁店，能够对比各种各样的数据，了解车流量、消费群体分布、安全信息、商业构成及其他相关信息，可以帮助他们在决定门店选址中节省大量的开支。

星巴克全球市场计划经理帕特里克·欧·汉根在美国圣地亚哥举办的Esri用户大会上告诉参会者，星巴克现在使用一个叫作Atlas的内部绘图和商务智能平台，来决定在哪开设新门店。Atlas的使用遍及全世界：星巴克如果要在中国开设新门店，欧·汉根的团队就会使用这一平台，让当地的合作伙伴评估附近的零售商圈、公共交通站及小区的人口分布图。

在南京，Atlas 已经开始运用在选址工作上了，星巴克当地代表使用这一平台定位一个门店，而这个门店选址位置步行可达范围内有几栋在建写字楼，然后他们建立了一个工作流程，开始准备新门店开业许可及法律程序方面的事宜。

这些区位数据还有一些其他意想不到的用途。星巴克的数据分析方法不仅仅对于门店选址有利，他们还会利用当地智能手机的用户数量，决定在美国南方州市的哪一区域进行手机应用优惠推广。

在孟菲斯，星巴克使用气象数据，预测是否会有热浪来袭，然后巧妙地将星冰乐的促销时间与之配合。对于一直以来希望将啤酒和红酒加入到菜单的推广努力，星巴克现在正使用 Atlas 平台，寻找符合两大标准的门店：高消费人群和高消费需求。

对于连锁门店，使用 GIS 和其他的数据密集型服务遵循一个简单的逻辑：数据有助于企业节省开支，同时也防止企业因为在不适宜的地点开设门店导致错误决策而浪费金钱。

3. 选址的两个阶段

第一阶段，当地的星巴克公司根据各地区的特色选择店铺，这些选择主要是来自三个方面：公司自己的搜寻，中介介绍，各大房产公司在建商楼的同时也会靠主动引进星巴克来营造环境。在上海，这三种选择方式的比例大概是 1∶1∶2。

第二阶段是总部的审核。一般来讲，星巴克的中国公司将店面资料送至亚太区总部由他们协助评估。星巴克全球公司会提供一些标准化的数据和表格，作为衡量店面的主要标准。而这些标准化数据往往是从各地的选店数据建立的数据库中分析而来的。事实上，审核阶段的重要性并不十分突出，主要决定权还是掌握在当地公司手中。如果一味等待亚太区测评结果，很可能因为时间而错失商机。往往在待批的过程中，地方店面已经开始动手装修。

“虽然 95％的决定权在地方公司，但是也有制约机构来评定我们的工作。”一名部门负责人透露。在星巴克，一方面董事会会根据市场回报情况，评定一名经理的能力；另一方面，会计部会监控各店面的经营情况。

星巴克有独立的扩展部负责选点事宜，包括店面的选择、调查、设计和仪器装备等一系列工作。以上海统一星巴克为例，这一部门的人数包括部门经理在 10 人以上。但在中国，星巴克也会委托专业的第三方招商团队帮助他们选址。

商圈的成熟和稳定是选址的重要条件，而选址的眼光和预测能力更为重要。比如，星巴克的新天地店和滨江店，一开始都是冷冷清清，并不是成熟的商圈，然而新天地独特的娱乐方式和滨江店面对黄浦江、赏浦西风景的地理优势，使得这两家店面后来都风生水起，成为上海公司主要的利润点。

在上海星巴克看来，旗舰店的开设意味着在一个城市的亮相。人们对于不熟悉的事物第一印象往往至关重要。因此，上海星巴克对第一店的选择尤为慎重。

当时上海星巴克面临两个选择，一个是在南京市的新街口商圈，这里人口密集，有4～5家大型商场，新街口商圈的东方商厦是一家经营高档商品的大型商场，这里的消费者的层次与星巴克的消费人群类似，而且消费水准稳定。

另一个是南京市北极阁地区，这里风景优美，环境安静而不嘈杂。更重要的是，这里是省市政府机关的工作区城，在星巴克看来，政府公务员消费也是不可小觑的一块。

星巴克对于两个地区的流动人群做了调查，从他们的穿着、年龄、男女比例来确定潜在的客户数量。“星巴克更多是一个偏向女性化的咖啡店，带着些梦幻和情感”公司一名负责人介绍，“而且女性客人往往会带来她的男友或者伙伴，而男性客人往往是独来独往。”

最终东方商厦与星巴克一拍即合，以抽成的租金方式，建立了在南京的第一家星巴克。随即，星巴克在南京的北极阁地区开出了第二家连锁店。星巴克的负责人解释，将第一家店开设在新街口，看中的是其稳定成熟的商业圈，可以维持营业额的稳定。而将第二家店开设在北极阁，主要是看以后的增长。

第二节　新企业生存管理

【创业语录】

孙正义跟我有同一个观点，一个方案是一流的 Idea 加三流的实施；另外一个方案，一流的实施，三流的 Idea，哪个好？我们俩同时选择一流的实施，三流的 Idea。——马云

什么是创业？如果你敢向自己承诺，愿意拿出人生最黄金的十年、十五年，甚至更长时间，决定玩这个游戏，愿意损失生活乐趣，甚至可能付出健康，这就是创业。艺术、文学、经济、政治，都是创业的舞台，它适合于任何不甘平庸、愿意承担风险的人，愿意为他人创造价值的人。对，奥巴马也是创业者。——周鸿祎

【案例导入】

韩都衣舍的品牌之路

赵迎光，山东潍坊人，现任山东韩都衣舍电子商务有限公司董事长兼 CEO。生于 20 世纪 70 年代的赵迎光，衣着朴素，低调亲善，与一般上班族无异，在人群中并不惹眼。当他走进时尚新潮的韩都衣舍办公区，办公区内视频中播放的时尚男女与他朴素简单的穿着看起来并不是太协调。他自己也坦言自己的着装都由太太帮他打理，至于公司的装修，外拍的一些活动，大多与他无关。但正是这个看上去与时尚毫不沾边的低调男子，一手创办了受大众喜爱的时尚品牌——韩都衣舍。

韩都衣舍于 2006 年在山东济南创立，是中国互联网快时尚第一品牌。韩都衣舍致力于为都市时尚人群提供高品质的流行服饰，凭借“款式多，更新快，性价比高”的产品理念深得全国消费者的喜爱和信赖。2012—2013 年连续两年蝉联天猫、京东、唯品会等平台女装销量第一。韩都衣舍（集团）旗下现有 17 个品牌：HSTYLE（韩风快时尚女装）、Soneed（韩风优推时尚女装）、AMH（韩风快时尚男装）、MiniZaru 米妮·哈鲁（韩风快时尚童装）、Dequanna 迪葵纳（韩风时尚妈妈装）、niBBuns 尼班诗（欧美风快时尚女装）、Souline 素缕（东方复古设计师女装）、ZIGU 自古（东方禅意设计师男装）等。截至 2014

年9月，公司有45个业务部门，员工人数超过2 300人。

那么我们不禁要问，不修边幅的赵迎光在如此短的时间内是如何把自己练成时尚掌门人的呢？

1. 18.7万元启动韩都衣舍，没人才自己造

韩都衣舍目前平均下来一年的接单在1 600万单。谈到创业之初，赵迎光感慨万千："当时我们只有30几个人，每天只有几单。"2001年赵迎光在易趣网上利用业余时间开了一个小店铺，主要销售韩国的鼻梁增高器，因为网上相关仿品的出现，他花了非常多时间做真假对比来提高自己产品的销量。在此后6年多的时间里，赵迎光卖过化妆品、汽车用品，甚至卖过奶粉、奶瓶。很多事情都亲力亲为，但是网店的生意却一直惨淡，不见起色，他也好几次想要放弃，但还是阴差阳错地坚持下来。

2007年一次偶然的机会，赵迎光接触到一个朋友的服装生意，15 000平方米的仓库，日售3万单的业绩，让他大为震撼，同时也坚定了他创业的决心。2008年赵迎光毅然离开国企，拿出自己所有的积蓄，18.7万元启动了韩都衣舍这个项目。很快困难接踵而至，一没人才，二没资源。赵迎光团队想了一个很笨的办法，"没有人才，我们就培养人才。"于是就招了40个学生到公司来。刚开始，赵迎光团队先是在韩国互联网上筛选出1 000个品牌，这40个学生每个人负责25个品牌，每天从其中挑选出他们自己认为卖得出去的款式，再上传到自己的网站。2008年到2009年整整一年，韩都衣舍一直在做这样的韩国代购。之后，韩都衣舍开始自己找代工厂生产自己的服装，但是在2011年之前，产品的质量一直不能得到保证，质量参差不齐。最要命的是，在2011年的反淘宝事件中，韩都衣舍不幸"中枪"，损失了几百万。但韩都衣舍却因祸得福，各大新闻媒体对这次天猫商城围攻大卖家的事件纷纷进行报道，反而提高了韩都衣舍的知名度，广告效益大大提升。2014年韩都衣舍进入3.0时代，也就是品牌集群时代，全品类、全风格的覆盖。

2. 独创"蚂蚁军团"三个人三个月销售1 000万元

据悉，韩都衣舍现在拥有将近300个产品小组。每一个产品小组由三个人组成，一个负责设计，一个负责产品的页面设计，一个负责库存的管理。赵迎光自己介绍说："每一个产品小组的权力非常大，他们可以决定产品的款式、颜色、尺码，甚至包括产品的数量、价格。公司都不会去强制要求或者干涉。"

目前，韩都衣舍是最优秀的团队，在不到3个月的时间内，做到了销售额突破1 000万元。让人惊讶的是，这个团队的组长本身工作才仅仅三年，公司给予了他们800万元的高额资金使用额度。据了解，韩都衣舍的产品小组资金使用额度，是根据每个小组之前的销售业绩再加上公司的年增长率来定的。比如，去年一个小组的销售额为100万元，今年公司的年增长率为50%，那么今年这个小组的目标是要完成150万元。"2009年成立第一批小组时，当时他们只有两万块可以使用，是通过不断地努力，慢慢运营到800万元的。"赵迎光把自己的产品小组称之为"蚂蚁军团"并为之骄傲。"其实还有一种说法叫阿米巴模式，我们创业之初移植了日本稻盛和夫的这种阿米巴模式。三个人的小组制，结构非常简单，就算一只小蚂蚁，而我们韩都衣舍是由非常非常多的小蚂蚁军团组成的。"

据悉，韩都衣舍独创的这种"以产品小组为核心的单品全程运营体（IOSSP）"非常有效地帮助企业利用互联网提升运营效率，这种模式也入选了清华大学MBA教学案

例库。

站在时尚门外的赵迎光，把光环和荣誉留给了战斗在一线的员工，自己选择了默默无闻。韩都衣舍的员工都戏称赵迎光为“安西教练”。不仅仅是因为赵迎光在外形上与安西教练有相像之处，更是感谢他对员工的教导与栽培。赵迎光也表示，韩都衣舍未来想要成为一个全球有影响力的时尚品牌的孵化平台，还有很长的路要走。

【案例思考】

1. 创业初期韩都衣舍是通过什么方式进行品牌开拓的？
2. 韩都衣舍是通过什么形式进行产品开发的？
3. 韩都衣舍的人员团队是怎么管理的？

【理论阐释】

一、新企业的管理特征

企业创办初期，往往以生存管理为基础，以销售目标为导向，依靠内部积累为主要资金来源，以群体管理为基本特征，以“人治”为典型的管理模式。

1. 以生存管理为基础

企业创办是一个从无到有、从0到1的过程，在这个过程中，一切都具有很大的不确定性，企业随时会面临破产清算的风险。因此，如何生存下来便是每一个创业者每天要思考的问题。企业的一切会围绕生存运作，任何危机生存的做法都应该避免。为此，企业应尽量做到以收抵支、及时偿债，以产品或服务销售取得的现金抵补日常的经营支出，并且及时偿还到期债务。

2. 以销售目标为导向

新企业要在市场上立足，就需要尽快得到客户的认可，将提供的产品或服务销售出去。因此，创业初期，企业经常是以销售为导向，将产品销售作为企业的首要目标，以扩大市场占有率为核心。为此，包括所有者在内的多数人都要出去销售产品或服务，通过各种人际关系及宣传来争取客户，以取得第一桶金，为未来的发展打基础。

3. 以经营积累为主要资金来源

创业初期较高的不确定性带来的高风险，和企业缺乏相应可抵押资产的状况，使得创业企业从外界取得债权资金比较困难；另外，初创企业的估值与既有企业相比难度较大，缺乏可资参考的经营信息和投资报酬率的参考估计，外部的股权融资也难以取得。于是，创业企业只能依靠企业自身创造现金流，靠产品或服务的销售产生现金流入；对于有获利的企业，也往往不会进行利润分配，而是将大部分留存下来作为经营资金的补充。

4. 以群体管理为本特征

创业初期，创业团队虽然会有内部分工，但由于人少事儿多，往往会使得企业的工作开展难以严格按照分工执行，往往是一人兼数职，哪里有需要就在哪里填空缺。大家在分工的基础上更强调合作，更多依靠员工的热情和团队精神完成任务。为此，创业者应充分认识员工之间在知识、信息、资源和能力等方面的互补性，结合其各自最擅长的领域进行相应分工，同时应充分发挥每一位员工的优势，强化员工之间的彼此合作。

5. 以“人治”为典型的管理模式

创业初期，创业者会深入到企业的每个角落，参与到企业运行的每个环节。例如，创业者会常常亲自与供应商谈判，亲自到车间里追踪客户的紧急订单，亲自向消费者推销产品或服务，亲自装车、送货，亲自跑银行、办理税务事宜，亲自制定工作计划和激励方案，亲自策划新产品销售策略，甚至亲自面对经销商的欺骗和消费者的当面训斥。但也正因为如此，创业者会对企业的经营状态和经营过程有全方位的了解，在业务上也才能越来越精通。此时，创业者的个人能力和人格魅力是激发员工主动性和创造性的利器，企业的运行和秩序维护主要靠创业者自身的特质，企业管理呈现出典型的“人治”模式。因此，创业者应不断强化其自身的业务能力、领导魅力和管理能力，尽早形成创业团队的目标共识，建立顺畅的内部沟通机制和协调机制，为企业可持续发展打好制度基础。

二、新企业管理的技巧与策略

了解新企业管理的技巧和策略，有利于新企业在激烈竞争的环境中得以生存，并且实现快速成长。一般来说，新企业的管理技巧和策略有：注重整合外部资源追求外部成长，管理好保持企业持续成长的人力资本，及时实现从创造资源到管好用好资源的转变，形成比较固定的企业价值观和文化氛围，注重用成长的方式解决成长过程中出现的问题，从过分追求速度转到突出企业的价值增加等。

1. 整合外部资源，实现外部成长

创业期资金等资源的匮乏导致新企业无法通过多元化、一体化等依赖于内部资源的方式实现外部成长。但企业可以通过整合外部资源，发挥杠杆效应，实现外部成长，包括缔结战略联盟分享资源、公开上市融通资金、特许经营借力扩张等商业策略。

2. 管理好保持企业持续成长的人力资本

经营人心、管理好人力资本是新企业持续成长的最重要要素。快速成长的新企业经营者并不一定要很高的学历或者技术水平，但他们要有凝聚力，通过创业者特有的人格魅力和管理技巧激发和带动所有员工的奋斗热情，控制好因市场开拓艰难和内部管理不畅等带来的焦躁、厌烦等不良情绪，公平考核。依靠具有创业精神的员工队伍不竭的创造力，企业能够实现持续成长。

3. 及时实现从创造资源到管好用好资源的转变

新企业的成长是靠资源的积累实现的。新企业在成长过程中不断积累资金、技术和客户资源，用好这些资源就是要通过稳健的发展战略来确保资源使用的方向，通过优化的管理流程和生产工艺不断降低成本，来降低资源消耗，通过聚焦研发方向和目标客户来提高资源使用效率，从而通过现有资源创造最大价值。

4. 形成比较固定的企业价值观和文化氛围

快速成长企业的创建者非常热爱他们自己所从事的事业，他们审时度势，制定符合社会发展的价值观念，并倾注全部心血使企业的价值观延续下去。大多数快速成长企业都有比较固定的企业价值观，用以解决发展过程中目标期望不一致、发展思路不一致、行为风格不一致、评价标准不一致等问题，支持企业的健康发展。

5．注重用成长的方式解决成长过程中出现的问题

新企业的成长过程就是一个不断克服困难、突破困境的过程，新企业的规模、管理、技术、人才、效益等内部要素不断优化升级，客户、供应商等外部环境要素因新企业的不断强大而改变。内外因的不断交锋和错配使得公司看起来总有新问题出现，这种情况下的管理，唯一不变的就是不断变革。新企业需要通过变革创新推动企业的成长，以成长的方式自然地解决成长过程中出现的各类问题。

6．从过分追求速度转到突出企业的价值增加

新企业的成长最典型的特征就是规模的不断快速扩大，规模的快速扩大带来的成就感和财富回报是许多创业者所追求的。然而，创业者通常缺乏管理企业成长的经验，容易被企业的高速成长所迷惑，甚至被这种暂时的成就冲昏头脑，从而滋生创业者的自满情绪，以至于创业者做出非理性的举措，贸然进入他并不熟悉的行业或不经分析地扩大投资规模，最后不得不为此付出代价。历史经验表明，许多企业在成长过程中就是倒在了“速度”上，如当年的珠海巨人集团的倒闭，正是因为过分追求速度而管理失控，最后资金链断裂。企业只有在市场快速增大的同时做好相应的管理升级，让技术的进步、效益的提高、员工收入与福利的增加与企业发展同步，才能使所有与企业利益相关者均能获得满意回报，从而增加企业的价值。

三、新企业成长的驱动因素

企业度过创业期后，随着成品和服务逐步被市场和消费者所认可，销售收入不断增加，规模不断扩张，出现了非常强烈的成长冲动。从内部看，这一方面是因为企业追求更多的利润；另一方面创业者渴望权力，都促进了企业成长。从外部看，市场对产品产生需求，技术要求扩大规模，或者某项新发明创造出新市场也都可能促进企业成长。因此，企业成长的推动力量可概括为企业家、产业与市场以及组织资源三方面。

1．企业家的成长欲望和能力

企业家具有强烈的成长欲望和对工作充满激情、勇于向环境挑战的能力以及识别和把握机会的能力。正是这些能力使得企业家能够把经济资源从生产率较低、产量较小的领域转到生产率较高、产量更大的领域。这些能力是企业实现快速成长最关键和最基本的因素。

企业家具有高的成长欲望，所以在产品投入市场赢得了一定的利润后，企业家一般不以达到个人满意的生活水平和享受利润所带来的好处为目标，而是利用利润进行再投资以期成为向所在行业的大企业挑战的高速发展企业。企业通过向主要顾客销售大量产品而与顾客一道成长，通过改变顾客和产品进一步扩大销售额，及时地通过建立分支机构实现成长。在企业开拓市场过程中，需要大量的资金，企业家为了实现快速成长，愿意通过出售股份融资，这为进一步扩张奠定了基础。企业家的工作激情使企业家在实现企业目标时更加坚决、乐观和持之以恒，这不仅深深激发了员工的工作热情，而且使其他企业认为不能实现的事情在企业家型中小企业得以实现。

企业家勇于向环境挑战而不是被动地适应环境，他们面对激烈动荡的环境，更加关注

的是机遇而不是威胁。企业家感到有做事情的责任和主动权，企业家有责任感，不是让情况决定他们的行动，而是更多地为改变他们的情况而行动。企业家擅长识别和追求机会的能力使企业具有创新的优势，创新使企业能够赢得快速成长的机会。企业家能非常快地将识别到的机会付诸实践，企业家对其将要进入的领域非常了解，他们能够找到发展的模式，他们也有信心找到实现模式所缺的资源。从观察来看，创新的成功与资源的投入规模没有关系。通常，企业家利用最低或最有限的资源追求机会。斯迪文森（Howard H. Stevenson）认为企业家所追求到的机会超过他们所控制的有限资源的这种能力是企业家能力之一。

2. 产业与市场因素

进入威胁、替代威胁、买方竞价力、供方竞价力和行业内企业间的竞争这五种作用力共同决定产业竞争的强度以及产业利润率。企业在快速成长的最初阶段，其产品往往处于产品生命周期的导入期和成长期，进入威胁和替代威胁较小，行业中的其他小企业由于缺乏创新精神，一味地被动适应环境，信息相对闭塞，资源相对匮乏，往往对新的业务视而不见。此时，行业内部大企业总是因为市场“太小”而拒绝开发新涌现业务的产品和服务，所以，新的企业可赢得稳固的市场地位。当然，这也是中小企业之所以存在的基础之一。无疑，竞争对手较少，良好的市场情况为企业实现销售额快速增加创造了机会。新产品具有良好的吸引顾客的潜力，虽然最初顾客对新产品不了解，但企业对于区域市场比较熟悉，往往易于打开局面。在巨大的市场需求的牵引下，企业的主要任务是进行批量生产，不必投入过多的市场开发费用，产品的价格相对较高，能够获取高利润，企业自身的规模相对较小，易于实现超速成长。

3. 组织资源

在一定程度上，成长欲望的实现取决于企业所控制和能够利用的资源。在这里，组织资源被广义定义为员工、财务资源、无形资产、厂房设备、技术能力、组织结构。组织资源决定支持组织成长的能力，如果组织不拥有支持成长战略所需的资源，即使企业家的成长欲望很高，实现的销售额也可能很低。员工、集权的组织结构、财务资源和技术资源对企业的快速成长起着积极的促进作用。例如，在财务资源方面，企业产品的销售价格相对较高，利润较高，在一定程度上能够支持成长所需的资金。此外，银行看好企业的发展前景，愿意提供贷款，具有高成长欲望的企业家愿意通过出售股份融资，赢得更多的资金，适应企业的扩张。这些资金来源能够支持企业成长所需的资金高投入。

四、新企业的风险控制与化解

市场经济条件下，创业总是有风险的，不敢承担风险，就难以求得发展。如何对风险实施有效的管理，在获得高收益的同时把风险降到最低限度，这对创业企业来说至关重要。因此，正确地认识创业风险，合理地管理创业风险是每一个创业者的必修课程。

（一）创业风险概念及类型

1. 创业风险的概念

提起风险，很多人马上和失败、亏损联系在一起。其实，这是不全面甚至是错误的看法。对于风险的理解，一般有两个角度，一个角度强调了风险表现为结果的不确定性，另一个角度则强调为损失的不确定性。前者属于广义上的风险，说明未来利润多寡的不确定性，可能是获利（正利润）、损失（负利润）或者无损失也无获利（零利润）；后者属于狭义上的风险，只能表现为损失，没有获利的可能性。

“风险”一词，相传起源于远古的渔民。渔民出海前都要祈求神灵保佑自己出海时能够风平浪静、满载而归。现代意义上的“风险”一词，已经大大超越了“遇到危险”的狭窄含义。无论如何定义风险一词的由来，但其基本的核心含义是“未来结果的不确定性或损失”。如果采取适当的措施使破坏或损失的概率不会出现，或者说智慧地认知，理性地判断，继而采取及时而有效的防范措施，那么风险可能带来机会，由此进一步延伸的意义，不仅仅是规避了风险，可能还会带来比例不等的收益，有时风险越大，回报越高、机会越大。因此，如何判断风险、选择风险、规避风险继而运用风险，在风险中寻求机会创造收益，意义更加深远而重大。

创业风险是指企业在创业过程中存在的各种风险。由于创业环境的不确定性，创业机会与创业企业的复杂性，创业者、创业团队与创业投资者的能力和实力的有限性而导致创业活动结果的不确定性，就是创业风险。

2. 创业风险的类型

（1）按创业风险产生的原因划分。按风险产生的原因进行划分，可分为主观创业风险和客观创业风险。

主观创业风险，是指在创业阶段，由于创业者的身体与心理素质等主观方面的因素导致创业失败的可能性。

客观创业风险，是指在创业阶段，由于客观因素导致创业失败的可能性，如市场的变动、政策的变化、竞争对手的出现、创业资金缺乏等。

（2）按创业风险产生的内容划分。按创业风险产生的内容划分，可分为技术风险、市场风险、政治风险、管理风险、生产风险和经济风险。

技术风险，是指由于技术方面的因素及其变化的不确定性而导致创业失败的可能性。

市场风险，是指由于市场情况的不确定性导致创业者或创业企业损失的可能性。

政治风险，是指由于战争、国际关系变化或有关国家政权更迭、政策改变而导致创业者或企业蒙受损失的可能性。

管理风险，是指因创业企业管理不善产生的风险。

生产风险，是指创业企业提供的产品或服务从小批试制到大批生产的风险。

经济风险，是指由于宏观经济环境发生大幅度波动或调整，而使创业者或创业投资者蒙受损失的风险。

（3）按创业过程划分。按创业过程划分，可分为机会的识别与评估风险、准备与撰写创业计划风险、确定并获取创业资源风险和新创企业管理风险。

创业活动须经历一定的过程，一般而言，可将创业过程分为四个阶段：识别与评估机会、准备与撰写创业计划、确定并获取创业资源和新创企业管理。

机会的识别与评估风险，指在机会的识别与评估过程中，由于各种主客观因素，如信息获取量不足，把握不准确或推理偏误等使创业一开始就面临方向错误的风险。另外，机会风险的存在，即由于创业而放弃了原有的职业所面临的机会成本风险也是该阶段存在的风险之一。

准备与撰写创业计划风险，指创业计划的准备与撰写过程带来的风险。创业计划往往是创业投资者决定是否投资的依据，因此创业计划是否合适将对具体的创业产生影响。创业计划制定过程中各种不确定性因素与制定者自身能力的限制，也会给创业活动带来风险。

确定并获取资源风险，指由于存在资源缺口，无法获得所需的关键资源，或即使可获得，但获得的成本较高，从而给创业活动带来一定风险。

新创企业管理风险，主要包括管理方式、企业文化的选取与创建、发展战略的制定、组织、技术、营销等各方面的管理中存在的风险。

(二) 大学生创业应防范哪些风险

1. 项目选择

大学生创业时如果缺乏前期市场调研和论证，只是凭自己的兴趣和想象来决定投资方向，甚至仅凭一时心血来潮做决定，一定会碰得头破血流。大学生创业者在创业初期一定要做好市场调研，在了解市场的基础上创业。一般来说，大学生创业者资金实力较弱，选择启动资金不多、人手配备要求不高的项目，从小本经营做起比较适宜。

2. 缺乏创业技能

很多大学生创业者眼高手低，当创业计划转变为实际操作时，才发现自己根本不具备解决问题的能力，这样的创业无异于纸上谈兵。

一方面，大学生应去企业打工或实习，积累相关的管理和营销经验；另一方面，积极参加创业培训，积累创业知识，接受专业指导，提高创业成功率。

3. 资金风险

资金风险在创业初期会一直伴随在创业者的左右。是否有足够的资金创办企业是创业者遇到的第一个问题。企业创办起来后，就必须考虑是否有足够的资金支持企业的日常运作。对于初创企业来说，如果连续几个月入不敷出或者因为其他原因导致企业的现金流中断，都会给企业带来极大的威胁。相当多的企业会在创办初期因资金紧缺而严重影响业务的拓展，甚至错失商机而不得不关门大吉。另外，如果没有广阔的融资渠道，创业计划只能是一纸空谈。除了银行贷款、自筹资金、民间借贷等传统方式外，还可以充分利用风险投资、创业基金等融资渠道。

4. 社会资源贫乏

企业创建、市场开拓、产品推介等工作都需要调动社会资源，大学生在这方面会感到非常吃力。平时应多参加各种社会实践活动，扩大自己人际交往的范围。创业前，可以先到相关行业领域工作一段时间，通过这个平台，为自己日后的创业积累人脉。

5. 管理风险

一些大学生创业者虽然技术出类拔萃，但理财、营销、沟通、管理方面的能力普遍不足。要想创业成功，大学生创业者必须技术、经营两手抓，可从合伙创业、家庭创业或虚拟店销开始，锻炼创业能力，也可以聘用职业经理人负责企业的日常运作。

创业失败，基本上都是管理方面出了问题，其中包括决策随意、信息不通、理念不清、患得患失、用人不当、忽视创新、急功近利、盲目跟风、意志薄弱等。特别是大学生，知识单一、经验不足、资金实力和心理素质明显不足，更会增加在管理上的风险。

6. 竞争风险

寻找蓝海是创业的良好开端，但并非所有的新创企业都能找到蓝海。更何况，蓝海也只是暂时的，所以，竞争是必然的。如何面对竞争是每个企业都要随时考虑的事，而对新创企业更是如此。如果创业者选择的行业是一个竞争非常激烈的领域，那么在创业之初极有可能受到同行的强烈排挤。一些大企业为了把小企业吞并或挤垮，常会采用低价销售的手段。对于大企业来说，由于规模效益或实力雄厚，短时间的降价并不会对它造成致命的伤害，而对初创企业而言则可能意味着彻底的毁灭。因此，考虑好如何应对来自同行的残酷竞争是创业企业生存的必要准备。

7. 团队分歧

现代企业越来越重视团队的力量。创业企业在诞生或成长过程中最主要的力量来源一般都是创业团队，一个优秀的创业团队能使创业企业迅速地发展起来。但与此同时，风险也就蕴含在其中，团队的力量越大，产生的风险也就越大。一旦创业团队的核心成员在某些问题上产生分歧不能达到统一时，极有可能会对企业造成强烈的冲击。

事实上，做好团队的协作并非易事。特别是与股权、利益相关联时，很多初创时很好的伙伴都会闹得不欢而散。

8. 核心竞争力缺乏的风险

对于具有长远发展目标的创业者来说，他们的目标是不断地发展壮大企业，因此，企业是否具有自己的核心竞争力就是最主要的风险。一个依赖别人的产品或市场来打天下的企业是永远不会成长为优秀企业的。

核心竞争力在创业之初可能不是最重要的问题，但要谋求长远的发展，就是最不可忽视的问题。没有核心竞争力的企业终究会被淘汰出局。

9. 人力资源流失风险

一些研发、生产或经营性企业需要面向市场，大量的高素质专业人才或业务队伍是这类企业成长的重要基础。防止专业人才及业务骨干流失应当是创业者时刻需要注意的问题。对那些依靠某种技术或专利创业的企业而言，拥有或掌握这一关技术的业务骨干的流失是创业失败的最主要风险源。

10. 意识上的风险

意识上的风险是创业团队最内在的风险。这种风险无影无形，却有强大的毁灭力。风险性较大的意识有投机的心态、侥幸心理、试试看的心态、过分依赖他人、回本的心理等。

值得一提的是，大学生在创业过程中所遇到的阻碍并不仅此十点。在企业发展过程中随时都可能遭遇如灭顶之灾的风险。因此，大学生应保持积极的心态，多学习，多汲取优秀经验，结合自身既有的特长优势，我们相信，大学生一定能在创业道路上越走越远，越走越稳。

（三）创业风险的识别

既然创业风险是创业过程中不可避免的现象，那么直面风险并化解之，是创业过程中的重要任务。

风险识别是应对一切风险的基础，只有识别了风险，才可能有化解的机会。同时风险也是一种机会，应该开拓、强化其积极的作用。

创业风险识别是创业者依据企业活动，对创业企业面临的现实以及潜在风险运用各种方法加以判断、归类并鉴定风险性质的过程。创业者必须掌握风险识别的能力，并不断提高这种能力。

1. 掌握风险识别的基本理念

创业者应该掌握识别企业风险的基本理念，并具备以下条件：

（1）有备无患的意识。创业风险的出现是正常的，带来一些损失也是正常的，既不能怨天尤人，也不能骄兵轻敌。关键是要密切监视风险，减少损失，化解不利，甚至将其转化为盈利的机会。

（2）识别风险的能力。发现和识别风险，是为了防范和控制风险。如果创业者在企业未发生损失之前就能够识别风险发生的可能性，那么这个风险是可能被管理的，因此，风险识别是进行风险管理的基点。

（3）未雨绸缪的观念。创业风险需要创业者通过创业活动的迹象和信息归类，认知风险产生的原因和条件，不仅要识别风险所面临的性质及可能产生的后果，更重要的是（也是最困难的）识别创业过程中各种潜在的风险，为采取有效措施提供依据。

（4）持之以恒的思想。由于创业风险伴随着整个创业过程，同时风险具有可变性和相关性的特点，所以创业者必须要有打“持久战”的准备。风险的识别工作应该连续地、系统地进行，并成为企业一项持续性、制度化的工作。

（5）实事求是的精神。虽然风险识别是一个主观过程，但是必须遵循客观规律。风险识别是一项复杂而细致的工作，要按特定的程序、步骤，选用适当的方法逐层次地进行分析。

2. 掌握风险识别的基本途径

掌握创业风险的识别途径，重点从风险的来源上入手，即自然因素和人为因素两大方面。

（1）自然因素。比如说，关注地震多发区、台风多发区和炎热地区的情况。这与企业的选址、项目有着密切关系。又如许多行业必须关注影响其原材料供应的矿产、能源、农产品以及交通等问题。

（2）人为因素。主要应了解一个国家或者地区的政治经济制度、法律政策、民情民俗以及企业周边的营运环境等。

3. 了解识别风险的方法

风险识别的具体方法主要有以下几种：

（1）业务流程法。以业务流程图的方式，将企业从原材料采购直至送到顾客手中的全部业务经营过程划分为若干环节，每一环节再配以更为详尽的作业流程图，据此确定每一环节需要重点预防和处置的地方。

（2）现场观察法。通过直接观察企业的各种生产经营设施和具体业务活动，具体了解和掌握企业面临的各种风险。

(3) 财务报表法。通过分析资产负债表、损益表和现金流量表等报表中的每一个会计科目，确定某一特定企业在何种情况下会有什么样的潜在损失及其成因。由于每个企业的经营活动最终要涉及商品和资金，所以这种方法比较直观、客观和准确。

(4) 咨询法。以一定的代价委托咨询公司或保险代理人进行风险调查和识别，并提出风险管理方案，供经营决策者参考。

(四) 创业风险的防范

为避免造成重大经济损失和社会不良影响，每个创业者都应花大力气进行风险预防。创业者应选择那些发生概率大、后果严重的事件进行重点的防范。

1. 降低现金风险的防范措施

降低现金风险的对策有：向有经验的专家请教；经常评估现金状况；理解利润与现金以及现金与资产的区别，经常分析它们之间的差额；节约使用现金。现金管理上应注意接受订货任务要与现金能力相适应；不将用于原材料、在制品、成品和清偿债务的短期资金移作固定资产投资。

2. 降低开业风险的防范措施

降低开业风险的对策有：在你最熟悉的行业办企业；制订符合实际的，而不是过分乐观的计划；在预测资金流动时，对收入要谨慎一点，对支出要留有余地，一般要留出所需资金 10%的准备金，以应付意外；没有足够资金不要勉强上项目，发现问题时要立即调整。

3. 降低市场风险的防范措施

降低市场风险的对策有：以市场及消费者的需求为生产的出发点；时刻关注市场变化，善于抓住机会；广泛收集市场情报，并加以分析比较，制定有效的市场营销策略；摸清竞争对手底细，发现其创业思路与弱点；对各种成本精打细算，减少不必要的开支；健全符合自身产品特点的销售渠道网络；充分了解各主管机关职能及人员构成情况；以良好诚信的售后服务赢得顾客青睐。

4. 降低人员风险的防范措施

降低人员风险的对策有：建立完善的雇员选择标准，综合考虑技术能力和合作能力两个因素；建立合理的信息沟通及汇报制度，使创业者能充分掌握员工及企业动态；制定有效的投资方案，从长计议，加强员工内部凝聚力。无论人员来源，寻找最胜任工作的人选；记录并跟踪新雇员情况，熟悉各个职员素质及发展情况，做到人尽其才；友好对待并鼓励新雇员，使其早日适应新环境，进入工作角色。

5. 降低财务风险的防范措施

降低财务风险的对策有：为了应对财务风险，领导班子要有适当分工，密切监控和防范财务风险；向专家和银行咨询，选择最佳的资金来源以及最合适的时机和方式筹措资金。

6. 降低技术风险的防范措施

降低技术风险的对策有：综合考虑企业自身技术能力、资金量和所需时间，选择技术获得途径；若选择引进技术，则要在引进技术前对所引进技术的先进性、经济性和适用性进行评价；加强对职工的技术培训，提高员工对高科技设备的操作熟练度，减少不必要的风险损失。

提醒创业者们，在技术开发的过程中应加强技术管理，建立健全技术开发和管理的内部控制制度，对科技人员实行特殊的优惠政策，保证技术资料的机密性，以防范因技术人员的离职和外调而引起核心技术流失，导致公司的利益受到极大的损失。

【延伸阅读】

2015 八大由盛及衰案例

——先烈或许倒下　创业仍然不息

创业不易，无论成或败，真正的创业者都值得尊敬。而在那些有迹可寻、轰然倒下的企业背后，还有许多黯然关闭、不为大多数人了解的企业。旁观者常可见马云志得意满，而那些一次次重新创业的创业者们的足迹则更是常态。本文无意冒犯，只为总结、追思。资料主要取自网络，有不实之处，欢迎联系作者修改。

2015 年度 8 大由盛及衰典型案例

这 8 大典型衰落案例分别属于出行、媒体、汽车、教育、智能硬件、零售、社区和金融，以下按关停或收缩的时间顺序一一展示。

1. 爱拼车

爱拼车成立于 2013 年 9 月，联合创始人杨洋，总部位于杭州。基于手机的 P2P 智能拼车服务平台。鼎盛时期，用户量曾达到 2 000 万。2014 年 8 月获 IDG 领投 1 000 万美元 A 轮融资。2015 年 6 月，宣布“死亡”。死因：巨兽的疯狂补贴，无力抗衡。创始人杨洋表示：“我见了 200 多位投资人，主流投资人都见了一遍，但没有人愿意投，不会有人在两家资产高达百亿美金的企业打得火热的时候再去投资一家小公司。我绝对不会再碰那种纯玩钱的项目。”

2. 大旗网

大旗网成立于 2004 年 11 月，创始人王定标。新媒体及论坛内容聚合门户，浓缩论坛、博客、SNS 精华等。鼎盛时，大旗网全站 PV（页面浏览量）近 5 000 万，每月用户数 1.2 亿，Alexa 全球最高排名位居前 300 位，中国社区排名位居第一。2010 年 4 月获美国中经合集团、IDG 资本 B 轮融资。但随着微博、微信等新媒体的影响力不断扩大，用户对传统 BBS 论坛失去兴趣，转身投向移动社交媒体，最终导致大旗网逐渐走向没落。加之，李连杰状告大旗网编造“利用壹基金贪腐”等涉嫌严重侵犯其名誉权一案，朝阳法院一审判决李连杰胜诉，被告“大旗网”须向李连杰公开致歉七日，并赔偿其经济损失、精神损害抚慰金等共计 10 万余元。2015 年 7 月，宣布关闭。

3. E 洗车

E 洗车上线于 2014 年 11 月，创始人段东仁，总部位于北京。互联网预约到店洗车、上门洗车服务。上线 3 个月后，用户上百万，合作商家 3 000 家，日均订单突破 1.5 万，峰值达到 3 万，移动端下单占比达到 7 成。高速增长时，有 40%的订单源自于二次以上消费。2015 年 3 月，获中国平安 2 000 万美元 A 轮融资。2015 年 9 月，E 洗车宣布关闭上门洗车业务，到店业务仍在运营中。洗车 O2O 行业的预期盈利模式是：补贴圈完用户向其他业务转化。E 洗车也推出过“1 分钱洗车”活动。但其实很多补贴烧出来的用户都不是真用户，这样的需求是在补贴下的伪需求。

4. 老师来了

老师来了成立于 2014 年 7 月，创始人虞益栋，总部位于杭州。基于网站和移动 APP 的家教服务网站，提供教师认证、用户评价、地域判定等，实现学生与教师的有效匹配。2015 年 3 月获 200 万美元 A 轮融资。B 轮融资失败。2015 年 9 月，宣布项目即将结束。

5. 一丁集团

一丁集团成立于 2000 年，2015 年向 O2O 转型。创始人吴建荣，总部位于福州，智能家居、物联网相关的技术研发、生产、销售及运营服务商。当地知名 IT 企业、员工人数超 2 000 人，2008 年获得苹果销售代理权，2012 年全国线下门店达 391 家。2015 年 12 月宣告破产，在全国的数百家分店已经关闭。副总裁林德志表示：只有大的布局，才能讲出大的故事，才会有银行和厂商继续支持这个不赚钱、靠借贷维持的体系。而最终，这个故事被识破了。

6. 拍拍网

拍拍网上线于 2005 年 9 月，腾讯旗下项目，总部位于南京，电子商务交易平台。在中国，C2C 电商中淘宝一家独大，拍拍是在淘宝占领了市场绝对优势后才跟进的，虽然创造过运营百天进入全球网站 500 强的最短时间纪录，但从整体来看基本处于半死不活的状态。2014 年，腾讯与京东达成电子商务战略合作，把所有电商部门全部并给了京东，包括拍拍。刘强东曾在内部会议指出，京东未来将会为拍拍网投入大量资金扶持其成长。外界也一直认为，京东此番调整意在弥补 C2C 缺口，从而对标淘宝。在京东，拍拍官网的网站 PV 值（三月平均）曾达到过六十几万的数值。尽管如此，京东集团在 2015 年 11 月发布公告称，到 2015 年 12 月 31 日停止提供拍拍的电子商务平台服务，每年将损失百亿级的潜在交易额。官方理由是为了更好地杜绝 C2C 电商平台出现的商品假冒伪劣。原拍拍网团队将并入京东集团其他部门，将转型并专注于移动社交电商等创新业务。

7. 社区 001

社区 001 成立于 2012 年 3 月，创始人邵元元，总部位于北京。业务曾覆盖北京、上海、广州、深圳、重庆、武汉、沈阳、杭州等近 20 个一二线城市。跟大型零售商合作，向 5 公里以内的社区居民提供配送服务，并承诺一小时送达。2014 年 4 月，获五岳天下资本等亿元人民币 A 轮融资。2015 年 8 月开始，曝出拖欠工资、员工离职、用户卡里余额不能消费也不能退费等问题。在社区 001 上选择配送地址，仅限于北京地区。配送团队全部自建，属于重资产运营模式，再加上没有自己的供应链，只能依附于合作的超市，而且合作的超市品牌过多，不能得到某一家的全力支持，结果沦落为超市免费“搬运工”。

8. MMM 国际慈善互助系统

MMM 国际慈善互助系统成立于 2011 年，创始人谢尔盖·马夫罗季，总部位于俄罗斯，2015 年 4 月进入中国。互助金融社区，投资额在 60 元到 6 万元之间，每次必须以 10 的倍数买入。经过 15 天冻结期后，等待他人来买，才能套现。买家由系统自动匹配，在等待期间，每天都有 1%的利息，30 天就能赚 30%的利息，年收益 23 倍，无手续费。此外，参与者如发展他人加入，还可获得推荐奖、管理奖（根据会员等级确定相应比例）等额外收益。从投资到收益，整个操作过程都是通过服务器位于国外的网站，而每位投资者在全程也只接触过一名介绍人。项目违背价值规律，任何庞氏骗局总归有崩盘的一天。当流入的资金不足以维持庞氏骗局的运转之时，崩盘也就随之而来。近日，银监会、工信部、中国人民银行、工商总局四部委发出预警，提醒广大投资者，注意打着“金融互助”的名义，承诺高收益、引诱投资的行为。

八大衰落原因

公司关闭的原因，说起来常常是：融资失败和资金链断裂。但又是什么导致投资者不愿意追投，公司仅靠自身难以为继呢？品途商业评论根据本次盘点，总结了八大衰落原因：

1. 进入时机

“领先一步半步成为先驱，领先两步三步就成为先烈。”智能硬件开发生产企业一丁集团副总裁林德志这样总结道。智能硬件领域一直被看作是未来发展趋势，但行业内能带来革新的新技术新产品还未出现。自认为走在前沿的一丁集团，最后被人们看到的只是吹大的故事和靠借贷维持的体系。

2. 战略摇摆

2012 年年底，龚海燕从世纪佳缘“急流勇退”。2013 年年初，成立在线英语口语 1 对 1 视频网站 91 外教网；2013 年 11 月，推出涵盖中小学 K12 阶段的全学科教学资源共享平台——梯子网。2014 年 7 月，又推出那好网，主打 K12 领域“互动直播”，本质上是一个“在线补课＋在线家教”平台。2014 年下半年，梯子网、那好网相继倒下，龚海燕一度将战线缩短到 91 外教，但半年之后还是卖掉了。“我二次创业最大的失误就是不聚焦，由于自己犯了一些错误，到最后这些错误导致的不顺影响了心态。我已经没有这种勇气和决心继续坚持了。”她说。

3. 行业壁垒低　产品同质化

如洗车 O2O、美容按摩 O2O、社区 O2O 领域的众多创业企业，今年融资很难。创业的方向在哪里？安芙兰资本董事长周伟丽表示，在这个资本的寒冬，很多人怀疑互联网创业项目是否还有投资机会？我们认为未来有巨大机会，特别在未来的 5 到 10 年。一方面，移动互联网的核心思想，如标准化、去中心化、信息透明、大数据技术等，从本质上提高了整个社会的劳动效率；另一方面，像微信这种跨越时间和空间的交流，建立了多维度的互动渠道，如果能够抓住这种新维度的平台，必然会产生巨大的商业价值。

4. 大公司的入局

如滴滴进入班车领域后，考拉班车让位；进入代驾领域后，全国新开 55 城，连续两周免费，烧钱过十亿，逼得 e 代驾转投神州租车，寻求庇护。

5. 盈利模式不清晰

“首先要做的是业务扩张而不是盈利模式”，这样的话，如果放在 2014 年，听起来会很有道理。可现如今，越来越难以被投资人接受。烧饭饭创始人张志坚在公司关闭时表示：“很遗憾，经过 11 个月的努力，我们没有能力把‘烧饭饭’变成一个盈利模式明晰，并且能规模化扩张的业务。”同样的问题也发生在社区 O2O 企业，如“嘿客”和还在苦苦挣扎的“社区 001”。

6. 盲目烧钱

以洗车为例。洗一台车的成本至少是 30 元，包括：洗车工人提成、固定工资、保险加中介费摊销、物料消耗及税款等。综合成本算下来，上门洗车的定价会比到店洗车更贵。而进入这一领域的 O2O 公司长时间做活动，1 元洗车，甚至是零元洗车屡见不鲜。烧钱买来的用户并不具有黏性，多数是因为便宜而使用的非目标用户，一旦补贴停掉，大部分客户就流失掉了。

7. 股权结构不合理

千夜旅游联合创始人冯钰曾撰文表示，对于千夜来说，实际上最大的问题是股权结构的问题，给执行团队留的股份太少，导致在融上一轮融资时就非常费力。投资人会觉得，执行团队在早期的时候股份这么少，有风险。最终，导致公司的 A 轮融资进不来。

8. 大公司病

如拍拍网，市场反应迟钝，决策力弱，一味地模仿，力图通过庞大的用户群战胜对手，结果自己失败了。

当然，还有一些纯靠讲故事、布骗局的项目，特别是在互联网金融领域，接连不断跑路事件中体现出来的，则只有一句话可说：潮水退去，终会知道谁在裸泳。

给停不下来的创业者的建议

眼看他高楼起，眼看他楼塌了。这样由盛及衰式的盘点总让人唏嘘。但在收集资料时，品途商业评论记者欣喜地看到，停掉的是项目，停不下来的是创业者。

爱拼车 2015 年 6 月关闭，9 月，原创始人杨洋的新项目“魔厨”宣布获 803 万元 Pre－A融资。

厨师上门做饭项目“烧饭饭”2015 年 10 月关闭。早在关闭前，7 月，原创始人张志坚上线了“味蕾”，依旧是主打厨师做饭，不过这一次变成了自建中央厨房，把五星级水准的厨师集中在自己的厨房为白领提供放心盒饭。

无论是这些可敬的重复创业者，还是活跃在一线的投资人，大家不约而同地提出了以下创业建议：

1. 抓住核心价值

不管市场是夏日或寒冬，抓住核心价值才能产生持续的生命力。什么是核心价值？许小年教授在近期的一次演讲中说：“我经常问我的学生，你的企业的核心竞争力到底是什么？课堂上一半的人跟我说是资源整合。资源整合是什么意思？在过去十几年，资源整合第一叫政府资源，第二叫银行资源。你所谓的资源整合不就是从政府那能拿到资源，银行那能拿到贷款吗？所谓的资源整合的能力不就是拉关系的能力吗？这不叫核心竞争力。新常态下企业的关键在于创新能力。我们在传统的商业模式中不能自拔，总是习惯性地去寻找风口。认为过去的成功可以去保证未来的顺利发展。我想跟大家讲，已经不可能了，因为市场环境发生了根本的变化。”当然，做深服务、培养创新能力的过程会非常困难，需要长期的坚持和思考。

2. 把赢利问题解决好

一丁集团副总裁林德志认为，所有靠钱维持运转的 O2O 企业需要思考的问题是："究竟是先把规模做大，还是先把赢利问题解决好？"

3. 把握发展和融资的节奏

爱拼车创始人杨洋说，我们错过了最后一轮拿钱的机会，如果再早两个月，市场形势还没那么清晰，可能还有机会。还有的创业公司拿到钱后，对外夸大融资额，对内也不敢说实际额，然后整个团队都觉得很有钱，花钱和经营的方式都变成非常有钱的公司的状态。一开始觉得没什么问题，觉得下一轮还可以融到更多的钱，但一遇到问题，这一状况就严重了。

结语：不离场就没有输赢

一个坏的消息。

乐博资本创始合伙人杨宁在近期的一次分享中表示，创业本身是一个非常低概率事件，我见过太多太多创业者，太多都倒下了，99.9%的人都是炮灰，但不幸的是：所有人都不觉得自己是炮灰。

一个好的消息。

融资额在下降，估值在下降，投资案例数也在下降，确实是资本寒冬。但市场的复苏一触即发。因为机构的仓位还可以吃很多的货，只不过现在不太想吃，现金的储备还在那儿。对比 2000 年科技泡沫，美国风险投资死了一大半，不是风险投资投资的公司倒闭了，而是风险投资本身就倒闭了。这些机构都活着，而且机构里面的钱还都在那儿。

不离场就没有输赢，下一位马云也许此时正站在创业的入口处。

参 考 文 献

[1] 马莹，单学亮，马广波．大学生创新创业基础 [M]．沈阳：东北大学出版社，2017.

[2] 李家华，张玉利，雷家骕．创业基础 [M]．北京：清华大学出版社，2015.

[3] 王艳茹．创业基础如何教：原理、方法与技巧 [M]．北京：清华大学出版社，2017.

[4] 吕强，张健华，王飞．创新创业基础教育 [M]．成都：电子科技大学出版社，2017.

[5] 张德山．大学生创业教育 [M]．镇江：江苏大学出版社，2015.

[6] 刘艳斌，李兴森．大学生创新创业教程 [M]．北京：人民邮电出版社，2016.

[7] 刘胜辉．大学生创新创业基础 [M]．2 版．北京：北京理工大学出版社，2017.

[8] 李家华，王艳茹．创业基础 [M]．上海：上海交通大学出版社，2017.

[9] 陈叶梅，贾志永，王彦．大学生创新创业基础 [M]．成都：西南交通大学出版社，2016.

[10] 姚圆鑫．高校创新创业教育 [M]．北京：北京师范大学出版社，2017.

[11] 焦金雷．大学生就业与创业指导 [M]．西安：西安交通大学出版社，2014.

[12] 马俊志，郑金萍．创业 22 课堂 [M]．北京：清华大学出版社，2016.

[13] 徐小洲，张国庆，衣军强，姚圆鑫．创业通识 [M]．北京：教育科学出版社，2017.

[14] 王艳茹，王兵．创业基础课堂操作示范 [M]．北京：北京师范大学出版社，2014.

[15] 马莹，单学亮，马光波．大学生创新创业基础 [M]．沈阳：东北大学出版社，2017.

[16] 李家华．创业基础 [M]．2 版．北京：清华大学出版社，2015.

[17] 陈文华，谭菊华．创新创业基础 [M]．成都：四川大学出版社，2016.

[18] 李肖鸣，朱建新．大学生创业基础 [M]．2 版．北京：清华大学出版社，2003.

[19] 相子国．创业融资 [M]．成都：西南财经大学出版社，2014.

[20] 刘东燕．创业基础 [M]．重庆：重庆大学出版社，2013.